中華文化促進會主持編纂

國家"十一五"~"十四五"重點圖書出版規劃項目

中國社會科學院哲學社會科學創新工程學術出版資助項目

出品人 王石 段先念

今注本二十四史

後漢書

九

傳〔五〕

南朝宋 范曄 撰　唐 李賢等 注

卜憲群　周天游　主持校注

中國社會科學出版社

後漢書　卷三〇下

列傳第二十下

郎顗　襄楷

郎顗字雅光，北海安丘人也。[1]父宗，字仲綏，學《京氏易》，善風角、星筭、六日七分，[2]能望氣占候吉凶，[3]常賣卜自奉。[4]安帝徵之，[5]對策爲諸儒表，[6]後拜吴令。[7]時卒有暴風，宗占知京師當有大火，記識時日，遣人參候，果如其言。[8]諸公聞而表上，[9]以博士徵之。[10]宗恥以占驗見知，聞徵書到，夜縣印綬於縣廷而遁去，遂終身不仕。

[1]【今注】北海：郡國名。西漢時治營陵縣（今山東昌樂縣東南）。東漢改爲國，移治劇縣（今山東壽光市南）。　安丘：縣名。治所在今山東安丘市西南。

[2]【李賢注】京氏，京房也，作《易傳》。風角謂候四方四隅之風，以占吉凶也。星筭謂善天文筭數也。《易稽覽圖》曰："甲子卦氣起中孚，六日八十分日之七。"鄭玄注云："六以候也。

八十分爲一日之七者，一卦六日七分也。”【今注】京氏易：西漢京房所著《易傳》，共三卷。《京氏易》以陰陽五行説來解釋自然界的災變現象和人事的禍福變化，是漢代易學的一大流派。參見《漢書》卷八八《儒林傳》。案，本書卷八二上《樊英傳》曰：“安帝初，徵爲博士。至建光元年，復詔公車賜策書，徵英及同郡孔喬、李昺、北海郎宗、陳留楊倫、東平王輔六人，唯郎宗、楊倫到洛陽，英等四人並不至。”李賢注引《謝承書》曰：“宗字仲綏，安丘人也，善《京氏易》、風角、星筭，推步吉凶。常負笈荷擔賣卜給食，瘠服閒行，人莫得知。安帝詔公車徵，策文曰：‘郎宗、李昺、孔喬等前比徵命，未肯降意。恐主者玩弄，禮意不備，使難進易退之人龍潛不屈其身。各致嘉禮，遣詣公車，將以補察國政，輔朕之不逮。’青州被詔書，遣宗詣公車，對策陳災異，而爲諸儒之表。拜議郎，除吴令。到官一月，時卒暴風，宗占以爲京師有大火，定火發時，果如宗言。諸公聞之，表上，博士徵。宗恥以占事就徵，文書未到，夜懸印綬置廳上遁去，終於家。子顗，自有傳。”

風角：一種占候之術，指觀察四面八方的風來預測吉凶。　星筭：天文算數。　六日七分：一種占卦術。惠棟《後漢書補注》曰：“六日七分，其法以坎、離、震、兑爲四正卦。坎冬，離夏，震春，兑秋卦，主一時。每卦六爻，爻主一氣，共主二十四氣，餘六十卦，每卦六爻，爻主一日，凡主三百六十日，餘由五日四分日之一。每日分爲八十分，五日四百分。四分日之一，又爲二十分，是爲四百二十分。六十卦，分之六七，四百二十分，每卦各得七分，是爲六日七分。”

［3］【今注】望氣：望雲氣來預言人事吉凶。　占候：觀察天象變化來預測吉凶禍福。

［4］【李賢注】奉音扶用反。【今注】賣卜：靠占卜來賺錢。自奉：養活自己。

［5］【今注】安帝：東漢安帝劉祜，公元106年至125年在位。

紀見本書卷五。

[6]【今注】對策：古代考試時把有關政事、經義寫在簡册上，讓應考者回答，稱對策。自漢代起作爲取士考試的一種形式。

[7]【李賢注】吴，縣名，屬會稽郡，今蘇州縣也。【今注】吴：縣名。治所在今江蘇蘇州市。案，安帝時尚屬會稽郡，順帝時分會稽郡置吴郡，吴縣屬吴郡。

[8]【今注】案，惠棟《後漢書補注》曰："陶宏景《真誥》云：'宗學精道術占候風氣後，一日有暴風經窗間，占知京師大火，燒大夏門，遣人往參，果爾。'案，宗事詳《方術傳》注。"

[9]【今注】表上：向皇帝上表推薦。表，臣下給皇帝奏章的一種。

[10]【今注】博士：官名。秦置，漢因之，隸屬九卿之一奉常（太常）。西漢武帝罷黜百家之前，博士治各家之學，其後乃專立儒學一家。掌議政、制禮、藏書、顧問及教授經學、考核人材、奉命出使等。初秩比四百石，後升比六百石。東漢以降，議政職能逐漸削弱。

顗少傳父業，兼明經典，隱居海畔，延致學徒常數百人。[1]晝研精義，夜占象度，勤心鋭思，朝夕無倦。州郡辟召，舉有道、方正，[2]不就。

[1]【今注】延致：接納。

[2]【今注】有道：漢代選舉科目之一。意爲選拔有道德、有才能的人。　方正：漢代選舉科目之一。朝廷按時招選品德端正的賢良文學之士。

順帝時，[1]災異屢見。陽嘉二年正月，[2]公車徵，[3]顗乃詣闕拜章曰：[4]

[1]【今注】順帝：東漢順帝劉保，公元125年至144年在位。紀見本書卷六。

[2]【今注】陽嘉：東漢順帝劉保年號（132—135）。

[3]【今注】公車：本爲漢代官署名，設公車令，掌管宫殿中車馬警衛等事。漢代常用公家車馬接送應舉的人。

[4]【今注】詣闕：到朝廷。闕，皇宫兩邊的樓臺，代指皇宫、朝廷。

臣聞天垂妖象，地見災符，所以譴告人主，責躬脩德，使正機平衡，[1]流化興政也。[2]《易内傳》曰："凡災異所生，各以其政。變之則除，消之亦除。"[3]伏惟陛下躬日昃之聽，[4]温三省之勤，[5]思過念咎，務消祇悔。[6]

[1]【今注】正機：正常的迹象。

[2]【今注】流化：廣泛地推行教化。

[3]【李賢注】《易稽覽圖》曰："凡異所生，災所起，各以其政，變之則除，其不可變，則施之亦除。"鄭玄注云："改其政者，謂失火令則行水令，失土令則行木令，失金令則行火令，則災除去也。不可變謂殺賢者也。施之者，死者不可復生，封禄其子孫，使得血食，則災除也。"【今注】易内傳：案，錢大昕《潛研堂文集》卷二四《序二·易稽覽圖序》曰："漢人引此書者，或稱《中孚經》，或稱《中孚傳》，或稱《易内傳》，或稱《易傳》。"

[4]【今注】日昃之聽：指兢兢業業地處理國家大事，時間很遲了還不休息。日昃，太陽西斜。

[5]【李賢注】《論語》曾子曰"吾日三省吾身"也。【今注】三省：語出《論語·學而》。

[6]【李賢注】祇，大也。《易復卦初九》曰："無祇悔元

吉。”【今注】祇悔：大錯。案，王先謙《後漢書集解》引顧炎武曰：“祇訓大，非也。”又引周壽昌曰：“韓康伯注云：祇，大也，訓較侯果尤明。”惠棟《後漢書補注》曰：“侯果《易》注，祇，大，往被陰剥所以有悔，覺非復故，故無大咎。章懷之訓，蓋本侯果。”

方今時俗奢佚，淺恩薄義。夫救奢必於儉約，拯薄無若敦厚，安上理人，莫善於禮。修禮遵約，蓋惟上興，革文變薄，[1]事不在下。故《周南》之德，《關雎》政本。[2]本立道生，[3]風行草從，[4]澄其源者流清，溷其本者末濁。[5]天地之道，其猶鼓籥，以虚爲德，自近及遠者也。[6]伏見往年以來，園陵數災，[7]炎光熾猛，驚動神靈。《易·天人應》曰：[8]“君子不思遵利，兹謂無澤，厥災孽火燒其宫。”又曰：“君高臺府，犯陰侵陽，厥災火。”又曰：“上不儉，下不節，炎火並作燒君室。”[9]自頃繕理西苑，[10]修復大學，[11]宫殿官府，多所搆飾。昔盤庚遷殷，去奢即儉，[12]夏后卑室，盡力致美。[13]又魯人爲長府，閔子曰：“仍舊貫，何必改作。”[14]臣愚以爲諸所繕修，事可省減，稟卹貧人，賑贍孤寡，此天之意也，人之慶也，仁之本也，儉之要也。焉有應天養人，爲仁爲儉，而不降福者哉？

[1]【今注】革文：變革華美的習俗。

[2]【李賢注】《周南·詩序》曰：“《關雎》，風之始也，所

以風化天下而正夫婦也（大德本、殿本無‘化’字）。”故夫婦爲政本也。【今注】周南：《詩經》十五國風之一，其第一首即《關雎》，用以教化天下，故曰政本。

［3］【今注】本立道生：語出《論語·學而》：“君子務本，本立而道生。”

［4］【今注】風行草從：語出《論語·顔淵》：“君子之德風，小人之德草。草上之風，必偃。”意思是，君子的作風好比風，小人的作風好比草，風向哪邊吹，草就向哪邊倒。

［5］【今注】溷：混濁。　案，未，紹興本、大德本、殿本均作“末”。

［6］【李賢注】籥如笛，六孔。鼓籥，其形内虚而氣無窮。《老子》曰：“天地之閒其猶橐籥，虚而不屈，動而愈出。”【今注】鼓籥：風箱。意謂天地之間就如一個風箱，越空就越不會窮盡，越鼓動，風就會越大。

［7］【李賢注】陽嘉元年冬，恭陵百丈廡災。永建元年秋，茂陵園寢災。

［8］【今注】案，惠棟《後漢書補注》曰：“《天人應》，《易緯》篇。”

［9］【今注】案，君，殿本作“居”。

［10］【今注】西苑：東漢洛陽苑囿，在今河南洛陽市東北漢魏故城西。

［11］【李賢注】永建六年修大學也（大，大德本、殿本、紹興本作“太”，是）。【今注】大學：紹興本、大德本、殿本作“太學”。西漢武帝時置，爲國家最高學府，設學官，立五經博士，教授弟子。東漢更加興盛。漢代人常將“辟雍”“太學”“明堂”混稱（參見范正娥《論兩漢時期太學與辟雍、明堂的關係》，《文史博覽》2007年第6期）。

［12］【李賢注】《帝王紀》曰（紀，大德本誤作“記”）：

“盤庚以耿在河北，迫近山川，自祖辛以來奢淫不絕，乃度河將徙都亳之殷地。人咨嗟相怨，不欲徙，盤庚乃作書三篇以告喻之。”今《尚書·盤庚》三篇是也。亳在偃師。

[13]【李賢注】《論語》孔子曰：“禹惡衣服而致美乎黻冕，卑宫室而盡力乎溝洫。”【今注】夏后卑室：語出《論語·泰伯》。

[14]【李賢注】長府，魯之府名也。仍，因也。貫，事也。言因舊事則可，何必更作。見《論語》。【今注】案，此事出自《論語·先進》。魯人，指魯國的執政大臣。長府，魯國府庫名。閔子，大德本、殿本作“閔子騫”。閔子騫，孔子的學生。

土者地祇，[1]陰性澄静，宜以施化之時，敬而勿擾，竊見正月以來，陰闇連日。《易内傳》曰：“久陰不雨，亂氣也，《蒙》之《比》也。蒙者，君臣上下相冒亂也。”[2]又曰：“欲德不用，[3]厥異常陰。”夫賢者化之本，雲者雨之具也。得賢而不用，猶久陰而不雨也。[4]又頃前數日，寒過其節，冰既解釋，還復凝合。夫寒往則暑來，暑往則寒來，[5]此言日月相推，寒暑相避，以成物也。今立春之後，火卦用事，[6]當温而寒，[7]違反時節，由功賞不至，而刑罰必加也。宜須立秋，順氣行罰。

[1]【今注】地祇：地神。

[2]【李賢注】《易稽覽圖》曰：“日食之比，陰得陽。《蒙》之《比》也，陰冒陽也。”鄭玄注云：“蒙，氣也。比非一也。邪臣謀覆冒其君，先霧從夜昏起，或從夜半或平旦。君不覺悟，日中不解，遂成蒙；君復不覺悟，下爲霧也。”比音庇。【今注】案，《蒙》《比》均爲《易經》卦名。惠棟《後漢書補注》曰：“漢時以

讖緯之書爲内學，故稱《内傳》。”又引劉攽曰：“注云陰得陽。案，‘得’當作‘覆’，又‘陽’字下合有‘也’字。”

［3］【今注】案，欲，大德本、殿本作“賢”，是。

［4］【今注】案，惠棟《後漢書補注》曰：“《京房易》飛候云：何以知賢人隱。師曰：視四方常有大雲，五色具而不雨，其下賢人隱矣。”

［5］【李賢注】《易·繫詞》之文也（詞，大德本、殿本作“辭”，是）。

［6］【今注】火卦：指《離》卦。

［7］【今注】案，惠棟《後漢書補注》曰：“王充《論衡》云：易京氏布六十四卦于一歲之中，六日七分，一卦用事，卦有陰陽，氣有升降，陽升則温，陰升則寒。”

臣伏案《飛候》，參察衆政，[1]以爲立夏之後，當有震裂涌水之害。又比熒惑失度，[2]盈縮往來，涉歷輿鬼，環繞軒轅。[3]火精南方，夏之政也。政有失禮，不從夏令，則熒惑失行。[4]正月三日至乎九日，三公卦。[5]三公上應台階，下同元首。[6]政失其道，則寒陰反節。“節彼南山”，詠自《周詩》；[7]“股肱良哉”，[8]著於《虞典》。而今之在位，競託高虛，納累鐘之奉，忘天下之憂，[9]棲遲偃仰，[10]寢疾自逸，被策文，得賜錢，即復起矣。何疾之易而愈之速？以此消伏災眚，興致升平，其可得乎？今選舉牧守，委任三府。[11]長吏不良，既咎州郡，州郡有失，豈得不歸責舉者？而陛下崇之彌優，自下慢事愈甚，所謂大網疏，小網數。[12]三公非臣之仇，臣非狂夫之作，所以發憤忠食，[13]懇懇不已者，誠念朝廷欲致興平，非不能面譽也。

[1]【李賢注】京房作《易飛候》。【今注】案，惠棟《後漢書補注》曰："飛卦之飛，伏也。候謂消息，十二卦七十二爻，主七十二候也。"

[2]【今注】熒惑：即火星。

[3]【李賢注】《天官書》曰，輿鬼，南方之宿。軒轅黄龍體，女主後宫之象也。【今注】輿鬼：星名。 軒轅：星名。

[4]【李賢注】熒惑，南方，主夏，爲禮爲視。禮虧視失，不行夏令，則熒惑逆行也。見《天文志》。

[5]【李賢注】凡卦法，一爲元士，二爲大夫，三爲三公，四爲諸侯，五爲王位，六爲宗廟。《前書》曰："梁人焦延壽，字贛，長於災變，分六十四卦，更直日用事，以風、雨、寒、温爲候。"《音義》云："分卦直日之法，爻主一日，即三日九日，並爲三公之日也。"【今注】案，大德本、殿本"卦"後有"也"字。又王先謙《後漢書集解》引錢大昕曰："案，注説非也。京氏卦氣直日之法坎離震兑用事分至之首，得八十分日之七十三，餘卦皆主六日八十分日之七。郎宗父子世傳六日七分，即其術也。今以四分術推。陽嘉二年，年前十一月甲戌朔二十九日，壬寅冬至，坎卦用事，次日癸卯十二月朔也。自癸卯至戊申，中孚卦用事。己酉至甲寅，復卦用事。乙卯至庚申，屯卦用事。辛酉至丙寅，謙卦用事。丁卯至壬申，睽卦用事。癸酉至戊寅，升卦用事。癸酉閏十二月朔日也。己卯至甲申，臨卦用事。乙酉至庚寅，小過卦用事。辛卯至丙申，蒙卦用事。丁酉至癸卯，益卦用事。甲辰至己酉，漸卦用事。漸主正月三公之卦也。是歲正月壬寅朔甲辰爲月之三日，甲辰至己酉盡六日而尚有餘分，故云正月三日至九日三公卦也。自正月九日至二月九日，泰需隨晉解五卦，更代用事，而及于大壯，故顗

再上書言，今月九日至十四日，大壯用事，今月謂二月也。”惠棟《後漢書補注》曰：“案，京房易傳云，初爻三日，二爻三日，三爻三日，名九日。自初爻至三爻爲九日，三爲三公。故云三日至乎九日，三公卦也。”

［6］【李賢注】《春秋元命包》曰：“魁下六星，兩兩而比，曰三台。”《前書音義》曰：“泰階，三台也。”又《黃帝泰階六符經》曰：“泰階者，天之三階也。上階爲天子，中階爲諸侯、公卿、大夫，下階爲士、庶人。三階平則陰陽和，風雨時。”《尚書》曰：“君爲元首，臣作股肱。”言三公上象天之台階，下與人君同體也。【今注】台階：魁星下面六顆星，兩兩排列爲三台，象徵天的台階。三級台階又分別象徵天子，諸侯、卿大夫，士、庶人這三級。天上三階平，則陰陽協調，風調雨順，地上君臣也就和睦。

［7］【李賢注】《詩·小雅》曰：“節彼南山，維石巖巖，赫赫師尹，人具爾瞻（人，大德本、殿本作‘民’，是）。”注云：“節，高峻貌也。喻三公之位，人所高嚴也。赫赫，顯盛也。師尹，三公也。言三公之位，天下之人共瞻視之。”【今注】節彼南山：出自《詩·小雅·節南山》。詩中講周王重用師尹，致政治混亂，國家危殆，作者對此深表憂慮。

［8］【今注】股肱良哉：出自《尚書·虞夏書·益稷》。意爲君主英明，輔弼大臣就優秀。

［9］【李賢注】六斛四斗曰鐘，《左傳》曰四斗爲豆，四豆爲區，四區爲釜，四釜爲鐘也。【今注】鐘：即“鍾”。古代容量單位，六十四斗爲一鍾。王先謙《後漢書集解》引劉攽曰：“注四斗爲豆。案，斗當作升。又四當作十。”

［10］【今注】棲遲偃仰：出自《詩·小雅·北山》。指生活悠然自得。

［11］【李賢注】三公也。

［12］【李賢注】謂緩於三公，切於州郡也。【今注】大網疏

小網數（cù）：此指對三公寬恕，對州郡嚴密。大網，代指三公。小網，代指州郡。數，密。

［13］【今注】案，忠，紹興本、大德本、殿本作“忘”。又王先謙《後漢書集解》：“謂爲古字通，所謂猶所爲也。官本作所以。”

臣生長草野，不曉禁忌，披露肝膽，[1]書不擇言。伏鑕鼎鑊，[2]死不敢恨。謹詣闕奉章，伏待重誅。

［1］【今注】披露肝膽：比喻待人對事非常真誠。

［2］【今注】伏鑕：指受腰斬。　鼎鑊：指被烹煮。

書奏，帝復使對尚書。[1]顗對曰：

［1］【李賢注】使就尚書更對也。【今注】尚書：始於戰國，秦時爲少府屬官，掌殿内文書。漢承秦制。西漢武帝時漸成爲重要宫廷政治機構，參與國家機密、議政決策，宣示詔命。百官奏事先呈尚書，皆爲正、副二封，由領尚書者拆閱副封，加以裁決，可屏抑不奏。百官選舉任用考察詰責彈劾之責亦歸之。成帝時設尚書五人，開始分曹辦事，群臣章奏都經尚書。

臣聞明王聖主好聞其過，忠臣孝子言無隱情。臣備生人倫視聽之類，而稟性愚憝，[1]不識忌諱，故出死忘命，懇懇重言。[2]誠欲陛下修乾坤之德，開日月之明，披圖籍，案經典，覽帝王之務，識先後之政。如有闕遺，退而自改。本文武之業，[3]擬堯舜之道，攘災延慶，號令天下。此誠臣顗區區之願，夙夜夢痞，[4]盡心所計。謹條序前章，暢其旨趣，[5]條便宜七事，[6]具如狀對：

[1]【今注】愚戆：殿本作"愚戇"。即愚笨誠實之意。
[2]【李賢注】重，再也。
[3]【今注】文武：指周文王與周武王。
[4]【今注】案，痞，大德本、殿本作"寐"，可從。
[5]【李賢注】謂前詣闕所上章也。
[6]【今注】便宜：應辦的事。特指對國家有利的事。

一事：陵園至重，聖神攸馮，而災火炎赫，迫近寢殿，魂而有靈，猶將驚動。尋宮殿官府，近始永平，[1]歲時未積，便更修造。又西苑之設，禽畜是處，離房别觀，[2]本不常居，而皆當務精土木，[3]營建無已，消功單賄，巨億爲計。《易内傳》曰："人君奢侈，多飾宫室，其時旱，其災火。"是故魯僖遭旱，修政自勑，下鐘鼓之縣，休繕治之官，[4]雖則不寧，而時雨自降。[5]由此言之，天之應人，敏於景響。[6]今月十七日戊午，徵日也，[7]日加申，[8]風從寅來，丑時而止。丑、寅、申皆徵也，不有火災，必當爲旱。[9]願陛下校計繕修之費，永念百姓之勞，罷將作之官，[10]減彫文之飾，損庖厨之饌，退宴私之樂。《易中孚傳》曰："陽感天，不旋日。"[11]如是，則景雲降集，眚沴息矣。[12]

[1]【今注】永平：東漢明帝劉莊年號（58—75）。

[2]【今注】離房别觀：皇帝在都城之外的房宫與樓臺。

[3]【今注】案，大德本、殿本無“當”字。

[4]【李賢注】《秋考異郵》曰（郵，大德本誤作“記”）：“僖公三年春夏不雨，於是僖公憂閔，玄服避舍，釋更徭之逋，罷軍寇之誅，去苛刻峻文慘毒之教，所蠲浮令四十五事。曰：‘方今天旱（天，殿本作“大”，是），野無生稼，寡人當死，百姓何謗（謗，大德本、殿本作“罪”，是）？不敢煩人請命，願撫萬人害，以身塞無狀。’禱已，舍齊南郊，雨大澍也。”【今注】魯僖：即魯僖公。春秋魯國國君姬申。魯僖公三年（前657），長久不下雨。魯僖公很是憂慮，遂下令減輕賦税和徭役，廢除嚴刑峻法，革新政事，並親自向天禱告，結果天降大雨。

[5]【李賢注】《左傳》僖公“六月雨”。

[6]【李賢注】敏，疾也。【今注】敏：迅速。　景響：大德本、殿本作“影響”，爲是。指影子與回聲。

[7]【李賢注】陽嘉二年正月。【今注】案，王先謙《後漢書集解》引錢大昕曰：“納音之法，戊午屬火，於五音爲徵。故以戊午爲徵日。”

[8]【李賢注】日在申時也。

[9]【李賢注】南方爲徵，故爲火及旱也。【今注】徵：五音之一。古人把五音與五行、方向相關聯，徵屬南方，屬火，故言“不有火災，必當爲旱”。　案，火災，大德本作“大災”。

[10]【今注】將作：皇宫中管理修建的官署。

[11]【李賢注】《易中孚傳》曰：“陽感天，不旋日，諸侯不旋時，大夫不過期。”鄭玄注云：“陽者天子，爲善一日，天立應以善；爲惡一日，天立應以惡。諸侯爲善一時，天立應以善；爲惡一時，天立應以惡。大夫爲善一歲，天亦立應以善；爲惡一歲，天亦立應以惡。”一説云“不旋日，立應之；不過時，三辰間；不

過期，從今旦至明日旦（殿本無‘日’字，是）”也。陽即指天子也。【今注】案，王先謙《後漢書集解》引錢大昕曰：“此《易稽覽圖》之文也。其書首言甲子卦氣起中孚，故漢儒謂之《中孚傳》。”

［12］【李賢注】景雲，五色雲也，一曰慶雲。《孝經援神契》曰：“德至山陵則景雲出。”顗以陵園火災，故引之也。眚沴謂災氣。

二事：去年已來，兑卦用事，[1]類多不效。《易傳》曰：“有貌無實，佞人也；有實無貌，道人也。”寒温爲實，清濁爲貌。[2]今三公皆令色足恭，[3]外厲内荏，[4]以虚事上，無佐國之實，故清濁效而寒温不效也，是以陰寒侵犯消息。[5]占曰：“日乘則有妖風，日蒙則有地裂。”如是三年，[6]則致日食，陰侵其陽，漸積所致。立春前後温氣應節者，詔令寬也。其後復寒者，無寬之實也。[7]夫十室之邑，必有忠信，[8]率土之人，[9]豈無貞賢，未聞朝廷有所賞拔，非所以求善贊務，弘濟元元。宜採納良臣，以助聖化。

［1］【今注】兑卦：《易經》卦名。《兑》卦爲兩兑相重疊，兑爲澤，兩水相交流，喻上下和諧。

［2］【李賢注】《易稽覽圖》曰：“有實無貌，屈道人也；有貌無實，佞人也。”鄭玄注曰：“有寒温，無貌濁清静，此賢者屈道，仕于不肖君也。有貌濁清静，無寒温，此佞人以便巧仕於世也。”

［3］【今注】令色足恭：出自《論語·公冶長》。意爲臉色和

悦，十分恭順。

[4]【今注】外厲内荏：出自《論語·陽貨》："色厲内荏。"意爲外表强硬，内心恐慌。

[5]【李賢注】《易稽覽圖》曰："侵消息者，或陰專政，或陰侵陽。"鄭玄注："温卦以温侵，寒卦以寒侵。陽者君也，陰者臣也，專君政事亦陰侵陽也。"【今注】案，惠棟《後漢書補注》曰："消息，謂泰正月，泰卦用事。"

[6]【今注】案，三年，大德本作"二年"。

[7]【今注】無寬之實：所謂有貌無實。

[8]【今注】案，此兩句出自《論語·公冶長》。十户人家的城邑，也一定有忠實的人。

[9]【今注】率土：指全國範圍之内。

三事：臣聞天道不遠，三五復反。[1]今年少陽之歲，法當乘起，恐後年已往，將遂驚動，涉歷天門，災成戊己。[2]今春當旱，夏必有水，臣以六日七分候之可知。夫災眚之來，緣類而應。行有玷缺，[3]則氣逆于天，精感變出，以戒人君。王者之義，時有不登，則損滋徹膳。數年以來，穀收稍減，家貧户饉，歲不如昔。百姓不足，君誰與足？[4]水旱之災，雖尚未至，然君子遠覽，防微慮萌。老子曰："人之飢也，以其上食稅之多也。"故孝文皇帝綈袍革舄，木器無文，[5]約身薄賦，時致升平。今陛下聖德中興，宜遵前典，惟節惟約，天下幸甚。《易》曰："天道無親，常與善人。"是故高宗以享福，[6]宋景以延年。[7]

［1］【李賢注】《春秋合誠圖》曰："至道不遠，三五而反。"宋均注云："三，三正也。五，五行也。三正五行，王者改代之際會也。能於此際自新如初，則通無窮也。"【今注】三：三正曆。西漢劉歆據太初曆而造。即夏正以建寅（正月）爲人統，商正以建丑（十二月）爲地統，周正以建子（十一月）爲天統。一説，三正指天地人之正道。

［2］【李賢注】戌亥之間爲天門也。【今注】案，這是用《易經》象數之學推演人事變化。《易經》象數之學以九爲老陽，七爲少陽。又三奇爲老陽，一奇兩偶爲少陽。天門，當指天門星。角宿中的兩星之間稱天門。或以戌亥之間爲天門。

［3］【今注】玷缺：缺點，過失。

［4］【今注】案，此句出自《論語·顔淵》。

［5］【李賢注】《前書》曰："孝文帝身衣弋綈，足履革舄，兵木無刃，衣緼無文。"【今注】孝文皇帝：西漢文帝劉恒，公元前180年至前157年在位。廟號太宗，謚號孝文。紀見《史記》卷一〇、《漢書》卷四。　綈：一種粗厚的絲織品。　革舄：皮革做的鞋子。

［6］【李賢注】高宗，殷王武丁也。《尚書大傳》曰："武丁祭成湯，有雉飛升鼎耳而呴（呴，大德本、殿本作'雊'，是），祖己曰（己，大德本誤作'乙'）：'雉者野鳥，升于鼎者，欲爲用也，無則遠方將有來朝者。'故武丁内反諸己，以思先王之道。三年，編髪重驛來朝者六國（驛，大德本、殿本作'譯'，是）。孔子曰：'吾於高宗肜日見德之有報之疾也。'"《帝王紀》曰"高宗饗國五十有九年，年百歲"也。

［7］【李賢注】《吕氏春秋》曰"宋景公時，熒惑在心，召子韋問焉。子韋曰：'禍當君。雖然，可移宰相。'公曰：'宰相，寡人所與理國家也。'曰：'可移於人。'公曰：'人死，寡人將誰爲君？'曰：'可移於歲。'公曰：'歲飢人餓，誰以我爲君乎？'子韋

曰：'君有至德之言三，天必三賞君，熒惑必退三舍。一舍行七星，星當一年，君延二十一年矣。'熒惑果退三舍"也。

四事：臣竊見皇子未立，儲宮無主，仰觀天文，太子不明。[1]熒惑以去年春分後十六日在婁五度，[2]推步《三統》，[3]熒惑今當在翼九度，[4]今反在柳三度，[5]則不及五十餘度。[6]去年八月二十四日戊辰，熒惑歷輿鬼東入軒轅，出后星北，東去四度，北旋復還。軒轅者，後宮也。熒惑者，至陽之精也，天之使也，[7]而出入軒轅，繞還往來。《易》曰："天垂象，見吉凶。"其意昭然可見矣。禮，天子一娶九女，嫡媵畢具。[8]今宮人侍御，動以千計，或生而幽隔，人道不通，鬱積之氣，上感皇天，故遣熒惑入軒轅，理人倫，垂象見異，以悟主上。昔武王下車，出傾宮之女，表商容之閭，[9]以理人倫，以表賢德，故天授以聖子，成王是也。[10]今陛下多積宮人，以違天意，故皇胤多夭，嗣體莫寄。《詩》云："敬天之怒，不敢戲豫。"[11]方今之福，莫若廣嗣，廣嗣之術，可不深思？宜簡出宮女，[12]恣其姻嫁，則天自降福，子孫千億。惟陛下丁寧再三，留神於此。左右貴倖，亦宜惟臣之言，以悟陛下。蓋善言古者合於今，善言天者合於人。[13]願訪問百僚，有違臣言者，臣當受苟言之罪。[14]

[1]【李賢注】《洪範五行傳》曰："心之大星天王也，其前

星太子也，後星庶子也。”【今注】儲宮：太子之位。　太子：星名。星宿中的大星爲天王星，其前星爲太子星，後星爲庶子星。

［2］【李賢注】婁，西方宿也。

［3］【今注】推步：推算天文曆法的學説。　三統：古曆法名，即《三正曆》。

［4］【李賢注】翼，南方宿也。

［5］【李賢注】柳，南方宿也（南，大德本、殿本作“東”）。

［6］【李賢注】言熒惑行遲也。【今注】案，王先謙《後漢書集解》引洪頤煊曰：“《律曆志》翼九度至柳三度，相距四十五度，與三統星度不同。”

［7］【李賢注】熒惑南方火，盛陽之精也。《天文要集》曰：“天有五帝，五星爲之使。”

［8］【今注】案，惠棟《後漢書補注》曰：“《逸禮・王度記》文也。《公羊傳》云，諸侯娶一國，則二國往媵之，以姪娣從。”

［9］【李賢注】《尚書大傳》曰：“武王入殷，表商容之閭，歸傾宫之女。”【今注】商容：商代的賢人。

［10］【今注】成王：周成王，周武王之子。

［11］【李賢注】《詩・大雅・板篇》之文也。注云：“戲豫，逸豫也。”

［12］【今注】簡出：選出。

［13］【李賢注】《前書》武帝詔曰：“善言天者必有徵於人，善言古者必有驗於今。”【今注】案，惠棟《後漢書補注》曰：“《黄帝内經・素問》文也。又荀子曰：善言古者必有節于今，善言天者必有徵于人。”

［14］【李賢注】《論語》孔子曰：“君子於其言無所苟而已矣。”【今注】苟言：亂説。

五事：臣竊見去年閏十月十七日己丑夜，有白氣從西方天苑趨左足，入玉井，數日乃滅。[1]《春秋》曰："有星孛于大辰。大辰者何？大火也。[2]大火爲大辰，伐又爲大辰，[3]北極亦爲大辰。"[4]所以孛一宿而連三宿者，言北辰王者之宫也。[5]凡中宫無節，[6]政教亂逆，[7]威武衰微，[8]則此三星以應之也。罰者白虎，[9]其宿主兵，其國趙、魏，[10]變見西方，亦應三輔。凡金氣爲變，發在秋節。[11]臣恐立秋以後，趙、魏、關西將有羌寇畔戾之患。宜豫宣告諸郡，使敬授人時，輕徭役，薄賦斂，勿妄繕起，堅倉獄，備守衛，回選賢能，以鎮撫之。[12]金精之變，責歸上司。[13]宜以五月丙午，遣太尉服干戚，建井旟，[14]書玉板之策，引白氣之異，[15]於西郊責躬求愆，謝咎皇天，消滅妖氣。蓋以火勝金，轉禍爲福也。[16]

[1]【李賢注】《續漢志》曰："時客星氣白，廣二尺，長五丈，起天苑西南。"《天官書》曰："西有句曲九星（有，殿本作'方'；句，大德本、殿本作'勾'），三處羅：一曰天旗（天，大德本作'大'），二曰天苑，三曰九斿（三，大德本作'二'；斿，紹興本、大德本作'游'）。"参星下四小星爲玉井，其外四星左右肩股也。【今注】天苑：星名。在西方有九顆星叫句星。每三顆分爲一組，分别叫天旗、天苑、九游。　玉井：星名。参星下面的四顆小星。案，王先謙《後漢書集解》引錢大昕曰："案，顗上便宜七事。在陽嘉二年。《順帝紀》陽嘉元年閏月戊子，客星出天苑，即其事也。紀書閏月於十二月之後，則是閏十二月也。以四

分術推之，是歲閏餘十八，閏當在十二月後，其月癸酉朔十七日，恰得己丑。此傳云閏十月者誤也。十字，蓋衍文。或當云閏十二月。”又引惠棟曰：“案本紀及《天文志》，皆云閏月戊子。”又引洪頤煊曰：“十下脱二字也。”

［2］【李賢注】《春秋》昭十七年：“有星孛于大辰。”《爾雅》曰：“大辰，房、心、尾也。”孫炎曰：“龍星明者可以爲時候，故曰大辰。”【今注】孛：慧星。　大辰：星名。房、心、尾三宿總稱大辰。惠棟《後漢書補注》曰：“何休云大火爲心。徐彦疏《左氏傳》心爲大火是也。”

［3］【李賢注】《廣雅》曰“罰謂之大辰”也（廣，大德本、殿本誤作“爾”）。【今注】伐：星名。參宿中作“一”字斜排的三顆小星。古人觀察大火（心宿）、伐來定時，觀察北極（北辰）來辨向。故都稱大辰。惠棟《後漢書補注》曰：“何休云伐爲參伐也。大火與罰天所以示民，時早晚天下所取正，故謂之大辰辰時也。”伐，殿本作“罰”。

［4］【李賢注】《爾雅》曰：“北極謂之北辰。”李巡曰：“北極，天心也（心，大德本誤作‘星’），居北方，正四時，謂之北辰也。”【今注】案，惠棟《後漢書補注》曰：“何休云北辰北極天之中也，常居其所迷惑，不知東西者，須視北辰，以别心伐所。以上皆《公羊傳》文。”

［5］【今注】案，惠棟《後漢書補注》曰：“何休云，房心，天子明堂，布政之宫。”

［6］【今注】案，惠棟《後漢書補注》曰：“李殿學云，北辰中宫。”

［7］【今注】案，惠棟《後漢書補注》曰：“李殿學云，大火明堂。”

［8］【今注】案，惠棟《後漢書補注》曰：“李殿學云，參伐主兵事。”

[9]【今注】白虎：西方七宿的合稱。

[10]【李賢注】《天官書》曰："參爲白虎，下有三星曰罰，爲斬刈之事。"故主兵。昴、畢之閒，趙、魏之分也。

[11]【李賢注】西方白氣入玉井，是金氣之變也。

[12]【李賢注】回，易也。

[13]【李賢注】上司謂司馬也，建武二十七年改爲太尉。《韓詩外傳》曰："司馬主天。陰陽不調，星辰失度，責之司馬。"故云責歸上司也。【今注】案，惠棟《後漢書補注》："《謝承書》云：金精之變，太尉所掌，宜責以災異，故云謂司馬。"

[14]【李賢注】干，楯也。戚，斧也。西方主兵，故太尉執持楯斧，所以厭金氣也。井，南方火宿也。鳥隼曰旟也。以火勝金，故畫井星之文於旟而建之也。【今注】井旟（yú）：畫有井宿花紋的旗子。旟，古代的一種行軍旗。

[15]【李賢注】書祝辭於玉板也。

[16]【李賢注】以五月丙午日，火勝金也。【今注】以火勝金：丙屬火，在丙午日行事，故以火勝金。

六事：臣竊見今月十四日乙卯巳時，白虹貫日。凡日傍氣色白而純者名爲虹。[1]貫日中者，侵太陽也；[2]見於春者，政變常也。方今中官外司，[3]各各考事，[4]其所考者，或非急務。又恭陵火災，主名未立，[5]多所收捕，備經考毒。[6]尋火爲天戒，以悟人君，可順而不可違，可敬而不可慢。陛下宜恭己内省，以備後災。凡諸考案，并須立秋。又《易傳》曰："公能其事，[7]序賢進士，後必有喜。"反之，則白虹貫日。以甲乙見者，則譴在中台。[8]自司徒居位，陰陽多謬，[9]久無虚己進賢之策，天下興議，異人同咨。[10]且立春以來，金氣再見，[11]金能勝木，必有兵氣，宜黜司徒以應天意。陛下不早攘之，[12]將負臣言，遺患百姓。

[1]【今注】案，色，大德本作“氣”。

[2]【今注】太陽：太陽氣，最旺盛的陽氣。

[3]【今注】中官外司：朝廷内外的官員。

[4]【李賢注】考，劾也。

[5]【李賢注】立猶定也。時考問延火者姓名未定也。【今注】主名未立：引起火災的人的姓名還没有考定。

[6]【今注】考毒：拷打毒害。

[7]【今注】案，惠棟《後漢書補注》曰：“亦指爻之三公，公能其事，以驗卦候知之。”

[8]【李賢注】譴，責也。《韓詩外傳》曰：“三公者何？司空、司徒、司馬也。司馬主天，司空主地，司徒主人。故陰陽不調，星辰失度，責之司馬；山陵崩絶（大德本脱‘山’字），川谷不流（大德本‘川’後衍‘山’字），責之司空；五穀不殖，草木不茂，責之司徒。”甲乙東方主春，生殖五穀之時也。而白虹以甲乙日見，明責在司徒也。【今注】中台：指司徒。

[9]【李賢注】時劉崎爲司徒，至陽嘉三年策免。【今注】案，據本書卷六《順帝紀》，永建四年（129）十二月乙卯，宗正劉崎爲司徒。陽嘉三年（134）十一月壬寅，司徒劉崎免。

[10]【李賢注】咨，嗟歎也。【今注】異人：各種不同的人。

[11]【李賢注】謂元年閏十二月己丑夜，有白氣入玉井，二年正月乙卯，白虹貫日，此金氣再見。

[12]【今注】案，攘，殿本作“禳”。

七事：臣伏惟漢興以來三百三十九歲。於

《詩三基》，高祖起亥仲二年，今在戌仲十年。[1]《詩氾歷樞》曰："卯酉爲革政，午亥爲革命，神在天門，出入候聽。"[2]言神在戌亥，司候帝王興衰得失，[3]厥善則昌，厥惡則亡。於《易雄雌祕歷》，[4]今值困乏。[5]凡九二困者，[6]衆小人欲共困害君子也。[7]《經》曰："困而不失其所，其唯君子乎！"[8]唯獨賢聖之君，遭困遇險，能致命遂志，不去其道。[9]陛下乃者潛龍養德，幽隱屈厄，[10]即位之元，紫宮驚動，[11]歷運之會，時氣已應。然猶恐妖祥未盡，君子思患而豫防之。臣以爲戌仲已竟，來年入季，文帝改法，除肉刑之罪，[12]至今適三百載。[13]宜因斯際，大蠲法令，官名稱號，輿服器械，事有所更，變大爲小，去奢就儉，機衡之政，除煩爲簡。改元更始，招求幽隱，舉方正，徵有道，博採異謀，開不諱之路。

[1]【李賢注】"基"當作"朞"，謂以三朞之法推之也。《詩氾歷樞》曰："凡推其數皆從亥之仲起，此天地所定位，陰陽氣周而復始，萬物死而復蘇，大統之始，故王命一節爲之十歲也。"【今注】詩三基：據李賢注，當爲《詩三期》，講以三期（jī）之法推之。王先謙《後漢書集解》引錢大昕曰："《詩三基》蓋《詩氾歷樞》之别名。猶《稽覽圖》稱《中孚傳》也。其法蓋以三百六十歲爲一周十二辰，各三十年一辰。又别爲孟仲季各十年，故下云戌仲已竟來年入季也。"

[2]【李賢注】宋均注云："神，陽氣，君象也。天門，戌亥之間，乾所據者。"【今注】詩氾歷樞：書名。具體不詳。疑爲解

《易》的術數之書。　革命：變革天命。　神：陽氣。

［3］【今注】司候：主管監測。

［4］【今注】案，惠棟《後漢書補注》曰："《易雄雌秘曆》者，推卦氣陰陽之書也。謂之雄雌者，雄生酉仲太初是，雌生戌仲太始是。二者爲氣形之始，易之所由生也。案，《詩緯推度災》云，陽本爲雄，陰本爲雌。雄生八月中節，號曰太初。雌生戌仲，號曰太始。雌雄俱行三節。雄曰：物魂號曰太素，然則八月酉仲爲太初，屬雄。九月戌仲爲太始，屬雌。十月亥仲爲太素，屬物魂之氣，相接于子仲。然後天地分也。推數起亥仲猶卦氣起中孚至復而後一陽生也。顗推漢元以來起亥仲至戌仲爲革命，五際之一也。《秘曆》備有其義，故引之。"

［5］【今注】案，乏，大德本作"之"。惠棟《後漢書補注》曰："陽嘉元二正值戌仲九月建戌困于消息，爲九月卦也。"

［6］【今注】九二：一卦從下向上第二爻爲陽，叫九二。

［7］【今注】案，惠棟《後漢書補注》曰："《易乾鑿度》云，困之九二有中和居亂世，交于小人。"

［8］【李賢注】《易・困卦》之辭也。【今注】案，意爲處境困苦而不失自己的操守，這纔是君子。惠棟《後漢書補注》曰："荀爽云，謂二雖掩陰陷險，猶不失中，與正陰合，故通也。喻君子雖陷險中，不失中和之行也。"

［9］【李賢注】《易・困卦》曰："澤無水，困，君子以致命遂志。"困卦坎下兑上。坎爲水，兑爲澤，水在澤下，是謂竭涸之象，故以喻困。致命遂志，謂君子委命固窮，不離於道也。【今注】致命遂志：獻出生命來實現志願。

［10］【李賢注】謂順帝爲太子時，廢爲濟陰王。【今注】案，此事詳見本書卷六《順帝紀》。

［11］【今注】紫宮：星座名。天體三垣之一中垣紫微十五星，也稱紫宮。有時也代指帝王的宮禁。

[12]【李賢注】漢法肉刑三，謂黥也，劓也，左右指也（指，殿本作“趾”，是。本注下同）。文帝除之，當黥者髡鉗城旦舂，當劓者笞三百，當左右指者笞五百也。【今注】案，西漢文帝十三年（前 167）下令“除肉刑”。事見《漢書》卷四《文帝紀》、卷二三《刑法志》。關於漢“除肉刑”的研究，參見張建國《漢文帝除肉刑的再評價》（《中外法學》1998 年第 3 期）。

[13]【李賢注】自文帝十三年除肉刑（肉，大德本誤作“内”），至順帝陽嘉二年，合三百年也。

臣陳引際會，[1]恐犯忌諱，書不盡言，未敢究暢。[2]

[1]【今注】際會：惠棟《後漢書補注》曰：“際會，謂卯酉午戌亥陰陽終始際會。”又引惠士奇曰：“卯酉爲革政，午戌亥爲革命，是爲五際。言變革際會之間。”

[2]【今注】究暢：深入地探究，充分地闡述。

臺詰顗曰：“對云‘白虹貫日，政變常也’。朝廷率由舊章，[1]何所變易而言變常？又言‘當大蠲法令，革易官號’。或云變常以致災，或改舊以除異，何也？又陽嘉初建，復欲改元，據何經典？其以實對。”顗對曰：

[1]【今注】率由舊章：一切按傳統的規章辦。出自《詩·大雅·假樂》。

方春東作，布德之元，陽氣開發，養導萬物。

王者因天視聽，奉順時氣，宜務崇温柔，遵其行令。[1]而今立春之後，考事不息，秋冬之政，行乎春夏，故白虹春見，掩蔽日曜。凡邪氣乘陽，則虹蜺在日，斯皆臣下執事刻急所致，殆非朝廷優寬之本。此其變常之咎也。又今選舉皆歸三司，非有周、召之才，[2]而當則哲之重，[3]每有選用，輒參之掾屬，[4]公府門巷，賓客填集，送去迎來，財貨無已。其當遷者，競相薦謁，各遣子弟，充塞道路，開長姦門，興致浮僞，非所謂率由舊章也。尚書職在機衡，宫禁嚴密，[5]私曲之意，羌不得通，[6]偏黨之恩，或無所用。選舉之任，不如還在機密。[7]臣誠愚戇，不知折中，斯固遠近之論，當今之宜。又孔子曰："漢三百載，計歷改憲。"[8]三百四歲爲一德，五德千五百二十歲，五行更用。[9]王者隨天，譬猶自春徂夏，改青服絳者也。[10]自文帝省刑，適三百年，而輕微之禁，漸已殷積。王者之法，譬猶江河，當使易避而難犯也。故《易》曰："易則易知，簡則易從，易簡而天下之理得矣。"今去奢即儉，以先天下，改易名號，隨事稱謂。《易》曰："君子之道，或出或處，同歸殊塗，一致百慮。"是知變常而善，可以除災，變常而惡，必致於異。今年仲竟，來年入季，仲終季始，歷運變改，故可改元，所以順天道也。

[1]【李賢注】《禮記·月令》，孟春，天子命相布德和令，

行慶施惠，下及兆人（人，大德本、殿本作“民”，是）。仲春，安萌牙，養幼少，存諸孤，省囹圄，去桎梏，止獄訟。是遵其行令也。

［2］【今注】周召：周公與召公。

［3］【李賢注】《尚書》曰：“知人則哲。”（出自《尚書·皋陶謨》。意爲能識别和瞭解人就很明智）

［4］【李賢注】參，豫也。

［5］【李賢注】北斗魁星弟三爲機（弟，大德本、殿本作“第”，是，本注下同），弟五爲衡，於天文爲喉舌。李固對策曰：“陛下之有尚書，猶天有北斗，主爲喉舌，斟酌元氣（斟，大德本作‘酙’），運平四時，出納王命也。”

［6］【今注】羌：殿本作“差”，爲是。表推測。

［7］【李賢注】欲使尚書專掌選也。

［8］【李賢注】《春秋保乾圖》曰：“陽起於一，天帝爲北辰，氣成於三，以立五神，三五展轉，機以動運。”故三百歲斗歷改憲也。【今注】案，計歷改憲，李賢注中言“斗歷改憲”。斗歷改憲，根據北斗的運轉推算人事。三百年，要變革政事。

［9］【李賢注】《易乾鑿度》孔子曰：“立德之數，先立木、金、水、火、土德，各三百四歲。”五德備凡千五百二十歲，太終復初，故曰五行更用。更猶變改也。

［10］【李賢注】《禮記·月令》，孟春天子衣青衣，服倉王（王，紹興本、大德本、殿本作“玉”，是），孟夏則衣朱衣，服赤玉也。

臣顗愚蔽，不足以答聖問。

顗又上書薦黄瓊、李固，[1]并陳消災之術曰：

［1］【今注】黄瓊：字世英，江夏安陸（今湖北雲夢縣）人。

傳見本書卷六一。　李固：字子堅，漢中南鄭（今陝西漢中市）人。傳見本書卷六三。案，王先謙《後漢書集解》："黄山曰：或疑《瓊傳》無爲光禄大夫及中退事。固自由對策，拜官均不合有顗薦。今案傳載瓊永建二年遷尚書令，出爲魏郡太守。據瓊孫琬傳，瓊初爲魏郡太守載桓帝建和元年，上距順帝永建三年凡十八年，責非即以尚書令出守可知，蓋必嘗於陽嘉元年以前再遷光禄大夫，因事引退。范書略之耳。《固傳》陽嘉二年有地動山崩，火災之異，公卿舉固對策，拜議郎。《順紀》，京師地震在是年四月，洛陽地陷在是年六月，而顗言今月九日至十四日大壯用事，則薦尚在二月，均之無可致疑也。"

臣前對七事，要政急務，宜於今者，所當施用。誠知愚淺，不合聖聽，人賤言廢，當受誅罰，[1]征營惶怖，靡知厝身。

[1]【李賢注】《論語》孔子曰："不以人廢言。"

臣聞刳舟剡楫，將欲濟江海也；[1]聘賢選佐，將以安天下也。昔唐堯在上，群龍爲用，[2]文武創德，周召作輔，是以能建天地之功，增日月之耀者也。《詩》云："赫赫王命，仲山甫將之。邦國若否，仲山甫明之。"[3]宣王是賴，[4]以致雍熙。[5]陛下踐祚以來，勤心庶政，[6]而三九之位，未見其人，[7]是以災害屢臻，四國未寧。[8]臣考之國典，驗之聞見，莫不以得賢爲功，失士爲敗。且賢者出處，翔而後集，[9]爵以德進，則其情不苟，然後使君子恥貧賤而樂富貴矣。若有德不報，有言不酬，來無所樂，進無所趨，[10]則皆懷歸藪澤，[11]修其故志矣。夫求賢者，上以承天，下以爲人。不用之，則逆天統，[12]違人望。逆天統則災眚降，違人望則化不行。災眚降則下呼嗟，[13]化不行則君道虧。四始之缺，五際之厄，其咎由此。[14]豈可不剛健篤實，矜矜慄慄，以守天功盛德大業乎？[15]

［1］【李賢注】《易》曰："黄帝刳木爲舟，剡木爲楫。"【今注】刳：挖空。　剡：削尖。

［2］【李賢注】群龍喻賢臣也。鄭玄注《易·乾卦》云："爻皆體乾，群龍之象。"舜既受禪，禹與稷、契、咎繇之屬並在朝。

［3］【李賢注】《詩·大雅》也。將，行也。若，順也。順否猶臧否，謂善惡也。言國有善惡，仲山甫能明之（能，大德本、殿本作"皆"，是）。【今注】案，出自《詩·大雅·烝民》。仲山甫，周宣王時賢大夫。

［4］【今注】宣王：周宣王，周厲王之子。公元前 848 年至前 842 年在位。

［5］【今注】雍熙：和平安樂。

［6］【今注】案，庶，大德本、殿本作"衆"，是。

［7］【李賢注】三公九卿也。

［8］【李賢注】四方之國。

［9］【李賢注】《論語》："色斯舉矣，翔而後集。"【今注】案，出自《論語·鄉黨》。比喻人們先觀察，然後纔聚集。

［10］【李賢注】無爵賞也（爵賞，大德本誤作"賞罰"）。

［11］【今注】懷歸藪澤：指向往隱居。

［12］【今注】天統：《漢書》卷一《高帝紀》贊曰："漢承堯

運，德祚已盛，斷蛇著符，旗幟上赤，協于火德，自然之應，得天統矣。”漢朝自稱陶唐氏之後，承堯爲火德。漢初因秦正，承周之後，以木代火，得天之統序，故爲天統。

［13］【今注】案，呼，殿本作“吁”，是。

［14］【李賢注】四始謂《關雎》爲《國風》之始，《鹿鳴》爲《小雅》之始，《文王》爲《大雅》之始，《清廟》爲《頌》之始。缺猶廢也。《翼奉傳》曰：“《易》有陰陽五際。”孟康曰：“《韓詩外傳》云‘五際，卯、酉、午、戌、亥也，陰陽終始際會之歲，於此則有變改之政’。”【今注】四始：四者爲王道興衰之所由始，故稱四始。　五際：漢初《詩》學有齊、魯、韓三家，齊《詩》説《詩》附會陰陽五行説，認爲每當卯、酉、午、戌、亥是陰陽終始際會之時，政治就會發生重大變動（參見曹建國《〈詩〉緯三基、四始、五際、六情説探微》，《武漢大學學報》2006年第4期；姜廣輝、邱夢艷《齊詩“四始五際”説的政治哲學揭秘》，《哲學研究》2013年第12期）。

［15］【李賢注】《易·繫詞》曰：“日新之謂盛德，富有之謂大業。”

臣伏見光禄大夫江夏黄瓊，[1]耽道樂術，[2]清亮自然，被褐懷寶，含味經籍，[3]又果於從政，明達變復。[4]朝廷前加優寵，賓于上位。瓊入朝日淺，謀謨未就，[5]因以喪病，致命遂志。[6]《老子》曰：“大音希聲，大器晚成。”[7]善人爲國，三年乃立。[8]天下莫不嘉朝廷有此良人，而復怪其不時還任。陛下宜加隆崇之恩，極養賢之禮，徵反京師，以慰天下。又處士漢中李固，年四十，通游夏之蓺，[9]履顔閔之仁。[10]絜白之節，情同皦日，忠貞之操，好是正直，[11]卓冠古人，當世莫及。元精所生，王之佐臣，[12]天之生固，必爲聖漢，宜蒙特徵，以示四方。夫有出倫之才，不應限以官次。昔顔子十八，天下歸仁；[13]子奇稺齒，化阿有聲。[14]若還瓊徵固，任以時政，伊尹、傅説，[15]不足爲比，則可垂景光，致休祥矣。臣顗明不知人，伏聽衆言，百姓所歸，臧否共歎。願汎問百僚，覈其名行，有一不合，則臣爲欺國。惟留聖神，不以人廢言。[16]

[1]【今注】光禄大夫：西漢武帝時改中大夫置，掌論議。屬光禄勳，秩比二千石。西漢晚期，多作爲貴戚重臣的加官。無員限。東漢時，因權臣不復冠此號，漸成閑散之職，雖仍掌顧問應對，但多用以拜假賵贈之使，及監護諸國嗣喪事。

[2]【今注】耽道樂術：愛好並努力學習治國的道理與方法。案，殿本作“耽樂道術”。

[3]【李賢注】《家語》子路問於孔子曰：“有人於此，被褐而懷玉，何如？”子曰：“國無道，隱可也；國有道，則衮冕而執玉也。”【今注】被褐懷寶：身穿粗布衣而心懷寶玉，比喻人有美德而深藏不露。　含味：品味，欣賞。

[4]【李賢注】言明於變異消復之術也。【今注】果於從政：治政時堅決果斷。案，果，大德本作“早”。　明達變復：精通消除災害和怪異現象的方術。

[5]【今注】謀謨：謀劃。

[6]【今注】案，指黄瓊借口有病而要求免職，而朝廷批准他辭職的事。

[7]【李賢注】聲震宇内謂之大音，其動有時，故希聲也。

無所不容謂之大器，其功既博，故晚成也。

［8］【李賢注】《論語》孔子曰：“苟有用我者，期月而已可也，三年乃成功（三，大德本作‘二’）。”又曰：“善人爲邦百年，可以勝殘去殺。”【今注】案，見《論語·子路》。才能出衆的人治國，三年後纔能有成效。這裏的善人指孔子。

［9］【今注】游夏：指孔子的學生子游、子夏。

［10］【今注】顏閔：指孔子的學生顏回、閔子騫。

［11］【今注】好是正直：喜歡這些正直的人。出自《詩·小雅·小明》。

［12］【李賢注】元爲天精，謂之精氣。《春秋演孔圖》曰（演孔，殿本作“孔演”）“正氣爲帝，間氣爲臣，宫商爲佐，秀氣爲人”也。

［13］【李賢注】《論語》曰：“顏回問仁（回，大德本、殿本作‘淵’）。孔子曰：‘剋己復禮爲仁。一日剋己復禮，天下歸仁焉。’”【今注】案，出自《論語·顏淵》。

［14］【李賢注】子奇，齊人，年十八爲阿邑宰，出倉廩以振貧乏，邑内大化。見《說苑》。

［15］【今注】伊尹：商湯大臣。助商滅夏，綜理國政。關於伊尹故事，版本較多。清華簡中也有一些與伊尹有關的材料（參見孟祥才《伊尹形象的歷史呈現》，《海岱學刊》2017 年第 1 期；劉夫德《伊尹新論》，《南都學壇》2018 年第 6 期）。　傅說：輔佐商王武丁，與伊尹齊名。據說，傅說出身微賤，在傅巖從事版築（打墻建房子）。武丁夢得聖人，名曰說。在群臣中遍尋不得，後派人四處尋訪，結果在野外發現了傅說，以禮相待，舉以爲相。案，此事見《史記》卷三《殷本紀》。

［16］【今注】不以人廢言：出自《論語·衛靈公》。不因人不好就摒棄他的正言。

謹復條便宜四事，附奏於左：[1]

[1]【今注】案，宋文民《後漢書考釋》曰："郎顗其上條陳便宜七事，其下附奏四事，以《史記》史法參校，政宜連叙，傳文乃跳行分寫，有似賬簿，疑爲傳刻之誤。"（第121頁）

一事：孔子作《春秋》，書"正月"者，敬歲之始也。[1]王者則天之象，因時之序，宜開發德號，爵賢命士，流寬大之澤，垂仁厚之德，[2]順助元氣，含養庶類。如此，則天文昭爛，星辰顯列，五緯循軌，四時和睦。[3]不則太陽不光，天地溷濁，時氣錯逆，霾霧蔽日。[4]自立春以來，累經旬朔，未見仁德有所施布，但聞罪罰考掠之聲。夫天之應人，疾於景響，[5]而自從入歲，常有蒙氣，月不舒光，日不宣曜。日者太陽，以象人君。政變於下，日應於天。清濁之占，隨政抑揚。天之見異，事無虛作。豈獨陛下倦於萬機，帷幄之政有所闕歟？[6]何天戒之數見也！臣願陛下發揚乾剛，援引賢能，勤求機衡之寄，以獲斷金之利。[7]臣之所陳，輒以太陽爲先者，明其不可久闇，急當改正。其異雖微，其事甚重。臣言雖約，其旨甚廣。惟陛下乃眷臣章，深留明思。

[1]【李賢注】《公羊傳》曰："元年春正月。元年者何？君之始年也。春者何？歲之始也。"【今注】案，關於"春王正月"，可參見孫少華《"春王正月"與"貴微重始"——兼論後儒對〈春

秋〉文本的哲學闡釋》(《哲學研究》2016年第7期)。

[2]【李賢注】《禮記》,正月迎春於東郊,還,乃賞公卿諸侯大夫於朝。命相布德和令,行慶施惠,下及兆人,慶賞遂行,無有不當。【今注】寬大之澤:寬大之詔。

[3]【李賢注】五緯,五星。

[4]【李賢注】《爾雅》曰:"風而雨土爲霾。"

[5]【今注】案,景響,大德本、殿本作"影響"。

[6]【李賢注】帷幄謂謨謀之臣也(謨謀,大德本、殿本作"謀謨")。【今注】帷幄之政:宮廷内政。

[7]【李賢注】《易》曰:"二人同心,其利斷金。"【今注】案,出自《周易·繫辭上》。

二事:孔子曰:"雷之始發《大壯》始,[1]君弱臣彊從《解》起。"[2]今月九日至十四日,《大壯》用事,消息之卦也。於此六日之中,雷當發聲,發聲則歲氣和,王道興也。[3]《易》曰:"雷出地奮,豫,[4]先王以作樂崇德,殷薦之上帝。"[5]雷者,所以開發萌牙,辟陰除害。萬物須雷而解,資雨而潤。[6]故《經》曰:"雷以動之,雨以潤之。"[7]王者崇寬大,[8]順春令,則雷應節,不則發動於冬,當震反潛。故《易傳》曰:"當雷不雷,太陽弱也。"今蒙氣不除,日月變色,則其效也。天網恢恢,疏而不失,[9]隨時進退,應政得失。大人者,與天地合其德,與日月合其明,[10]琁璣動作,[11]與天相應。雷者號令,其德生養。號令殆廢,當生而殺,則雷反作,其時無歲。[12]

陛下若欲除災昭祉，順天致和，宜察臣下尤酷害者，亟加斥黜，以安黎元，則太皓悦和，雷聲乃發。[13]

［1］【今注】大壯：《易經》卦名。天上鳴雷，陽氣盛壯，故曰“大壯”。

［2］【今注】解：《易經》卦名。雷雨交加，萬象更新，故稱“解”。

［3］【李賢注】《周書·時訓》曰“春分之日玄鳥至，又五日雷乃發聲。雷不發聲，諸侯失人”也。【今注】案，古人認爲春分那天燕子飛來，再過五天，雷就開始鳴，這是順應季節的事。

［4］【李賢注】豫卦，坤下震上。坤爲地，震爲雷，雷在地上，故曰雷出地，豫。奮，動也。豫，喜也。【今注】豫：《易經》卦名。雷聲按時出現，預示春天的到來，故稱“豫”。

［5］【李賢注】殷，盛也。薦，進也。上帝，天帝也。雷動於地，萬物喜豫，作樂之象。

［6］【李賢注】《易·解卦》曰“天地解而雷雨作，雷雨作而百果草木皆甲坼”也。

［7］【李賢注】《易·説卦》文。

［8］【今注】案，崇，殿本作“從”。

［9］【李賢注】《老子》之文也。

［10］【李賢注】《易·乾卦》文言之詞也。大人，天子也。

［11］【今注】案，琁，殿本作“璇”。

［12］【李賢注】雷以冬鳴，則歲飢也。

［13］【李賢注】太皓，天（天，大德本作“大也”；殿本“天”後有“也”字）。

三事：去年十月二十日癸亥，太白與歲星合

於房、心。[1]太白在北，歲星在南，相離數寸，光芒交接。房、心者，天帝明堂布政之宫。[2]《孝經鉤命決》曰：[3]“歲星守心年穀豐。”[4]《尚書洪範記》曰：“月行中道，移節應期，德厚受福，重華留之。”[5]重華者，謂歲星在心也。今太白從之，交合明堂，金木相賊，而反同合，[6]此以陰陵陽，臣下專權之異也。房、心東方，其國主宋。[7]《石氏經》曰：[8]“歲星出左有年，出右無年。”今金木俱東，歲星在南，是爲出右，恐年穀不成，宋人飢也。陛下宜審詳明堂布政之務，然後妖異可消，五緯順序矣。[9]

[1]【今注】太白：金星。　歲星：土星。

[2]【李賢注】《春秋元命包》曰：“房四星，心三星。”【今注】明堂：星宿名。東方蒼龍，房、心。房、心爲明堂，天王布政之宫。又古代帝王宣明政教的地方也叫明堂，故有下文的説法。

[3]【今注】孝經鉤命決：書名。依托《孝經》講符命瑞應的緯書。

[4]【李賢注】歲星守心爲重華，故年豐也。

[5]【李賢注】《天官書》曰“歲星一曰攝提，一曰重華”也。【今注】重華：歲星。

[6]【李賢注】太白，金也。歲星，木也。金刻木（刻，殿本作“克”），故相賊也。【今注】相賊：猶言相克。

[7]【李賢注】卯爲房、心，宋之分也。

[8]【李賢注】石氏，魏人石中夫也，見《蓺文志》。【今注】石氏經：書名。又名《石氏星經》。戰國時石申所作。主要講有關天文觀測的事。

[9]【李賢注】五緯，五星也。

四事：《易傳》曰："陽無德則旱，陰僭陽亦旱。"陽無德者，人君恩澤不施於人也。陰僭陽者，禄去公室，臣下專權也。自冬涉春，訖無嘉澤，數有西風，反逆時節。[1]朝廷勞心，廣爲禱祈，薦祭山川，暴龍移市。[2]臣聞皇天感物，不爲僞動，災變應人，要在責己。若令雨可請降，水可攘止，則歲無隔并，[3]太平可待。然而災害不息者，患不在此也。[4]立春以來，未見朝廷賞録有功，表顯有德，存問孤寡，賑恤貧弱，而但見洛陽都官奔車東西，收繫纖介，[5]牢獄充盈。臣聞恭陵火處，[6]比有光耀，[7]明此天災，非人之咎。丁丑大風，掩蔽天地。風者號令，天之威怒，皆所以感悟人君忠厚之戒。又連月無雨，將害宿麥。[8]若一穀不登，則飢者十三四矣。陛下誠宜廣被恩澤，貸贍元元。昔堯遭九年之水，人有十載之蓄者，[9]簡稅防災，爲其方也。[10]願陛下早宣德澤，以應天功。若臣言不用，朝政不改者，立夏之後乃有澍雨，於今之際未可望也。若政變於朝而天不雨，則臣爲誣上，愚不知量，分當鼎鑊。

[1]【李賢注】春當東風也。

[2]【李賢注】董仲舒《春秋繁露》曰："春旱，以甲乙日爲倉龍一（倉，大德本、殿本作'蒼'，是），長八尺，居中央；爲小龍七（七，大德本、殿本誤作'五'），各長四尺，於東方。

皆東向，其間相去八尺。小童八人，皆齋三日，服青衣而舞之。夏，以丙丁日爲赤龍，服赤衣。季夏，以戊己日爲黄龍，服黄衣。秋，以庚辛日爲白龍，服白衣。冬，以壬癸日爲黑龍，服黑衣。牲各依其方色，皆燔雄雞，燒猳豬尾，於里北門及市中以祈焉。"《禮記》，歲旱，魯穆公閒於縣子（閒，紹興本、大德本、殿本作"問"，是），縣子曰："爲之徙市，不亦可乎？"見《檀弓篇》。【今注】暴龍：一種祭禮儀式。天旱時，根據不同的季節和方向，設置不同顏色的龍，並焚燒雄雞、猪等來求雨。　移市：移動市場。古人認爲天旱可以移動市場來求雨。

［3］【今注】隔并：旱澇不調。

［4］【李賢注】不在祈禱。

［5］【今注】纖介：指犯了一點小事的人。

［6］【今注】恭陵：東漢安帝陵墓。陵址在今河南洛陽市東北漢魏故城西北。

［7］【李賢注】比，頻也。時恭陵百丈廡災，仍有光耀不絶（耀，殿本作"曜"）。【今注】案，耀，紹興本、大德本、殿本作"曜"。

［8］【今注】宿麥：隔年纔成熟的麥子。宿，大德本、殿本作"粟"。

［9］【今注】案，載，大德本作"年"。

［10］【李賢注】簡，少也。方，法也。

書奏，特詔拜郎中，[1]辭病不就，即去歸家。至四月京師地震，遂陷。[2]其夏大旱。秋，鮮卑入馬邑城，[3]破代郡兵。[4]明年，西羌寇隴右。[5]皆略如顗言。後復公車徵，不行。

［1］【今注】郎中：東漢尚書臺置三十六郎，亦稱郎中。秩四

百石。協助諸曹尚書處理政務。秩位雖輕，但權力較重。

［2］【李賢注】陽嘉二年四月己亥地震，六月丁丑洛陽地陷，是月旱也。

［3］【今注】馬邑城：在今山西朔州市東北三十三里馬邑村。

［4］【今注】代郡：戰國趙置。秦、西漢治代縣（今河北蔚縣西南）。東漢移治高柳縣（今山西陽高縣西南）。

［5］【李賢注】陽嘉三年七月（三，大德本誤作“二”），種羌寇隴西。【今注】明年西羌寇隴右：東漢順帝陽嘉三年（134）七月，種羌寇隴西。

同縣孫禮者，積惡凶暴，好游俠，與其同里人常慕顗名德，欲與親善。顗不顧，以此結怨，遂爲禮所殺。

襄楷字公矩，平原隰陰人也。[1]好學博古，善天文陰陽之術。[2]

［1］【李賢注】《風俗通》曰：“襄姓，楚大夫襄老之後。”隰陰，縣，在隰水之南，故城在今齊州臨邑縣西也。【今注】平原：郡名。治平原縣（今山東平原縣西南）。　隰陰：縣名。治所在今山東齊河縣東北。

［2］【今注】天文陰陽之術：指天文、占候、星卜、相宅等日月運轉之術。

桓帝時，[1]宦官專朝，政刑暴濫，又比失皇子，災異尤數。延熹九年，[2]楷自家詣闕上疏曰：

[1]【今注】桓帝：東漢桓帝劉志，公元146年至167年在位。紀見本書卷七。

[2]【今注】延熹：東漢桓帝劉志年號（158—167）。

臣聞皇天不言，以文象設教。堯舜雖聖，必歷象日月星辰，察五緯所在，故能享百年之壽，爲萬世之法。[1]臣竊見去歲五月，熒惑入太微，犯帝坐，出端門，不軌常道。[2]其閏月庚辰，太白入房，犯心小星，震動中耀。[3]中耀，天王也；傍小星者，天王子也。夫太微天廷，[4]五帝之坐，而金火罰星揚光其中，[5]於占，天子凶；又俱入房、心，法無繼嗣。今年歲星久守太微，逆行西至掖門，還切執法。[6]歲爲木精，好生惡殺，而淹留不去者，咎在仁德不修，誅罰太酷。前七年十二月，熒惑與歲星俱入軒轅，[7]逆行四十餘日，而鄧皇后誅。其冬大寒，殺鳥獸，害魚鱉，城傍竹柏之葉有傷枯者。[8]臣聞於師曰："柏傷竹枯，不出三年，天子當之。"今洛陽城中人夜無故叫呼，云有火光，人聲正諠，[9]於占亦與竹柏枯同。自春夏以來，連有霜雹及大雨雷，[10]而臣作威作福，刑罰急刻之所感也。

[1]【李賢注】堯年一百一十七歲，舜年一百一十二歲。言百年，舉全數。【今注】案，堯舜事見《尚書·堯典》："乃命羲、和，欽若昊天，曆象日月星辰，敬授民時。"關於堯舜年壽，參見《論衡·氣壽篇》。

［2］【李賢注】《天官書》曰："太微南四星，中爲端門。"軌猶依也。【今注】太微：星官名。在北斗之南，以五帝座爲中樞。東西爲將相星，南方爲左右執法星，左右執法星叫端門。　帝坐：即五帝座。惠棟《後漢書補注》曰："《續漢志》云，五月壬午熒惑入太微，右執法軌亦道也，言不以常道爲軌，注訛。"

［3］【今注】案，動，大德本作"功"。

［4］【今注】天廷：星垣名。也作天庭。太微在天庭，五帝座在天庭的中間。

［5］【李賢注】太白金也，熒惑火也。《天文志》曰："逆夏令，傷火氣，罰見熒惑。逆秋令，傷金氣，罰見太白。"故金火並爲罰星也。

［6］【李賢注】《天官書》曰："端門左右星爲掖門。太微南四星爲執法。"切謂迫近也。

［7］【今注】軒轅：星名。共有十七星，組成黄龍體。在太微西，鬼宿、北斗之間。

［8］【李賢注】《續漢志》曰："延熹九年（九，大德本、殿本作'元'。中華本校勘記云：'《續志》云"延熹九年，雒陽城旁竹柏葉有傷者"，《桓紀》亦書於九年冬十二月，是"元年"乃"九年"之譌。然楷疏稱七年冬，故惠氏以爲當作"七年"也'），雒陽城傍竹柏葉有傷者。"

［9］【李賢注】《續漢志》曰："桓帝延熹九年三月，京師有火光轉行，人相驚譟。"

［10］【今注】案，惠棟《後漢書補注》："何焯曰：雷下有脱誤。"

太原太守劉瓆、南陽太守成瑨，志除姦邪，其所誅翦，皆合人望，[1]而陛下受閹豎之譖，[2]乃遠加考逮。三公上書乞哀瓆等，不見採察，[3]而嚴被譴讓。憂國之臣，將遂杜口矣。

［1］【李賢注】《謝承書》曰："劉瓆字文理（瓆，大德本作'質'），平原人（大德本、殿本'人'後有'也'字）。遷太原太守。郡有豪彊，中宫親戚（宫，紹興本、大德本、殿本作'官'，是），爲百姓所患。瓆深疾之，到官收其魁帥殺之，所臧匿主人悉坐伏誅。桓帝徵詣廷尉（徵，大德本誤作'微'），以瓆宗室，不忍致之于刑，使自殺。""成瑨字幼平，弘農人。遷南陽太守。時桓帝美人外親張子禁怙恃榮貴，不畏法網，瑨與功曹岑晊捕子禁付宛獄，笞殺之。桓帝徵瑨詣廷尉，下獄死。"瓆音質。瑨音晉。【今注】案，瓆，大德本作"質"。本書卷六六《陳蕃傳》載："瓆字文理，高唐人。瑨字幼平，陝人。並有經術稱，處位敢直言，多所搏擊，知名當時，皆死於獄中。"本書卷四一《第五倫傳》載"褒坐事左轉高唐令"，李賢注曰："高唐，縣，屬平原郡，故城在今齊州祝阿縣西。"

［2］【今注】閹竪：對宦官的蔑稱。

［3］【李賢注】時太尉陳蕃、司徒劉矩、司空劉茂共上書訟瓆等，帝不納。【今注】三公：太尉陳蕃、司徒劉矩、司空劉茂。見本書卷六六《陳蕃傳》。

臣聞殺無罪，誅賢者，禍及三世。[1]自陛下即位以來，頻行誅伐，梁、寇、孫、鄧，並見族滅，[2]其從坐者，又非其數。李雲上書，明主所不當諱，杜衆乞死，諒以感悟聖朝，[3]曾無赦宥，而并被殘戮，天下之人，咸知其冤。漢興以來，未有拒諫誅賢，用刑太深如今者也。

［1］【李賢注】黄石公《三略》曰："傷賢者殃及三世，蔽賢者身當其害，達賢者福流子孫，疾賢者名不全。"

［2］【李賢注】梁冀、寇榮、孫壽、鄧萬世等也。【今注】梁：大將軍梁冀，字伯卓，安定烏氏（今寧夏固原市東南）人。順帝死後，他與妹梁太后先後立沖帝、質帝與桓帝，專斷朝政近二十年。驕奢横暴，政治黑暗，枉害李固、杜喬等士人。桓帝即位後，與宦官單超等誅滅梁氏，梁冀被迫自殺。傳見本書卷三四。　寇：寇榮，上谷昌平（今北京市昌平區）人。桓帝時爲侍中。見害於權寵。傳見本書卷一六。　孫：即孫壽。中黄門孫程養子。事見本書卷七八《孫程傳》。　鄧：即鄧萬世。度遼將軍鄧遵之子。後下獄死。事見本書卷一六《鄧騭傳》。

［3］【李賢注】時弘農五官掾杜衆傷雲以忠諫獲罪，遂上書云，願與李雲同日死也。【今注】李雲：字行祖，甘陵（今山東臨清市）人。東漢桓帝時李雲上書諷諫，却被下獄。傳見本書卷五七。

永平舊典，諸當重論皆須冬獄，先請後刑，所以重人命也。頃數十歲以來，州郡翫習，又欲避請讞之煩，[1]輒託疾病，多死牢獄。長吏殺生自己，死者多非其罪，魂神冤結，無所歸訴，淫厲疾疫，自此而起。[2]昔文王一妻，誕致十子，[3]今宫女數千，未聞慶育。宜修德省刑，以廣《螽斯》之祚。[4]

［1］【李賢注】《廣雅》曰："讞，疑也。"謂罪有疑者讞於廷尉也。【今注】讞（yàn）：審判定罪。

［2］【李賢注】淫，過也。《左傳》曰："陰淫寒疾，陽淫熱

疾。”【今注】淫厲：禍害。

[3]【李賢注】《史記》曰，大姒（姒，大德本誤作“如”），文王正妃也。其長子伯邑考，次武王發，次管叔鮮，次周公旦，次蔡叔度，次曹叔振鐸，次成叔武，次霍叔處，次康叔封，冉季載，同母兄弟十人也。

[4]【李賢注】《詩·國風》序曰：“螽斯，后妃子孫衆多也，言若螽斯不妒忌則子孫衆多也。”注云：“螽斯，蚣蝑也。凡有情慾者無不妒忌，唯蚣蝑不爾，各得受氣而生子，故以喻焉。”祚，福也。（宋文民《後漢書考釋》曰：“中華書局校點本注文作如上句逗。今案‘凡有情慾’以下非注文，係箋語也。‘故以喻焉’四字非箋注之語，係章懷語，當移至引號外”）

又七年六月十三日，河内野王山上有龍死，[1]長可數十丈。[2]扶風有星隕爲石，[3]聲聞三郡。夫龍形狀不一，小大無常，故《周易》況之大人，帝王以爲符瑞。[4]或聞河内龍死，諱以爲蛇。夫龍能變化，蛇亦有神，皆不當死。昔秦之將衰，華山神操璧以授鄭客，曰“今年祖龍死”，[5]始皇逃之，死於沙丘。[6]王莽天鳳二年，訛言黄山宫有死龍之異，[7]後漢誅莽，光武復興。虚言猶然，況於實邪？夫星辰麗天，猶萬國之附王者也。下將畔上，故星亦畔天。[8]石者安類，墜者失執。春秋五石隕宋，其後襄公爲楚所執。[9]秦之亡也，石隕東郡。[10]今隕扶風，與先帝園陵相近，[11]不有大喪，必有畔逆。

［1］【今注】河内：郡名。治懷縣（今河南武涉縣西南）。野王：縣名。治所在今河南沁陽市。

［2］【李賢注】延熹七年也。《袁山松書》曰"長可可餘尺（可可，紹興本、大德本、殿本均作'可百'，是）"。

［3］【今注】扶風：即右扶風。三輔之一。治長安縣（今陝西西安市西北）。

［4］【李賢注】大人，天子也。《乾卦·九五》曰："飛龍在天，大人造也。"九五處天子之位，故以飛龍喻焉。《尚書中候》曰："舜沈璧於清河（璧，紹興本、大德本、殿本作'璧'，是），黄龍負圖出水。"

［5］【李賢注】祖龍謂秦始皇也。樂資《春秋後傳》曰："使者鄭客入函谷，至平舒，見素車白焉（焉，紹興本、大德本、殿本作'馬'，是），白（白，紹興本、大德本、殿本作'曰'，是）：'吾華山君，願以一牘致滈池君。子之咸陽，過滈池見一大梓樹，有文石取以扣樹，當有應者，以書與之。'鄭客如其言，見宮闕如王者居，謁者出受書，入有頃，云'今年祖龍死'。"【今注】案，《史記》卷六《秦始皇本紀》載："（三十六年）秋，使者從關東夜過華陰平舒道，有人持璧遮使者曰：'爲吾遺滈池君。'因言曰：'今年祖龍死。'使者問其故，因忽不見，置其璧去。使者奉璧具以聞。始皇默然良久，曰：'山鬼固不過知一歲事也。'退言曰：'祖龍者，人之先也。'使御府視璧，乃二十八年行渡江所沈璧也。"《集解》蘇林曰："祖，始也。龍，人君象。謂始皇也。"

［6］【李賢注】《史記》曰："始皇崩於沙丘平臺。"沙丘在今邢州平鄉縣東北。【今注】案，事見《史記·秦始皇本紀》。沙丘，在今河北廣宗縣西北。

［7］【李賢注】《王莽傳》曰："時訛言黄龍墯地，死黄山宮中，百姓奔走往觀者乃有萬數。莽惡之，捕繫詰語所從起，而竟不得。"【今注】天鳳：王莽年號（14—19）。事見《漢書》卷九九

《王莽傳》。

[8]【今注】案，惠棟《後漢書補注》曰："《前書·五行志》成帝永始二年，星隕，谷永對曰：'星辰附離于天，猶庶民附離王者也。王者失道，紀綱廢頓，下將畔去，故星畔而隕，以見其象。'楷蓋用永語也。"

[9]【李賢注】《左傳》魯僖公十六年"隕石于宋五"，隕星也。至二十年，諸侯會宋公于盂，於是楚執宋公以伐宋。

[10]【李賢注】《史記》："始皇三十六年，有墜星下東郡，至地爲石，人或刻其石曰'始皇死而地分'。始皇聞之，盡取石旁舍誅之（旁，大德本、殿本作'傍'），因燔其石。"【今注】東郡：郡名。治濮陽縣（今河南濮陽市華龍區西南）。事見《史記·秦始皇本紀》。

[11]【李賢注】桓帝延熹七年隕石于鄠。鄠屬扶風，與高帝諸陵相近也。

案春秋以來及古帝王，未有河清及學門自壞者也。[1]臣以爲河者，諸侯位也。[2]清者屬陽，濁者屬陰。河當濁而反清者，陰欲爲陽，諸侯欲爲帝也。太學，天子教化之宫，其門無故自壞者，言文德將喪，教化廢也。京房《易傳》曰："河水清，天下平。"今天垂異，地吐妖，人厲疫，三者並時而有河清，猶春秋麟不當見而見，孔子書之以爲異也。[3]

[1]【李賢注】延熹五年，太學西門自壞。八年，濟陰、東郡、濟北河水清也。【今注】案，事見本書卷七《桓帝紀》。惠棟《後漢書補注》曰："《續漢志》八年四月濟北河水清，九年四月濟

陰東郡濟北平原河水清。"

［2］【李賢注】《孝經援神契》曰："五岳視三公，四瀆視諸侯也。"

［3］【李賢注】《公羊傳》曰："西狩獲麟何以書？記異也。何以異？麟非中國獸也。"【今注】案，《春秋》哀公十四年有"西狩獲麟"的記録。《春秋》絶筆於"西狩獲麟"，探尋其中藴含的微言大義便成爲儒家士人的經學使命，並由此依託孔子及"獲麟"之傳注建構了區别於傳統儒學的價值體系，形成了服務於現實政治的新的儒學核心理論，這是秦漢儒家士人最重要的儒學貢獻（參見王洪軍《"西狩獲麟"的三重叙事及其思想建構》，《社會科學輯刊》2015年第2期）。

臣前上琅邪宫崇受干吉神書，不合明聽。[1]臣聞布穀鳴於孟夏，蟋蟀吟於始秋，物有微而志信，人有賤而言忠。[2]臣雖至賤，誠願賜清閒，極盡所言。

［1］【李賢注】干姓（干，殿本作"于"），吉名也。神書，即今道家《太平經》也。其經以甲、乙、丙、丁、戊、己、庚、辛、壬、癸爲部，每部一十七卷也。【今注】琅邪：縣名。治所在今山東諸城市西南。　宫崇：人名。具體不詳。　案，干，殿本作"于"。

［2］【李賢注】布穀，一名戴紝，一名戴勝。蟋蟀，促織也。《春秋考異郵》曰："孟夏戴勝降，立秋促織鳴。"言雖微物不失信也。紝音女林反（女，殿本誤作"汝"）。【今注】孟夏：夏季的第一個月，即農曆四月。

書奏不省。

十餘日，復上書曰：

臣伏見太白北入數日，復出東方，其占當有大兵，中國弱，四夷彊。臣又推步，熒惑今當出而潛，必有陰謀。皆由獄多冤結，忠臣被戮。德星所以久守執法，亦爲此也。[1]陛下宜承天意，理察冤獄，爲劉瓆、成瑨虧除罪辟，追録李雲、杜衆等子孫。

[1]【李賢注】德星，歲星也。

夫天子事天不孝，則日食星鬬。比年日食於正朔，[1]三光不明，[2]五緯錯戾。前者宫崇所獻神書，專以奉天地順五行爲本，亦有興國廣嗣之術。其文易曉，參同經典，而順帝不行，故國胤不興，[3]孝沖、孝質頻世短祚。[4]

[1]【李賢注】延熹八年正月辛巳朔，日食。九年正月辛卯朔，日食。【今注】正朔：正月的朔日（初一）。

[2]【今注】三光：日、月、星。

[3]【李賢注】《太平經·興帝王篇》（興，大德本、殿本作“典”）曰：“真人問神人曰：‘吾欲使帝王立致太平，豈可聞邪？’神人言：‘但順天地之道，不失銖分，則立致太平。元氣有三名，爲太陽、太陰、中和。形體有三名，爲天、地、人。天有三名（三，紹興本作“二”），爲日、月、星，北極爲中也。地有三名，爲山、川與平土。人有三名，爲父、母、子。政有三名，爲

君、臣、人。此三者，常相得腹心，不失銖分，使其同一憂，合成一家，立致太平，延年不疑也。'又問曰：'今何故其生子少也？'天師曰：'善哉子之言也，但施不得其意耳。如令施其人欲生也，開其玉户，施種於中，比若春種於地也，十十相應和而生。其施不以其時。比若十月種物於地也，十十盡死，固無生者。真人欲重知其審，今無子之女，雖日百施其中，猶無所生也。不得其所生之處，比若此矣。是故古者聖賢不妄施於不生之地也，名爲亡種，竭氣而無所生成。今太平氣到，或有不生子者，反斷絶天地之統，使國少人。理國之道，多人則國富，少人則國貧。今天上皇之氣已到，天皇氣生物，乃當萬倍其初天地。'"

[4]【今注】孝沖：東漢沖帝劉炳，公元144年至145年在位。紀見本書卷六。　孝質：東漢質帝劉纘，公元145年至146年在位。紀見本書卷六。

臣又聞之，得主所好，自非正道，神爲生虐。故周衰，[1]諸侯以力征相尚，於是夏育、申休、宋萬、彭生、任鄙之徒生於其時。[2]殷紂好色，妲己是出。[3]葉公好龍，真龍游廷。[4]今黄門常侍，天刑之人，[5]陛下愛待，兼倍常寵，係嗣未兆，[6]豈不爲此？天官宦者星不在紫宫而在天市，明當給使主市里也。[7]今乃反處常伯之位，實非天意。[8]

[1]【今注】周衰：指西周滅亡，周平王東遷洛邑。

[2]【李賢注】並多力之人也。夏育，衛人，力舉千鈞。宋萬，宋人，殺湣公，遇大夫仇牧於門，批而殺之，齒著門闔。彭生，齊人，拉魯桓公幹而殺之。范雎曰："以任鄙之力焉而死。"申休未詳何世也。【今注】任鄙：戰國秦武王時力士。

[3]【李賢注】妲己，蘇人之美女也，獻於紂，紂納以爲妻，常與沈湎於酒。事見《列女傳》。

[4]【李賢注】子張見魯哀公也（大德本、殿本無“也”字），七日，哀公不禮。子張曰：“君之好士有似葉公子高之好龍也。葉公子高好畫龍，天龍聞之，降之，窺頭於牖。葉公子高見之，棄而反走，五色無主。是葉公子高好夫似龍而非好真龍也。”事見《新序》。【今注】案，事見劉向《新序·雜事》。

[5]【今注】天刑之人：指宦官。

[6]【今注】係嗣：後嗣。案，係，殿本作“繼”。

[7]【李賢注】《山陽公載記》曰：“市垣二十二星而帝座居其中，宦者四星，唯供市買之事也。”【今注】天官：天文。　宦者星：星名。共四星。在天市垣。　天市：星區名。與太微垣、紫微垣（紫宮）合稱三垣。　主市里：古人認爲天市垣共有二十二星，帝座星居中，宦者四星居其側，衹是主管市場交易之事。

[8]【李賢注】常伯，侍中也。《尚書》曰：“常伯常任。”

又聞宫中立黄老、浮屠之祠。[1]此道清虚，貴尚無爲，好生惡殺，省慾去奢。今陛下嗜欲不去，殺罰過理，既乖其道，豈獲其祚哉！或言老子入夷狄爲浮屠。[2]浮屠不三宿桑下，不欲久生恩愛，精之至也。[3]天神遺以好女，浮屠曰：“此但革囊盛血。”遂不眄之。[4]其守一如此，乃能成道。今陛下婬女艷婦，極天下之麗，甘肥飲美，單天下之味，奈何欲如黄老乎？[5]

[1]【李賢注】浮屠即佛陁（陁，大德本、殿本作“陀”，可從），但聲轉耳，並謂佛也，解見《楚王英傳》也（殿本無“也”

字，可從）。【今注】黄老：指以黄帝、老子爲代表的道家學説。這裏指黄帝與老子。

［2］【李賢注】或聞言當時言也（殿本無“聞”字，可從）。老子西入夷狄，始爲浮屠之化。

［3］【李賢注】言浮屠之人寄桑下者，不經三宿便即移去，示無愛戀之心也。

［4］【李賢注】《四十二章經》：“天神獻玉女於佛，佛曰：‘此是革囊盛衆穢耳。’”【今注】案，眄，大德本、殿本作“盻”，可從，意指仇視。

［5］【今注】案，王先謙《後漢書集解》：“王補曰：《通鑑》自永平以來臣民雖有習浮屠術者，而天子未之好。至帝始篤好之，常躬自禱祠，由是其法浸盛，故楷言及之。”

書上，即召詔尚書問狀。楷曰：“臣聞古者本無宦臣，武帝末，春秋高，數游後宫，始置之耳。[1]後稍見任，至於順帝，遂益繁熾。今陛下爵之，十倍於前，至今無繼嗣者，豈獨好之而使之然乎？”尚書上其對，詔下有司處正，尚書承旨奏曰：“其宦者之官，非近世所置。漢初張澤爲大謁者，佐絳侯誅諸吕；[2]孝文使趙談參乘，而子孫昌盛。[3]楷不正辭理，指陳要務，而析言破律，違背經蓺，假借星宿，僞託神靈，[4]造合私意，誣上罔事。請下司隸，正楷罪法，收送洛陽獄。”帝以楷言雖激切，然皆天文恒象之數，故不誅，猶司寇論刑。[5]

［1］【李賢注】元帝時，任宦者石顯爲中書令，前將軍蕭望之等曰：“尚書百官之本，宜以公正處之。武帝游宴後廷，故用宦

者，非古制也。宜罷中書宦官，應古不近刑人之法。”【今注】武帝：西漢武帝劉徹，公元前141年至前87年在位。紀見《史記》卷一二、《漢書》卷六。案，蕭望之所言，見《漢書》卷九三《佞幸傳》。

［2］【李賢注】張澤，閹人也。絳侯周勃誅諸吕，乃迎立代王入宫，顧麾左右執戟皆罷兵。有數人不肯去，宦者令張澤喻告之，乃去。此其佐誅諸吕之功。見《前書》。【今注】案，張澤事又見《漢書》卷三五《燕王澤傳》。絳侯，即周勃。世家見《史記》卷五七，傳見《漢書》卷四〇。

［3］【李賢注】文帝使宦者趙談參乘，爰盎伏車前曰（爰，大德本、殿本作“袁”）：“陛下獨奈何與刀鋸餘人載！”於是上笑，推下趙談，談泣而下車。文帝生景帝，其後昌盛也。【今注】案，事見《漢書》卷四九《爰盎傳》。孝文，漢文帝劉恒。公元前179年至前157年在位。紀見《史記》卷一〇、《漢書》卷四。趙談，宦者。事見《漢書》卷九三《佞幸傳》。

［4］【李賢注】謂上干吉神書也。

［5］【李賢注】《前書》曰司寇，二歲刑。

初，順帝時，琅邪宫崇詣闕，上其師干吉於曲陽泉水上所得神書百七十卷，皆縹白素朱介青首朱目，號《太平清領書》。［1］其言以陰陽五行爲家，而多巫覡雜語。［2］有司奏崇所上妖妄不經，乃收臧之。［3］後張角頗有其書焉。［4］

［1］【李賢注】今潤州有曲陽山，有神溪水；定州有曲陽山，有神溪水；海州有曲陽城，北有羽潭水；壽州有曲陽城，又有北溪水。而干吉、宫崇並琅邪人，蓋東海曲陽是也。縹，青白也。

素，縑也。以朱爲介道。首，慓也。目，題目也。《太平經》曰："吾書中，善者悉使青下而丹目，合乎吾之道，迺丹青之信也。青者，生仁而有心（生，殿本作'主'）。赤者太陽，天之正色也。"《江表傳》："時有道士琅邪干吉，先寓居東方，來吴會，立精舍，燒香讀道書，制作符水以療病，吴會人多事之。孫策嘗於郡城樓上請會賓客，吉乃盛服趨度門下。諸將賓客三分之二下樓拜之，掌客者禁訶不能止。策即令收之。諸事之者，悉使婦女入見策母，請之。母謂策曰：'干先生亦助軍作福（干，殿本作"于"），醫護將士，不可殺之。'策曰：'昔南陽張津爲交州刺史，舍前聖典訓，廢漢家法律，常著絳袙頭，鼓琴焚香，讀邪俗道書，云以助化，卒爲蠻夷所殺。此甚無益，諸君但未悟耳。今此子已在鬼録（已，大德本誤作"以"），勿復費紙筆也。'即催斬之，縣首於市（縣，大德本、殿本作'懸'）。"【今注】曲陽：縣名。屬東海郡。治所在今江蘇沭陽縣東南。　縹白素：青白色的細絹。　朱介：紅色的框界。　青首：青色的標志。　朱目：紅色的標題。

［2］【李賢注】《太平經》曰："天失陰陽則亂其道，地失陰陽則亂其財，人失陰陽則絶其後，君臣失陰陽則其道不理，五行四時失陰陽則爲災。今天垂象爲人法，故當承順之也（順，大德本作'祖'）。"又曰："天上有常神聖要語，時下授人以言，用使神吏應氣而往來也。人衆得之謂神呪也。呪百中百，十中十，其呪有可使神爲除災疾，用之所向無不愈也。"

［3］【今注】案，臧，大德本、殿本作"藏"。

［4］【今注】張角：鉅鹿郡（今河北寧晉縣西南）人。東漢末黄巾起義軍首領。奉事黄老，創太平道。漢靈帝時，借治病傳教，聚衆起義，號稱天公將軍，提出"蒼天已死，黄天當立"。事見本書卷八《孝靈帝紀》。

及靈帝即位，[1]以楷書爲然。太傅陳蕃舉方正，[2]不就。鄉里宗之，每太守至，輒致禮請。中平中，[3]與荀爽、鄭玄俱以博士徵，[4]不至，卒于家。[5]

［1］【今注】靈帝：東漢靈帝劉宏，公元168年至189年在位。紀見本書卷八。

［2］【今注】太傅：官名。東漢不置太師、太保，上公唯太傅一人。居百官之首，以授元老重臣。秩萬石。　陳蕃：字仲舉，汝南平輿（今河南平輿縣北）人。與太尉李固等反對宦官專權，後謀誅宦官而事洩被殺。傳見本書卷六六。

［3］【今注】中平：東漢靈帝劉宏年號（184—189）。

［4］【今注】荀爽：字慈明，潁川潁陰（今河南許昌市）人。傳見本書卷六二。　鄭玄：字康成，北海高密（今山東高密市）人。師事馬融等人。黨錮之禍後，潛心著述，爲當時著名經學大家。傳見本書卷三五。

［5］【今注】案，王先謙《後漢書集解》引何焯曰："《九州春秋》云：'陳蕃子逸，與術士平原襄楷會于冀州刺史王芬坐。楷云：天文不利，宦者黄門常侍真族滅矣。逸喜。芬曰：若然，芬願驅除。于是與許攸等結謀。'此楷後事，而傳不載。"

論曰：古人有云："善言天者，必有驗於人。"[1]而張衡亦云：[2]"天文歷數，陰陽占候，今所宜急也。"郎顗、襄楷能仰瞻俯察，參諸人事，禍福吉凶既應，引之教義亦明。此蓋道術所以有補於時，後人所當取鑒者也。然而其敝好巫，故君子不以專心焉。[3]

［1］【李賢注】《前書》武帝策茂才之詞也。【今注】案，見

《漢書》卷五六《董仲舒傳》。

［2］【今注】張衡：字平子，南陽西鄂（今河南南陽市北）人。精通天文、陰陽、曆算，創製渾天儀和候風地動儀，又善經學與文學。安帝、順帝時曾任太史令、侍中、河間相等職。傳見本書卷五九。

［3］【李賢注】好巫謂好鬼神之事也。范甯《穀梁》序曰“左氏艷而富，其敝也巫”也（殿本無“也”字）。

贊曰：仲桓術深，[1]蒲車屢尋。[2]蘇竟飛書，[3]清我舊陰。[4]襄、郎災戒，寔由政淫。

［1］【今注】仲桓：楊厚，字仲桓，廣漢新都（今四川成都市新都區）人。傳見本書卷三〇上。

［2］【李賢注】頻徵不至。【今注】蒲車：用蒲草裹輪的車，古代徵聘隱士時用。

［3］【今注】蘇竟：字伯況，扶風平陵（今陝西咸陽市西北）人。傳見本書卷三〇上。　飛書：指蘇竟與劉龔書。

［4］【李賢注】陰，縣，屬南陽。與光武同郡，故云我舊也。【今注】清我舊陰：指鄧仲況與劉龔降漢。陰，縣名。治所在今湖北老河口市西北。

後漢書　卷三一

列傳第二十一

郭伋　杜詩　孔奮　張堪　廉范　王堂　蘇章 族孫不韋
羊續　賈琮　陸康

郭伋字細侯，扶風茂陵人也。[1]高祖父解，[2]武帝時以任俠聞。[3]父梵，爲蜀郡大守。[4]伋少有志行，哀平閒辟大司空府，[5]三遷爲漁陽都尉。[6]王莽時爲上谷大尹，[7]遷并州牧。[8]

[1]【今注】扶風：政區名。即右扶風。相當於郡級。因地處西漢長安京畿地區，故不稱郡。治長安縣（今陝西西安市西北）。茂陵：縣名。西漢制度以每一帝王陵之所在地設一縣，故於建元二年（前139）以武帝陵之守陵户及周圍地區置茂陵縣。治所在今陝西興平市東北。案，王先謙《後漢書集解》謂《東觀記》云“河南人”，與此異。

[2]【李賢注】《前書》云，解字翁伯，河内軹人，徙茂陵也。【今注】解：郭解，河内軹（今河南濟源市東南）人。西漢游俠。傳見《漢書》卷九二。

［3］【今注】武帝：西漢武帝劉徹。公元前141年至前87年在位。紀見《史記》卷一二、《漢書》卷六。

［4］【今注】蜀郡：治成都縣（今四川成都市）。　案，大，紹興本、大德本、殿本作“太”。古“大”“太”通。作“太守”爲是。以下同類不再出注。

［5］【今注】哀：西漢哀帝劉欣，公元前7年至前1年在位。紀見《漢書》卷一一。　平：西漢平帝劉衎，公元前1年至5年在位。紀見《漢書》卷一二。　大司空府：官署名。大司空，三公之一。西漢成帝綏和元年（前8）由御史大夫改名，秩萬石。府設諸曹分管具體事務。與丞相（大司徒）、大司馬同爲宰相，共同管理政務。哀帝建平二年（前5）復名御史大夫，元壽二年（前1）又名大司空，遂成定制。東漢初因之，光武帝建武二十七年（51）去“大”字，改名司空。

［6］【今注】漁陽：郡名。治漁陽縣（今北京市懷柔區北房鎮梨園莊東）。　都尉：郡軍事長官。秦、西漢初設郡尉。景帝中元二年（前148）改名都尉。秩比二千石。協助太守典章軍事，維護治安。

［7］【李賢注】王莽改大守爲大尹（大守，紹興本、大德本、殿本作“太守”）。【今注】王莽：字巨君。孝元皇后之弟子。平帝即位，年僅九歲，元后以太皇太后臨朝稱制，以王莽爲大司馬，委政於莽，號安漢公。平帝死，以孺子嬰爲帝，王莽自稱攝皇帝。三年後自稱皇帝，改國號爲新。史稱王莽篡漢。公元9年至23年在位。傳見《漢書》卷九九。　上谷：郡名。治沮陽縣（今河北懷來縣）。　大尹：即太守。官名。漢地方郡的最高長官。原稱郡守。西漢景帝中元二年更名太守，秩二千石。新莽始建國元年（9）改太守爲大尹，東漢復舊稱。案，王莽時改上谷爲“朔調”，此仍作“上谷”，乃史家追述記之。

［8］【今注】并州：西漢武帝時所置十三刺史部之一，屬地相

當今山西大部和内蒙古、河北的部分地區。　牧：州牧。西漢武帝時分全國爲十三州部，各置刺史監察諸郡，秩六百石。成帝綏和元年更名州牧，秩二千石，位次九卿。後多有反復。東漢時逐漸演變爲州一級行政長官。

更始新立，[1]三輔連被兵寇，[2]百姓震駭，强宗右姓[3]各擁衆保營，莫肯先附。更始素聞伋名，徵拜左馮翊，[4]使鎮撫百姓。世祖即位，[5]拜雍州牧，[6]再轉爲尚書令，[7]數納忠諫争。

［1］【今注】更始：兩漢之際更始政權建立者劉玄。劉玄號更始將軍，被擁立爲天子，建元亦曰更始（23—25）。傳見本書卷一一。

［2］【今注】三輔：地區名。京畿地區的合稱。西漢景帝二年（前155）分内史爲左右内史，與主爵中尉（尋改主爵都尉）同治京城長安城中，所轄皆爲京畿之地，故合稱“三輔”。武帝時，左右内史、主爵都尉分别改名爲左馮翊、京兆尹、右扶風。轄境相當於今陝西關中地區。

［3］【李賢注】右姓猶高姓也。

［4］【今注】左馮翊：政區名。西漢武帝時改左内史置。治所在長安城（今陝西西安市西北）。轄境範圍相當於今陝西渭河以北、涇河以東、洛河中下游地區。《漢書・百官公卿表上》注：“馮，輔也。翊，佐也。”此處指官職，職掌相當於郡太守，轄區相當於一郡。

［5］【今注】世祖：東漢光武帝劉秀，世祖爲其廟號。公元25年至57年在位。紀見本書卷一。

［6］【今注】雍州：即西漢涼州。平帝元始五年（5），王莽以經義更九州爲十二州，其中改涼州爲雍州。

[7]【今注】尚書令：官名。秦、西漢爲尚書署長官，掌收發文書，隸少府，初秩六百石。武帝之後，職權稍重，爲宫廷機要官員，升秩千石。東漢爲尚書臺長官，兼具宫官、朝官職能。秩位雖低，但總領政務。如以公任其職，增秩至二千石。

建武四年，[1]出爲中山太守。[2]明年，彭寵滅，[3]轉爲漁陽大守。漁陽既離王莽之亂，重以彭寵之敗，[4]民多猾惡，寇賊充斥。[5]伋到，示以信賞，糾戮渠帥，[6]盜賊銷散。時匈奴數抄郡界，邊境苦之。伋整勒士馬，設攻守之略，匈奴畏憚遠迹，不敢復入塞，民得安業。在職五歲，户口增倍。後潁川盜賊群起，[7]九年，徵拜潁川大守。召見辭謁，[8]帝勞之曰：[9]"賢能大守，去帝城不遠，河潤九里，冀京師并蒙福也。[10]君雖精於追捕，而山道險阨，自鬬當一士耳，深宜慎之。"伋到郡，招懷山賊陽夏趙宏、[11]襄城召吴等數百人，[12]皆束手詣伋降，悉遣歸附農。[13]因自劾專命，[14]帝美其策，不以咎之。後宏、吴等黨與聞伋威信，遠自江南，或從幽、冀，[15]不期俱降，駱驛不絶。[16]

[1]【今注】建武：東漢光武帝劉秀年號（25—56）。

[2]【今注】中山：郡名。治盧奴縣（今河北定州市）。

[3]【今注】彭寵：字伯通，南陽宛（今河南南陽市卧龍區）人。曾爲漁陽太守。後擁兵反叛。終爲蒼頭所殺。傳見本書卷一二。關於彭寵叛亂研究，參見孫家洲《東漢光武帝平定"彭寵之判"史實考論》（《河北學刊》2009年第4期）。

[4]【李賢注】離猶遭也。

[5]【李賢注】杜預注《左傳》曰："充，滿；斥，見也。"

［6］【今注】糾戮：舉發懲處。　渠帥：頭目，首領。

［7］【今注】潁川：郡名。治陽翟縣（今河南禹州市）。

［8］【李賢注】因辭而謁見也。

［9］【今注】勞：勸勉，勉勵。

［10］【李賢注】《莊子》曰："河潤九里，澤及三族。"【今注】河潤九里：出自《莊子·列御寇》。比喻廣施恩於人。

［11］【李賢注】陽夏，縣名，屬陳國。夏，公雅反（公，大德本作"亥"）。【今注】陽夏：縣名。治所在今河南太康縣。

［12］【今注】襄城：縣名。治所在今河南襄城縣。

［13］【今注】附農：附於農籍。

［14］【李賢注】謂擅放降賊也。

［15］【今注】幽：幽州。西漢武帝時所置十三刺史部之一。東漢治薊縣（今北京市區西南）。　冀：冀州。西漢武帝時所置十三刺史部之一。東漢治高邑縣（今河北柏鄉縣北），後移治鄴縣（今河北臨漳縣西南）。

［16］【李賢注】駱驛，連續。

十一年，省朔方刺史屬并州。[1]帝以盧芳據北土，[2]乃調伋爲并州牧。過京師謝恩，帝即引見，并召皇大子諸王宴語終日，[3]賞賜車馬衣服什物。伋因言選補衆職，當簡天下賢俊，不宜專用南陽人。[4]帝納之。伋前在并州，素結恩德，及後入界，所到縣邑，老幼相攜，逢迎道路。所過問民疾苦，聘求耆德雄俊，設几杖之禮，朝夕與參政事。[5]

［1］【今注】朔方刺史：西漢武帝時所置十三刺史部之一。轄境約當今内蒙古河套地區、山西西部沿黄河一綫、陝西北部和寧夏

大部分地區。

［2］【今注】盧芳：字君期，安定三水（今寧夏同心縣東）人。王莽時，詐稱漢武帝曾孫，起兵西北。更始敗，爲西平王。與胡通兵，侵苦北邊。傳見本書卷一二。

［3］【今注】皇大子：大，紹興本、大德本、殿本作“太”。皇太子，即劉彊。郭皇后所生。光武帝長子。郭后被廢後，他自請就藩國，被封東海王。傳見本書卷四二。

［4］【今注】南陽：郡名。治宛縣（今河南南陽市卧龍區）。案，王先謙《後漢書集解》引惠棟曰：“《通鑑》云是時在位多鄉曲故舊，故伋言及之。”

［5］【李賢注】《禮記》曰：“謀於長者，必操几杖以從之。”【今注】几杖之禮：古代敬老之禮。几，几案。杖，手杖。

始至行部，[1]到西河美稷，[2]有童兒數百，各騎竹馬，道次迎拜。伋問“兒曹何自遠來”。[3]對曰：“聞使君到，[4]喜，故來奉迎。”伋辭謝之。及事訖，諸兒復送至郭外，[5]問“使君何日當還”。伋謂别駕從事，[6]計日當告之。行部既還，先期一日，伋爲違信於諸兒，遂止于野亭，須期乃入。

［1］【今注】行部：巡視部屬，考察刑政。按漢制，刺史一般於八月巡視所部。部，指州刺史部。

［2］【今注】西河：郡名。西漢武帝元朔四年（前125）置，治平定縣（今内蒙古伊金霍洛旗東南）。東漢順帝永和五年（140），移治離石縣（今山西吕梁市離石區）。　美稷：縣名。治所在今内蒙古准格爾旗西北納林古城。也有學者提出，内蒙古准格爾旗暖水鄉榆樹壕古城實爲美稷縣故城（參見王興鋒《漢代美稷故城新考》，《中國邊疆史地研究》2016年第1期）。

[3]【李賢注】曹，輩也。

[4]【今注】使君：漢代對刺史的尊稱。

[5]【今注】郭外：城外。

[6]【今注】別駕從事：東漢司隸校尉及州部屬吏。司隸校尉行部時由別駕從事奉行，録衆事，秩百石。州刺史（州牧）所屬別駕從事職、秩同。均由所部長官自行辟除。

是時朝廷多舉伋可爲大司空，帝以并部尚有盧芳之儆，[1]且匈奴未安，欲使久於其事，故不召。伋知盧芳夙賊，[2]難卒以力制，常嚴烽候，明購賞，以結寇心。芳將隋昱遂謀脅芳降伋，芳乃亡入匈奴。

[1]【李賢注】儆，急也。【今注】并部：并州刺史部的簡稱。

[2]【李賢注】夙，舊也。

伋以老病上書乞骸骨。[1]二十二年，徵爲大中大夫，[2]賜宅一區，及帷帳錢穀，以充其家。伋輒散與宗親九族，無所遺餘。明年卒，時年八十六。帝親臨弔，賜冢塋地。

[1]【今注】乞骸骨：向皇帝乞求骸骨歸葬故鄉，是古代官員申請退休或引咎辭職的習慣用語。

[2]【今注】大中大夫：即太中大夫。官名。秦、西漢初位居諸大夫之首。武帝太初元年（前104）以後次於光禄大夫，秩比千石。掌顧問應對。東漢秩千石，後期權任漸輕。紹興本、大德本、殿本作“太中大夫”。

杜詩字公君，[1]河内汲人也。[2]少有才能，仕郡功曹，[3]有公平稱。更始時，辟大司馬府。[4]建武元年，歲中三遷爲侍御史，[5]安集洛陽。時將軍蕭廣放縱兵士，暴横民閒，百姓惶擾，詩敕曉不改，遂格殺廣，還以狀聞。世祖召見，賜以棨戟，[6]復使之河東，[7]誅降逆賊揚異等。[8]詩到大陽，[9]聞賊規欲北度，乃與長史急焚其船，[10]部勒郡兵，將突騎趁擊，[11]斬異等，賊遂翦滅。拜成皋令，[12]視事三歲，舉政尤異。再遷爲沛郡都尉，[13]轉汝南都尉，[14]所在稱治。

[1]【今注】公君：《東觀漢記》卷一四《杜詩傳》作“君公”，中華本據汲本改爲“君公”。而紹興本、大德本、殿本及底本均作“公君”，故不從中華本改。

[2]【今注】河内：郡名。治懷縣（今河南武陟縣西南）。汲：縣名。治所在今河南衞輝市西南。

[3]【今注】郡功曹：漢制，郡守屬吏有功曹，爲郡守自選之屬吏中地位較高者，主選署功勞，議論賞罰，是郡守的左右手。秩百石。

[4]【今注】大司馬：《周禮》中所載的夏官之長，掌武事。漢初承秦制，以太尉爲武官之長，且亦不常置，更不設大司馬一職。西漢武帝於元狩四年（前119）漠北大捷後，設大司馬爲加官，分别封衞青、霍去病。自霍光封大司馬大將軍之後，此職乃成爲常置固定之職，内朝官之領袖。成帝時改官制，又以此職比附漢初之太尉，成爲三公之一。

[5]【今注】侍御史：西漢爲御史大夫屬官，秩六百石。新莽時改侍御史名執法。東漢復舊，爲御史臺屬官，於糾彈本職外，常奉命出使州郡，巡行風俗，督察軍旅，職權頗重。

［6］【李賢注】《漢雜事》曰："漢制假棨戟以代斧鉞。"崔豹《古今注》曰："棨戟，前驅之器也，以木爲之。後代刻僞，無復典刑，以赤油韜之，亦謂之油戟，亦曰棨戟，王公已下通用之以前驅也。"【今注】棨戟：有繒衣或油漆的木戟，用於官吏出行時前導的儀仗。又漢制有以賜棨戟代替賜斧鉞的情況。均爲軍權或治權的象徵。

［7］【今注】河東：郡名。治安邑縣（今山西夏縣西北十五里禹王城）。

［8］【今注】案，揚，紹興本、大德本、殿本作"楊"，爲是。

［9］【李賢注】大陽，縣名，屬河東郡。【今注】大陽：縣名。治所在今山西平陸縣西南。

［10］【今注】長史：官名。戰國時置，秦、漢因之。爲所在官署掾屬之長，秩千石或六百石。

［11］【今注】突騎：衝鋒陷陣的騎兵。參見宋魯彬《中國古代突騎研究——以秦漢至南北朝爲中心》（碩士學位論文，上海師範大學，2014 年）。

［12］【李賢注】成皋，縣，屬河南郡，今洛州汜水縣是。【今注】成皋：縣名。屬河南郡。治所在今河南滎陽市西北汜水鎮。

［13］【今注】沛郡：治相縣（今安徽淮北市相山區）。

［14］【今注】汝南：郡名。西漢高祖四年（前 203）置，治上蔡縣（今河南上蔡縣西南）。東漢徙治平輿縣（今河南平輿縣北）。

七年，遷南陽大守。性節儉而政治清平，以誅暴立威，善於計略，省愛民役。造作水排，鑄爲農器，[1]用力少，見功多，百姓便之。又修治陂池，廣拓土田，郡内比室殷足。時人方於召信臣，[2]故南陽爲之語曰："前有召父，後有杜母。"

[1]【李賢注】排音蒲拜反。冶鑄者爲排以吹炭（冶，大德本誤作“治”），今激水以鼓之也（今，殿本作“令”，是）。“排”當作“橐”，古字通用也。【今注】水排（bài）：冶煉時利用水力作動力的鼓風器具。

[2]【李賢注】比室猶比屋也。《前書》曰：“召信臣字翁卿，九江壽春人也。遷南陽大守，爲人興利，務在富之，開通溝渠凡十數處。”【今注】比室：猶言家家户户。　方於：比作。　召信臣：字翁卿，九江壽春（今安徽壽縣）人。歷任上蔡長、南陽太守等。其治視民如子，好爲民興利，吏民親愛信臣，號之曰“召父”。傳見《漢書》卷八九。

詩自以無勞，不安久居大郡，求欲降避功臣，乃上疏曰：

陛下亮成天工，克濟大業，偃兵脩文，群帥反旅，[1]海内合和，萬世蒙福，天下幸甚。唯匈奴未譬聖德，威侮二垂，[2]陵虐中國，邊民虚耗，不能自守，臣恐武猛之將雖勤，亦未得解甲櫜弓也。[3]夫勤而不息亦怨，勞而不休亦怨，怨恨之師，難復責功。臣伏覩將帥之情，功臣之望，冀一休足於内郡，[4]然後即戎出命，不敢有恨。臣愚以爲“師克在和不在衆”，[5]陛下雖垂念北邊，亦當頗泄用之。[6]昔湯武善御衆，故無忿鷙之師。[7]陛下起兵十有三年，將帥和睦，士卒凫藻。[8]今若使公卿郡守出於軍壘，則將帥自厲；[9]士卒之復，比於宿衛，則戎士自百。[10]何者？天下已安，各重性命，大臣以下，咸懷樂土，不讎其功而厲其用，[11]無以勸也。陛下誠宜虛缺數郡，以俟振旅之臣，重復厚賞，加於久役之士。如此，緣邊屯戍之師，競而忘死，乘城拒塞之吏，不辭其勞，則烽火精明，守戰堅固。聖王之政，必因人心。今猥用愚薄，[12]塞功臣之望，誠非其宜。

[1]【李賢注】反旅謂班師也。

[2]【李賢注】譬猶曉也。威，虐也。侮，慢也。二垂謂西與北也。【今注】威侮：侵犯。

[3]【李賢注】櫜，韜也。音高。《詩》曰"載櫜弓矢"也。【今注】解甲櫜（gāo）弓：脱下戰袍，收藏好弓箭。

[4]【李賢注】休足，止行役也。【今注】休足：休養。

[5]【李賢注】《春秋左氏傳》文也。【今注】案，語見《左傳》桓公十五年。

[6]【李賢注】泄猶雜也。【今注】泄用：混合，雜用。

[7]【李賢注】鷙，擊也。湯武順天應人，其所征討，皆弔伐而已，故無忿怒而擊也。【今注】湯武：指商湯王與周武王。忿鷙：殘忍凶狠。

[8]【李賢注】言其和睦歡悦，如鳧之戲於水藻也。【今注】鳧（fú）藻（zǎo）：像野鴨在水藻中嬉戲，比喻人和睦歡悦。

[9]【李賢注】壘，軍壁。厲，勉也。

[10]【李賢注】復謂優寬也，音福。《續漢志》曰："羽林郎，秩比三百石，掌侍從宿衛。"言士卒得比於郎，則人百其勇。【今注】復：寬厚待遇。

[11]【今注】讎：相應，相符。　厲：激勵。

[12]【今注】猥用：濫用。　愚薄：愚蠢少才之人。

臣詩伏自惟忖，[1]本以史吏一介之才，[2]遭陛下創制大業，賢俊在外，空乏之閒，超受大恩，收養不稱，[3]奉職無効，久竊禄位，令功臣懷慍，誠惶誠恐。八年，上書乞避功德，陛下殊恩，未許放退。臣詩蒙恩尤深，義不敢苟冒虚請，誠不勝至願，願退大郡，受小職。及臣齒壯，[4]力能經營劇事，如使臣詩必有補益，復受大位，雖析珪授爵，[5]所不辭也。惟陛下哀矜！

［1］【今注】惟忖：考慮。

［2］【李賢注】史吏謂初爲郡功曹也。《書》曰“如其一介臣”也（其，大德本、殿本作“有”，是）。

［3］【今注】收養：王先謙《後漢書集解》引劉攽曰：“案收養無義，合作牧養。二漢通謂守令謂牧養也。”

［4］【今注】齒壯：壯年時期。

［5］【今注】析珪：古代封諸侯，按爵位高低，分頒珪玉，稱爲析珪。

帝惜其能，遂不許之。

詩雅好推賢，數進知名士清河劉統及魯陽長董崇等。[1]

［1］【今注】清河：郡國名。西漢治清陽縣（今河北清河縣東南）。東漢桓帝時移治甘陵縣（今山東臨清市東北）。　魯陽：縣名。治所在今河南魯山縣。

初，禁網尚簡，但以璽書發兵，[1]未有虎符之信，[2]詩上疏曰："臣聞兵者國之凶器，聖人所慎。舊制發兵，皆以虎符，其餘徵調，竹使而已。[3]符第合會，[4]取爲大信，所以明著國命，斂持威重也。[5]閒者發兵，[6]但用璽書，或以詔令，如有姦人詐僞，無由知覺。愚以爲軍旅尚興，賊虜未殄，徵兵郡國，宜有重慎，可立虎符，以絶姦端。昔魏之公子，威傾鄰國，猶假兵符，以解趙圍，若無如姬之仇，則其功不顯。[7]事有煩而不可省，費而不得已，蓋謂此也。"書奏，從之。

[1]【今注】璽書：古代封口處蓋有印信的文書。

[2]【今注】虎符：兵符。古代調兵遣將的信物。用銅鑄成，虎形，背上有銘文，分兩半，右半留宫中，左半授予統帥或地方長官。調兵時由使臣驗合，方能生效。相關研究參見楊桂梅《漢代虎符考略》（《中國國家博物館館刊》2013年第5期）、楊振紅《秦漢時期"符"的尺寸及其演變——兼論嶽麓秦簡肆〈奔警律〉的年代》〔《簡帛研究（二〇一八秋冬卷）》〕、孫聞博《兵符與帝璽：秦漢政治信物的制度史考察》（《史學月刊》2020年第9期）。

[3]【今注】竹使：即竹使符。漢代分給郡國守相的信符。用竹刻篆書製成。右留京師，左給郡國。

[4]【今注】案，第，殿本作"策"。中華本校勘記認爲依注似作"第"，爲是。

[5]【李賢注】《説文》曰："符，信也。漢制以竹，長六寸，分而相合。"《前書》文帝二年，初與郡守爲銅虎符、竹使符。《音義》曰："銅虎第一至第五，發兵遣使，符合乃聽之。竹使符以竹五寸，鐫刻篆書，亦第一至第五也。"【今注】斂持：保持。

[6]【今注】閒者：近來。

［7］【李賢注】秦昭王已破趙長平，又進圍邯鄲。魏昭王之子無忌號信陵君，其姊爲趙惠文王弟平原君夫人。平原君數遺公子書，請救於魏，魏王使將軍晉鄙將十萬衆救趙，實持兩端以觀望。平原君使者相屬，謂公子曰："今邯鄲旦暮降秦，魏救不至，獨不憐公子姊邪（邪，大德本、殿本作'耶'）？"公子患之，過侯嬴問之。嬴屏人語曰："嬴聞晉鄙兵符常在王卧内（王，大德本誤作'正'），而如姬最幸，力能竊之。嬴聞如姬父爲人所殺，公子使客斬其仇頭敬進如姬，姬爲公子死無所辭。公子誠一開口以請如姬，姬必諾。"公子從其計，如姬果盜晉鄙兵符與公子，於道遂矯魏王令奪晉鄙兵（道，大德本、殿本作"是"，是），進擊，秦軍解去。事見《史記》也。【今注】案，事見《史記》卷七七《魏公子列傳》。

詩身雖在外，盡心朝廷，讜言善策，[1]隨事獻納。視事七年，政化大行。十四年，坐遣客爲弟報仇，被徵，會病卒。司隸校尉鮑永上書言詩貧困無田宅，[2]喪無所歸。詔使治喪郡邸，賻絹千匹。[3]

［1］【今注】讜言：正直之言。

［2］【今注】司隸校尉：官名。西漢武帝征和四年（前89）始置，秩二千石。初掌管在中央諸官府服役的徒隸，後職掌京都百官及三輔等地區的犯法者，職權威重。成帝元延四年（前9）省，哀帝即位後復置，隸大司空，位比司直。　鮑永：字君長，上黨屯留（今山西長治市屯留區）人。傳見本書卷二九。

［3］【今注】賻：送財物助人辦喪事。

孔奮字君魚，扶風茂陵人也。曾祖霸，[1]元帝時爲侍中。[2]奮少從劉歆受《春秋左氏傳》，[3]歆稱之，謂門人曰："吾已從君魚受道矣。"[4]

[1]【今注】霸：孔霸，字次儒。孔安國之孫，世習《尚書》，事夏侯勝，昭帝末爲博士。宣帝時爲太中大夫，授太子經。元帝即位，霸以帝師被賜爵關内侯，號褒成君。霸爲人謙退，不好權勢。事見《漢書》卷八一《孔光傳》。

[2]【今注】元帝：西漢元帝劉奭，公元前49年至前33年在位。紀見《漢書》卷九。　侍中：官名。秦朝始置，西漢爲加官。侍從皇帝左右。王莽秉政，復令與宦官同止禁中。東漢置爲正式職官，秩比二千石。

[3]【今注】劉歆：字子駿，沛（今江蘇沛縣）人。劉向之子。西漢古文經學家、目録學家。曾受詔與其父劉向領校群書。劉向死後，劉歆繼續領校書籍，成《七略》，爲中國歷史上第一部圖書分類目録。王莽時，劉歆爲國師。傳見《漢書》卷三六。

[4]【李賢注】言君魚之道已過於己也（也，大德本、殿本作"矣"）。

遭王莽亂，奮與老母幼弟避兵河西。[1]建武五年，河西大將軍竇融請奮署議曹掾，[2]守姑臧長。[3]八年，賜爵關内侯。[4]時天下擾亂，唯河西獨安，而姑臧稱爲富邑，通貨羌胡，市日四合，[5]每居縣者，不盈數月輒致豐積。奮在職四年，財産無所增。事母孝謹，雖爲儉約，奉養極求珍膳。躬率妻子，同甘菜茹。[6]時天下未定，士多不修節操，而奮力行清絜，爲衆人所笑，或以爲身處脂膏，不能以自潤，徒益苦辛耳。奮既立節，治貴仁平，大守梁統深相敬待，[7]不以官屬禮之，常迎於大門，引入見母。

［1］【今注】河西：地區名。泛指黄河以西地區，今甘肅一帶。一説指河西五郡：武威、金城、張掖、酒泉、敦煌。

［2］【今注】大將軍：高級軍事統帥。戰國秦漢皆有，非常設。遇有戰事，臨時委任統兵，事畢即罷。當時，竇融被推舉爲河西五郡大將軍。　竇融：字周公，扶風平陵（今陝西咸陽市西北）人。傳見本書卷二三。　議曹掾：爲郡守屬官，無固定職事，參與謀議。

［3］【今注】守：試用。　姑臧：縣名。治所在今甘肅武威市。　長：縣長。

［4］【今注】關内侯：二十等爵的第十九級，地位僅次於列侯。列侯有封邑，能食其邑之租税。而關内侯僅有封號而無封邑，寄食於關内三輔地區。

［5］【李賢注】古者爲市，一日三合。《周禮》曰："大市日側而市，百族爲主。朝時而市（大德本、殿本'朝'前有'朝市'二字，是），商賈爲主（商，大德本、殿本作'百'，是）。夕時而市（殿本'夕'前有'夕市'二字，是），販夫販婦爲主。"今既人貨殷繁，故一日四合也。【今注】市日四合：古代集市一般每天早上、中午、晚上三次爲市。這裏因爲市場繁榮，改爲每天四次爲市。

［6］【李賢注】《廣雅》曰："茹，食也。"【今注】菜茹：蔬菜。這裏指粗茶淡飯。

［7］【今注】案，大守，紹興本、大德本、殿本作"太守"。　梁統：字仲寧，安定烏氏（今寧夏固原市東南）人。時任武威太守。爲政嚴猛。傳見本書卷三四。

隴蜀既平，河西守令咸被徵召，財貨連轂，[1]彌竟川澤。唯奮無資，單車就路。姑臧吏民及羌胡更相謂曰："孔君清廉仁賢，舉縣蒙恩，如何今去，不共報德！"遂相賦斂牛馬器物千萬以上，追送數百里。奮謝之而已，一無所受。既至京師，除武都郡丞。[2]

［1］【今注】連轂：一車接着一車。轂，車輪中間裝軸的圓木，代指車。

［2］【今注】武都：郡名。西漢武帝元鼎六年（前111）置，治武都縣（今甘肅西和縣南仇池山東麓）。東漢移治下辨縣（今甘肅成縣西）。　郡丞：郡守副官，秩六百石。輔佐郡守掌衆事。

時隴西餘賊隗茂等夜攻府舍，[1]殘殺郡守，賊畏奮追急，乃執其妻子，欲以爲質。奮年已五十，唯有一子，終不顧望，遂窮力討之。吏民感義，莫不倍用命焉。郡多氐人，[2]便習山谷，其大豪齊鍾留者，爲群氐所信向。奮乃率厲鍾留等令要遮鈔擊，共爲表裏。[3]賊窘懼逼急，乃推奮妻子以置軍前，冀當退却，而擊之愈厲，遂禽滅茂等，奮妻子亦爲所殺。世祖下詔褒美，拜爲武都大守。

［1］【今注】隴西：郡名。治狄道縣（今甘肅臨洮縣南）。隗茂：隗囂族人。

［2］【今注】郡多氐人：惠棟《後漢書補注》曰："武都，即白馬氐之地。"

［3］【今注】案，此事亦見本書卷八六《西南夷傳》。

奮自爲府丞，已見敬重，及拜大守，舉郡莫不改操。爲政明斷，甄善疾非。[1]見有美德，愛之如親；其無行者，忿之若讎。郡中稱爲清平。

[1]【李賢注】甄，明也。

弟奇，游學洛陽。奮以奇經明當仕，上病去官，[1]守約鄉閭，[2]卒于家。奇博通經典，作《春秋左氏删》。[3]奮晚有子嘉，官至城門校尉，[4]作《左氏説》云。[5]

[1]【今注】上病：上書告病。

[2]【今注】鄉閭：家鄉，鄉里。

[3]【李賢注】删定其義也。

[4]【今注】城門校尉：西漢武帝征和二年（前91）始置，秩二千石。掌京城長安諸城門警衛，領城門屯兵。新莽時更名爲城門將軍，諸城門各置校尉。東漢復舊名，秩比二千石。當時洛陽十二城門，唯北宫門屬衛尉，其餘十一門各設門候，隸城門校尉。位在北軍五校尉之上，多以外戚重臣領之。

[5]【李賢注】説猶今之疏也。

張堪字君游，南陽宛人也，[1]爲郡族姓。[2]堪早孤，讓先父餘財數百萬與兄子。年十六，受業長安，志美行厲，諸儒號曰“聖童”。[3]

[1]【今注】宛：縣名。治所在今河南南陽市卧龍區。

[2]【今注】族姓：望族，大族。

［3］【今注】案，據《東觀漢記》卷一四《張堪傳》，張堪年六歲，受業長安，治《梁丘易》，才美而高，京師號曰“聖童”。

世祖微時，見堪志操，常嘉焉。及即位，中郎將來歙薦堪，[1]召拜郎中，[2]三遷爲謁者。[3]使送委輸縑帛，并領騎七千匹，詣大司馬吴漢伐公孫述，[4]在道追拜蜀郡大守。[5]時漢軍餘七日糧，陰具船欲遁去。堪聞之，馳往見漢，説述必敗，不宜退師之策。[6]漢從之，乃示弱挑敵，述果自出，戰死城下。成都既拔，[7]堪先入據其城，撿閱庫藏，收其珍寶，悉條列上言，秋毫無私。[8]慰撫吏民，蜀人大悦。

［1］【今注】中郎將：秦、西漢爲中郎長官，秩比二千石，隸郎中令（光禄勳）。職掌宫禁宿衛，隨行護駕，協助郎中令（光禄勳）考核選拔郎官及從官，亦常奉詔出使，職位清要。後又專設五官及左、右中郎將分領中郎、常侍侍郎、謁者。其職多由外戚及親近官員擔任。東漢省併郎署，中郎、侍郎、郎中悉歸五官、左、右三署，作爲後備官員。五官及左、右中郎將仍隸光禄勳，職掌訓練考核選拔郎官。宫禁宿衛侍從之職歸虎賁、羽林中郎將。别設使匈奴中郎將管理南匈奴事務。亦有單稱中郎將者。　來歙：字君叔，南陽新野（今河南新野縣）人。傳見本書卷一五。

［2］【今注】郎中：漢承秦置，爲九卿之一郎中令（光禄勳）屬官，爲郎官之一種。掌宿衛殿門、車騎，内充侍衛，外從作戰。秩比三百石。

［3］【今注】謁者：秦、漢置，員額不等，皆掌關通内外，導引賓客。東漢名義上隸光禄勳，實自爲一臺，以謁者僕射爲長官，職權甚重。有常侍謁者五員，比六百石，掌殿上時節威儀；謁者三

十員，掌賓禮司儀、上章報問、奉命出使。

［4］【今注】吴漢：字子顔，南陽宛（今河南南陽市卧龍區）人。傳見本書卷一八。　公孫述：字子陽，扶風茂陵（今陝西興平市東北）人。曾自立爲蜀王，進稱天子。傳見本書卷一三。

［5］【今注】案，《北堂書鈔》卷一三八所引《東觀漢記》爲“張堪爲蜀郡，公孫述遣擊之”。

［6］【今注】案，據袁宏《後漢紀》卷六，初漢軍糧盡，具舟將退，謂堪曰：“禍將至矣。軍有七日糧，而轉輸不至，必爲虜擒，不如退也。”堪乃止之。與本傳不同。

［7］【今注】成都：縣名。治所在今四川成都市。

［8］【李賢注】秋毫者，喻細也。

在郡二年，徵拜騎都尉，[1]後領票騎將軍杜茂營，[2]擊破匈奴於高柳，[3]拜漁陽大守。捕擊姦猾，賞罰必信，吏民皆樂爲用。匈奴嘗以萬騎入漁陽，堪率數千騎奔擊，大破之，郡界以静。乃於狐奴開稻田八千餘頃，[4]勸民耕種，以致殷富。百姓歌曰：“桑無附枝，麥穗兩岐。張君爲政，樂不可支。”[5]視事八年，匈奴不敢犯塞。

［1］【今注】騎都尉：秦末漢初爲統領騎兵之武職，無員，無固定職掌，不統兵時爲侍衛武官。宣帝時以一人監羽林騎，又以一人領西域都護，秩比二千石，遂成定制。後又有領三輔胡越騎、監河堤事者。因親近皇帝，多以侍中兼任。東漢名義上隸光禄勳，秩比二千石。

［2］【今注】票騎將軍：西漢武帝時置爲重號將軍，僅次於大將軍，秩萬石。東漢位比三公，地位尊崇。票，亦作“驃”。　杜

茂：字諸公，南陽冠軍（今河南鄧州市西北）人。傳見本書卷二二。

［3］【今注】高柳：縣名。東漢時爲代郡治，在今山西陽高縣西北。

［4］【今注】狐奴：縣名。治所在今北京市順義區東北。

［5］【今注】案，王先謙《後漢書集解》："《通鑑》胡注，蠶月既采桑，去繁枝留其特長者，則來年桑特茂盛。麥率一莖一穗，無兩岐者。故以爲瑞。"

帝嘗召見諸郡計吏，[1]問其風土及前後守令能否。蜀郡計掾樊顯進曰："漁陽大守張堪昔在蜀，其仁以惠下，[2]威能討姦。前公孫述破時，珍寶山積，捲握之物，足富十世，[3]而堪去職之日，乘折轅車，布被囊而已。"帝聞，良久歎息，[4]拜顯爲魚復長。[5]方徵堪，會病卒，帝深悼惜之，下詔褒揚，賜帛百匹。

［1］【今注】計吏：戰國秦漢時期，郡守和王國相每年要把本郡本國的人口、錢糧、賦税、墾田、盜賊、獄訟等"計劃"預先送朝廷，到年終再總結彙報執行情況。執行情況的彙報本子稱"計簿"，送"計簿"彙報稱爲"上計簿"。初爲郡守、王國相親帶"計簿"彙報，後改爲以郡丞、王國長史爲"使者"彙報。送"計簿"彙報情況的"使者"稱爲"上計吏"，簡稱"計吏"；隨行的下屬官吏稱"上計掾史"，簡稱"計掾"或"計史"。郡國上計在西漢與東漢發生了一些微妙變化。（參見侯旭東《丞相、皇帝與郡國計吏：兩漢上計制度變遷探微》，《中國史研究》2014年第4期）

［2］【今注】案，其，殿本作"漢"。從文義叙述看，作"漢"更順暢。如是，則斷句應爲"漁陽大守張堪昔在蜀漢，仁以惠下"。

［3］【李賢注】捲握猶掌握也，謂珠玉之類也。

［4］【李賢注】良猶甚也。

［5］【李賢注】魚復，縣，屬巴郡，故城在今夔州人復縣北赤甲城是（人，殿本作“魚”，是）。【今注】魚復：縣名。治所在今重慶市奉節縣東十里白帝城。

廉范字叔度，京兆杜陵人，[1]趙將廉頗之後也。漢興，以廉氏豪宗，[2]自苦陘徙焉。[3]世爲邊郡守，或葬隴西襄武，[4]故因仕焉。曾祖父褒，成哀閒爲右將軍，[5]祖父丹，王莽時爲大司馬庸部牧，[6]皆有名前世。范父遭喪亂，客死於蜀漢，范遂流寓西州。[7]西州平，歸鄉里。年十五，辭母西迎父喪。蜀郡大守張穆，丹之故吏，乃重資送范，范無所受，與客步負喪歸葭萌。[8]載船觸石破没，范抱持棺柩，遂俱沈溺。衆傷其義，鉤求得之，瘵救僅免於死。穆聞，復馳遣使持前資物追范，范又固辭。歸葬服竟，詣京師受業，事博士薛漢。[9]京兆、隴西二郡更請召，皆不應。永平初，[10]隴西大守鄧融備禮謁范爲功曹，[11]會融爲州所舉案，[12]范知事譴難解，欲以權相濟，乃託病求去，融不達其意，大恨之。范於是東至洛陽，變名姓，求代廷尉獄卒。居無幾，融果徵下獄，范遂得衞侍左右，盡心勸勞。融怪其貌類范而殊不意，乃謂曰：“卿何似我故功曹邪？”范訶之曰：“君困戹瞀亂邪！”[13]語遂絶。融繫出困病，范隨而養視，及死，竟不言，身自將車送喪致南陽，[14]葬畢乃去。

［1］【今注】京兆：即京兆尹。西漢武帝太初元年（前104）

改右内史置。因地處京畿，故不稱郡，爲三輔之一。治長安縣（今陝西西安市西北）。　杜陵：縣名。西漢宣帝元康元年（前 65）改杜縣置，治所在今陝西西安市東南。因宣帝築陵（杜陵）於東原上，故名。

［2］【今注】豪宗：豪强大族。

［3］【李賢注】苦陘，縣，屬中山國，章帝更名漢昌。【今注】苦陘：縣名。秦屬恒山郡。西漢屬中山國。治所在今河北定州市東南。東漢章帝時改名漢昌縣。

［4］【今注】襄武：縣名。治所在今甘肅隴西縣東南。

［5］【今注】成哀：西漢成帝與哀帝。成帝劉驁，公元前 33 年至前 7 年在位。紀見《漢書》卷一〇。　右將軍：重號將軍之一，與前、左、後將軍並爲上卿，位次大將軍及驃騎、車騎、衛將軍，有兵事則典掌禁兵，戍衛京師，或任征伐。

［6］【李賢注】王莽改益州爲庸部。【今注】庸部：即益州。西漢武帝時所置十三刺史部之一。

［7］【李賢注】謂巴蜀也。

［8］【李賢注】葭萌，縣名，屬廣漢郡。今利州益昌縣，即漢葭萌地也。【今注】葭萌：縣名。治所在今四川廣元市西南。

［9］【李賢注】漢字公子，見《儒林傳》。【今注】薛漢：字公子，淮陽（今河南淮陽縣）人。傳見本書卷七九下。

［10］【今注】永平：東漢明帝劉莊年號（58—75）。

［11］【李賢注】謁，請也。

［12］【李賢注】舉其罪案驗之。

［13］【李賢注】鄭玄注《禮記》曰：“瞀，目不明之皃。”【今注】瞀亂：昏亂，神志不清。

［14］【今注】案，致，大德本、殿本作“至”，爲是。

後辟公府，會薛漢坐楚王事誅，[1]故人門生莫敢視，范獨往收斂之。吏以聞，顯宗大怒，[2]召范入，詰責曰："薛漢與楚王同謀，交亂天下，范公府掾，不與朝廷同心，而反收斂罪人，何也？"范叩頭曰："臣無狀愚戇，以爲漢等皆已伏誅，不勝師資之情，罪當萬坐。"[3]帝怒稍解，問范曰："卿廉頗後邪？與右將軍褒、大司馬丹有親屬乎？"范對曰："褒，臣之曾祖；丹，臣之祖也。"帝曰："怪卿志膽敢爾！"因貰之。[4]由是顯名。

［1］【李賢注】楚王英謀反也。【今注】楚王：楚王劉英，光武帝之子。以建武十五年（39）封爲楚公，十七年進爵爲王。傳見本書卷四二。

［2］【今注】顯宗：東漢明帝劉莊，公元57年至75年在位。顯宗爲其廟號。紀見本書卷二。

［3］【李賢注】《老子》曰"善人爲不善人之師，不善人爲善人之資"也。

［4］【李賢注】貰，赦也。

舉茂才，[1]數月，再遷爲雲中大守。[2]會匈奴大入塞，烽火日通。故事，虜人過五千人，[3]移書傍郡。[4]吏欲傳檄求救，[5]范不聽，自率士卒拒之。虜衆盛而范兵不敵。會日暮，令軍士各交縛兩炬，三頭爇火，營中星列。[6]虜遥望火多，謂漢兵救至，大驚。待旦將退，范乃令軍中蓐食，晨往赴之，[7]斬首數百級，虜自相轔藉，死者千餘人，[8]由此不敢復向雲中。

[1]【今注】茂才：即秀才。東漢時避光武帝劉秀諱而稱茂才。漢代選拔人才的科目之一。每年由郡國推舉一人。

[2]【今注】雲中：郡名。治雲中縣（今内蒙古托克托縣東北古城）。

[3]【今注】案，王先謙《後漢書集解》引劉攽曰："案文上'人'當作'入'。"袁宏《後漢紀》卷九作"虜人入塞過五千人"。

[4]【今注】移書：遞送文書。　傍郡：鄰郡。

[5]【今注】案，救，大德本誤作"赦"。

[6]【李賢注】用兩炬交縛如十字，爇其三頭，手持一端，使敵人望之，疑兵士之多。【今注】爇（ruò）：點燃。

[7]【李賢注】蓐食，早起食於寢蓐中也。【今注】蓐食：清晨在被子裏飽吃一頓。

[8]【李賢注】轔，轢也。藉，相蹈藉也。【今注】轔藉：踐踏。

後頻歷武威、武都二郡大守，[1]隨俗化導，各得治宜。建初中，[2]遷蜀郡大守，其俗尚文辯，好相持短長，范每厲以淳厚，不受偷薄之説。[3]成都民物豐盛，邑宇逼側，[4]舊制禁民夜作，以防火災，而更相隱蔽，燒者日屬。[5]范乃毁削先令，但嚴使儲水而已。百姓爲便，乃歌之曰："廉叔度，來何暮？不禁火，民安作。平生無襦今五絝。"[6]在蜀數年，坐法免歸鄉里。[7]范世在邊，廣田地，積財粟，悉以賑宗族朋友。

[1]【今注】武威：郡名。治姑臧縣（今甘肅武威市）。

[2]【今注】建初：東漢章帝劉炟年號（76—84）。

[3]【今注】偷薄：輕薄，不厚道。

[4]【今注】逼側：狹窄，相互逼近。

[5]【今注】屬：接連不斷。

[6]【李賢注】作，協韻音則護反。

[7]【今注】案，事見本書卷四八《楊終傳》。惠棟《後漢書補注》曰："《楊終傳》，范爲州所考，遣終兄郡吏鳳候終。終爲游説，坐徙北地。"

肅宗崩，[1]范奔赴敬陵。[2]時廬江郡掾嚴麟奉章弔國，[3]俱會於路。麟乘小車，塗深馬死，不能自進，范見而愍然，命從騎下馬與之，不告而去。麟事畢，不知馬所歸，乃緣蹤訪之。或謂麟曰："故蜀郡大守廉叔度，好周人窮急，今奔國喪，獨當是耳。"麟亦素聞范名，以爲然，即牽馬造門，謝而歸之。世伏其好義，然依倚大將軍竇憲，[4]以此爲譏。卒於家。

[1]【今注】肅宗：東漢章帝劉炟，公元75年至88年在位。紀見本書卷三。

[2]【今注】敬陵：東漢章帝劉炟陵墓。在今河南洛陽市東北漢魏故城南。

[3]【今注】廬江：郡名。治舒縣（今安徽廬江縣西南）。

[4]【今注】竇憲：字伯度，扶風平陵（今陝西咸陽市西北）人。傳見本書卷二三。

初，范與洛陽慶鴻爲刎頸交，[1]時人稱曰："前有管鮑，[2]後有慶廉。"鴻慷慨有義節，位至琅邪、會稽二郡大守，[3]所在有異迹。

［1］【今注】案，洛陽慶鴻，袁宏《後漢紀》卷九作“洛陽亭長慶鴻”。

［2］【今注】管鮑：管仲與鮑叔牙。管仲，名夷吾，字仲。春秋政治家。他先助公子糾與公子小白争位，曾射中小白的衣帶鉤。後經鮑叔牙推舉，齊桓公任命其爲上卿，輔佐齊桓公，推行改革，使齊桓公成爲春秋的第一個霸主。鮑叔牙，爲齊國大夫。少時與管仲友善，且二人爲莫逆之交。事見《史記》卷三二《齊太公世家》、卷六二《管晏列傳》。

［3］【今注】琅邪：郡名。秦置，治琅邪縣（今山東膠南市西南琅琊鎮）。西漢移治東武縣（今山東諸城市）。東漢章帝建初五年（80）改琅邪國，移治開陽縣（今山東臨沂市北）。　會稽：郡名。秦王政二十五年（前 222）置，治吴縣（今江蘇蘇州市）。東漢順帝永建四年（129）徙治山陰縣（今浙江紹興市）。

論曰：張堪、廉范皆以氣俠立名，觀其振危急，赴險阸，有足壯者。[1]堪之臨財，范之忘施，亦足以信意而感物矣。[2]若夫高祖之召欒布，[3]明帝之引廉范，加怒以發其志，就戮更延其寵，聞義能徙，誠君道所尚，然情理之樞，亦有開塞之感焉。[4]

［1］【今注】足壯：值得稱道。

［2］【李賢注】信音申（申，大德本、殿本作“伸”）。

［3］【李賢注】欒布，梁人，爲人所略賣爲奴，梁王彭越贖爲梁大夫，使於齊。漢召彭越，以謀反夷三族，詔有收視者輒捕之。布還，奏事彭越頭下，祠而哭之。吏捕以聞，上召罵曰：“若與彭越反邪?”布曰：“今漢一徵兵於梁，彭王不行，而疑以爲反，則人人自危也。”上乃釋布，拜爲都尉也。【今注】高祖：漢高祖劉邦。公元前 206 年至前 195 年在位。紀見《史記》卷八、《漢書》

卷一。案，事見《史記》卷一〇〇《季布樂布列傳》。

［4］【李賢注】户之開闔，必由於樞；情之通塞，必在於感。言高祖、明帝初怒樂布、廉范，後感其義而赦之。

王堂字敬伯，廣漢郪人也。[1]初舉光禄茂才，[2]遷穀城令，治有名迹。[3]永初中，[4]西羌寇巴郡，[5]爲民患，詔書遣中郎將尹就攻討，連年不剋。三府舉堂治劇，[6]拜巴郡太守。堂馳兵赴賊，斬虜千餘級，巴、庸清静，吏民生爲立祠。[7]刺史張喬表其治能，遷右扶風。

［1］【今注】廣漢：郡名。漢高祖六年（前201）置，初治乘鄉縣（今四川金堂縣東），後徙治梓潼縣（今四川梓潼縣）。公孫述改名子同郡。東漢復爲廣漢郡。安帝永初二年（108）移治涪縣（今四川綿陽市東），後又徙治雒縣（今四川廣漢市）。　郪：縣名。治所在今四川三臺縣南。

［2］【李賢注】光禄舉之爲茂才也。【今注】光禄茂才：由光禄勳推舉的秀才。

［3］【李賢注】穀城，縣，屬東郡，故城在今濟州東阿縣東（濟，大德本、殿本誤作“齊”）。【今注】穀城：縣名。治所在今山東平陰縣西南。

［4］【今注】永初：東漢安帝劉祜年號（107—113）。

［5］【今注】巴郡：郡名。治江州縣（今重慶市江北區）。

［6］【今注】三府：指三公府

［7］【李賢注】庸即上庸縣也，故城在今房州清水縣西也。【今注】庸：或與王莽改益州爲庸部有關，此處代指益州郡。

安帝西巡，[1]阿母王聖、中常侍江京等並請屬於堂，[2]堂不爲用。[3]掾史固諫之，[4]堂曰："吾蒙國恩，豈可爲權寵阿意，以死守之！"[5]即日遣家屬歸，閉閤上病。[6]果有誣奏堂者，會帝崩，京等悉誅，堂以守正見稱。永建二年，[7]徵入爲將作大匠。[8]四年，坐公事左轉議郎。[9]復拜魯相，[10]政存簡一，至數年無辭訟。遷汝南大守，搜才禮士，不苟自專，乃教掾史曰："古人勞於求賢，逸於任使，故能化清於上，事緝於下。[11]其憲章朝右，簡覈才職，委功曹陳蕃。[12]匡政理務，拾遺補闕，任主簿應嗣。[13]庶循名責實，察言觀效焉。"自是委誠求當，不復妄有辭教，郡內稱治。時大將軍梁商及尚書令袁湯，[14]以求屬不行，並恨之。後廬江賊迸入弋陽界，[15]堂勒兵追討，即使奔散，[16]而商、湯猶因此風州奏堂在任無警，免歸家。

［1］【今注】安帝：東漢安帝劉祜，公元106年至125年在位。紀見本書卷五。

［2］【今注】阿母王聖：東漢安帝的乳母王聖，封爲野王君。事見本書卷五四《楊震傳》。　中常侍：官名。初稱常侍，元帝以後稱中常侍。凡列侯、將軍、卿大夫、將、都尉、尚書以至郎中，加此得出入禁中，常侍皇帝左右。武帝以後參與朝議，成爲中朝官。無定員。《資治通鑑》卷二八《漢紀》孝元皇帝初元元年胡三省注根據《漢書·百官公卿表》指出，侍中、中常侍皆加官，西漢時參用士人，東漢時乃以宦者爲中常侍。　江京：東漢安帝時得寵的宦官。曾與安帝乳母王聖等陷害順帝（時爲皇太子），廢爲濟陰王。後中黄門孫程等人斬殺江京等，迎濟陰王即皇帝位。安帝乳母被流放到雁門。事見本書卷六《順帝紀》。　請屬：請託。

［3］【今注】案，惠棟《後漢書補注》曰："《華陽國志》帝舅車騎將軍閻顯、大將軍竇憲、中常侍江京等屬托，輒拒之。"

［4］【今注】案，史，紹興本誤作"吏"。

［5］【李賢注】阿，曲也。

［6］【今注】案，閤，大德本作"閣"。

［7］【今注】永建：東漢順帝劉保年號（126—132）。

［8］【今注】將作大匠：秦稱將作少府，掌治宫室。西漢景帝中元六年（前 144）改稱將作大匠。東漢沿置，秩二千石，掌修作宗廟、路寢、宫室、陵園土木工程等。

［9］【李賢注】《續漢志》曰："議郎，秩六百石，無員。"【今注】議郎：西漢置，隸光禄勳。爲高級郎官，不入直宿衛，職掌顧問應對、參與議政、指陳得失，爲皇帝近臣，秩比六百石。東漢更爲顯要，常選任耆儒名士、高級官吏，除議政外，亦或給事宫中近署。

［10］【今注】魯：侯國名。西漢高后元年（前 187）改薛郡置，治魯縣（今山東曲阜市東北）。東漢屬豫州。

［11］【今注】事緝於下：在下百事和睦。

［12］【今注】陳蕃：字仲舉，汝南平輿（今河南平輿縣北）人。與太尉李固等反對宦官專權，後謀誅宦官而事泄被殺。傳見本書卷六六。

［13］【今注】主簿：漢朝中央及州郡官府均置，典領文書簿籍，經辦事務。

［14］【今注】梁商：字伯夏，安定烏氏（今寧夏固原市東南）人。東漢外戚、大臣，女爲順帝皇后。傳見本書卷三四。　袁湯：東漢大臣。歷任太尉、司空、司徒、尚書令等職。

［15］【今注】弋陽：縣名。治所在今河南潢川縣西。

［16］【今注】案，使，大德本、殿本作"便"，爲是。

年八十六卒。遺令薄斂，瓦棺以葬。子穉，清行不仕。曾孫商，益州牧劉焉以爲蜀郡大守，[1]有治聲。

[1]【今注】劉焉：字君郎，江夏竟陵（今湖北潜江市西北）人。靈帝時，他以爲刺史威輕，既不能禁，且用非其人，輒增暴亂，乃建議改置牧伯。州任之重，自此而始。傳見本書卷七五。

蘇章字孺文，扶風平陵人也。[1]八世祖建，武帝時爲右將軍。[2]祖父純，字桓公，有高名，性强切而持毁譽，[3]士友咸憚之，至乃相謂曰："見蘇桓公，患其教責人，不見，又思之。"三輔號爲"大人"。[4]永平中，爲奉車都尉竇固軍，[5]出擊北匈奴、車師有功，[6]封中陵鄉侯，[7]官至南陽大守。

[1]【今注】平陵：縣名。治所在今陝西咸陽市西北。袁宏《後漢紀》卷一九作"字孺父，京兆茂陵人"。王先謙《後漢書集解》引汪文臺曰："《書鈔》一三五、《御覽》七一一引《謝承書》'蘇章字士成，北海人。負笈追師，不遠萬里'。"

[2]【李賢注】《前書》曰，建以校尉從大將軍青擊匈奴，封平陵侯。中子武最知名也。【今注】建：蘇建，杜陵（今陝西西安市長安區東）人。以校尉從大將軍青擊匈奴，封平陵侯。先後爲游擊將軍、右將軍、代郡太守。傳見《漢書》卷五四。

[3]【李賢注】持，執也。執毁譽之論，謂品藻其臧否。

[4]【李賢注】大人，長老之稱，言尊事之也。【今注】案，惠棟《後漢書補注》曰："蘇氏爲扶風著姓，故云大人。如岑彭稱韓歆爲南陽大人是也。"

[5]【今注】奉車都尉：西漢武帝初置，俸比二千石，掌御乘

輿車，出則陪乘，入則侍從。後也奉命外屯或領兵征伐。　竇固：字孟孫，扶風平陵（今陝西咸陽市西北）人。傳見本書卷二三。案，王先謙《後漢書集解》引劉攽曰："案，竇固自爲奉車都尉，蘇純但從之耳。'爲'當作'從'。"又中華本校勘記按："沈家本謂'軍'下有奪字，當是官名。"

[6]【今注】車師：漢西域國名。在今新疆吐魯番市一帶。傳見本書卷八八。

[7]【今注】中陵：鄉名。定襄縣鄉。定襄縣，治所在今内蒙古呼和浩特市東南。　鄉侯：爵名。東漢列侯大者食縣，小者食鄉亭。食邑爲鄉者稱鄉侯，位次都鄉侯。

章少博學，能屬文。安帝時，舉賢良方正，[1]對策高第，[2]爲議郎。數陳得失，其言甚直。出爲武原令，[3]時歲飢，輒開倉廩，活三千餘户。順帝時，[4]遷冀州刺史。故人爲清河大守，章行部案其姦臧。乃請大守，爲設酒肴，陳平生之好甚歡。大守喜曰："人皆有一天，我獨有二天。"[5]章曰："今夕蘇孺文與故人飲者，私恩也；明日冀州刺史案事者，公法也。"遂舉正其罪。州境知章無私，望風畏肅。换爲并州刺吏，以摧折權豪，忤旨，坐免。隱身鄉里，不交當世。後徵爲河南尹，[6]不就。時天下日敝，[7]民多悲苦，論者舉章有幹國才，[8]朝廷不能復用，卒于家。兄曾孫不韋。

[1]【今注】賢良方正：中國古代選拔人才的科目之一。西漢文帝時，由郡國推舉文學之士充選。亦稱"賢良文學"。賢良，指品德高尚；方正，指品行端正。

[2]【今注】對策：古代考試時把有關政事、經義寫在簡册

上，讓應考者回答，稱對策。自漢代起作爲取士考試的一種形式。高第：等級高。

［3］【李賢注】武原，縣，屬楚國，故城在今泗州下邳縣北。【今注】武原：縣名。治所在今江蘇邳州市西北。

［4］【今注】順帝：東漢順帝劉保，公元125年至144年在位。紀見本書卷六。

［5］【今注】案，《資治通鑑》卷五二《漢紀》孝順皇帝漢安元年胡三省注謂“章必能覆蓋其惡也”。

［6］【今注】河南尹：官名。東漢光武帝建武十五年（39）置，爲京都洛陽所在河南郡長官，設一員，二千石；有丞一員，爲其副貳。主掌京都事務。

［7］【今注】日敝：喻政治黑暗。

［8］【今注】幹國才：治理國家的才能。

不韋字公先。父謙，初爲郡督郵。[1]時魏郡李暠爲美陽令，[2]與中常侍具瑗交通，貪暴爲民患，前後監司畏其埶援，莫敢糾問。及謙至，部案得其臧，論輸左校。[3]謙累遷至金城大守，[4]去郡歸鄉里。漢法，免罷守令，自非詔徵，不得妄到京師。而謙後私至洛陽，時暠爲司隸校尉，收謙詰掠，死獄中，暠又因刑其屍，以報昔怨。

［1］【今注】督郵：漢始置。爲郡太守的重要佐吏。秩六百石。除督送郵書外，還代表郡太守督察所屬地區，糾舉違法、宣達教令等。東漢每郡分爲東西南北中五部，故稱五部督郵。每部置督郵一人，掌其事。

［2］【今注】魏郡：治鄴縣（今河北臨漳縣西南鄴鎮）。 美

陽：縣名。以在美水之陽得名。戰國秦孝公置，秦屬内史，西漢屬右扶風。治所在今陝西扶風縣法門鎮。

［3］【今注】論輸：定罪而罰作勞役。大臣犯罪，常送到左校署勞作。　左校：官署名。漢置，其長官稱令，秩六百石，掌左工徒。有丞一人，屬將作大匠。

［4］【今注】金城：郡名。治允吾縣（今甘肅永靖縣西北）。

不韋時年十八，徵詣公車，[1]會謙見殺，不韋載喪歸鄉里，瘞而不葬，[2]仰天歎曰："伍子胥獨何人也！"[3]乃藏母於武都山中，[4]遂變名姓，盡以家財募劍客，邀暠於諸陵閒，不剋。會暠遷大司農，[5]時右校芻廥在寺北垣下，[6]不韋與親從兄弟潛入廥中，夜則鑿地，晝則逃伏。如此經月，遂得傍達暠之寢室，出其牀下。值暠在廁，因殺其妾并及小兒，留書而去。暠大驚懼，乃布棘於室，以板籍地，一夕九徙，雖家人莫知其處。每出，輒劍戟隨身，壯士自衛。不韋知暠有備，乃日夜飛馳，徑到魏郡，掘其父阜冢，斷取阜頭，以祭父墳，又摽之於市曰"李君遷父頭"。[7]暠匿不敢言，而自上退位，歸鄉里，私掩塞冢椁。捕求不韋，歷歲不能得，憤恚感傷，發病歐血死。[8]

［1］【今注】公車：本爲漢代官署名，設公車令，掌管宫殿中車馬警衛等事。漢代常用公家車馬接送應舉的人。

［2］【今注】瘞：埋。

［3］【李賢注】子胥父伍奢爲楚王所殺，子胥復雠，鞭平王之尸。解具《寇榮傳》（具，大德本、殿本作"見"，是）。【今注】伍子胥：即伍員，字子胥。春秋末吴國大臣。本爲楚國人。其

父伍奢被害後，他逃到吴國。後輔助吴王闔閭一度攻入楚國都城。終因讒言，被迫自殺。傳見《史記》卷六六。

[4]【李賢注】武都，郡名，其地在今成州上禄縣界。有仇池山，東西懸絶，壁立百仞，故藏於其中也。

[5]【今注】大司農：西漢武帝太初元年（前104）改大農令置。秩中二千石，位列九卿。掌管全國租賦收入和國家財政開支。新莽先後改名羲和、納言。東漢復故，機構減省，置丞、部丞各一員。屬官有太倉、平準、導官三令丞，餘皆罷省。

[6]【李賢注】《説文》云："廥，芻藁藏。"音工外反。垣，牆也。【今注】芻廥：儲存牲畜草料的房屋。　寺：官署。

[7]【今注】案，摽，紹興本、殿本作"標"。

[8]【今注】案，歐，大德本作"嘔"。

不韋後遇赦還家，乃始改葬，行喪。士大夫多譏其發掘冢墓，歸罪枯骨，不合古義，唯任城何休方之伍員。[1]大原郭林宗聞而論之曰：[2]"子胥雖云逃命，而見用强吴，憑闔廬之威，[3]因輕悍之衆，雪怨舊郢，[4]曾不終朝，而但鞭墓戮屍，以舒其憤，竟無手刃後主之報。豈如蘇子單特孑立，[5]靡因靡資，强讎豪援，據位九卿，城闕天阻，宫府幽絶，埃塵所不能過，霧露所不能沾。不韋毁身燋慮，[6]出於百死，冒觸嚴禁，陷族禍門，雖不獲逞，爲報已深。況復分骸斷首，以毒生者，[7]使嵩懷忿結，不得其命，猶假手神靈以斃之也。力唯匹夫，功隆千乘，比之於員，不以優乎？"議者於是貴之。

[1]【今注】任城：郡國名。治任城縣（今山東濟寧市東南）。

何休：字邵公，任城樊（今山東濟寧市兗州區西南）人。東漢著名經學家。傳見本書卷七九下。　方：比。

［2］【今注】案，大原，紹興本、大德本、殿本作"太原"爲是。　郭林宗：郭太，字林宗，太原界休（今山西介休市東南）人。傳見本書卷六八。

［3］【今注】闔廬：春秋時吴王闔閭。

［4］【今注】郢：楚國都城。在今湖北荆州市荆州區。

［5］【今注】單特：獨特超群。

［6］【今注】案，毁，大德本作"殺"，不確。燋，大德本、殿本作"憔"，可從。

［7］【李賢注】毒，苦也。

後大傅陳蕃辟，[1]不應，爲郡五官掾。[2]初，弘農張奂睦於蘇氏，[3]而武威段熲與暠素善，[4]後奂、熲有隙。及熲爲司隸，以禮辟不韋，不韋懼之，稱病不詣。熲既積憤於奂，因發怒，乃追咎不韋前報暠事，以爲暠表治謙事，被報見誅，君命天也，而不韋仇之。又令長安男子告不韋多將賓客奪舅財物，遂使從事張賢等就家殺之。乃先以鴆與賢父曰："若賢不得不韋，便可飲此。"[5]賢到扶風，郡守使不韋奉謁迎賢，即時收執，并其一門六十餘人盡誅滅之，諸蘇以是衰破。及段熲爲陽球所誅，[6]天下以爲蘇氏之報焉。

［1］【今注】大傅：紹興本、大德本、殿本作"太傅"。太傅，東漢不置太師、太保，上公唯太傅一人。秩萬石。居百官之首，以授元老重臣。　陳蕃：字仲舉，汝南平輿（今河南平輿縣北）人。與太尉李固等反對宦官專權，後謀誅宦官而事泄被殺。傳見本書卷

六六。

［2］【今注】五官掾：漢朝郡國屬吏，地位僅次於功曹，無固定職掌。

［3］【今注】弘農：郡名。西漢武帝元鼎四年（前 113）置，治弘農縣（今河南靈寶市北故函谷關城）。　張奂：字然明，敦煌淵泉（今甘肅瓜州縣東）人。傳見本書卷六五。

［4］【今注】段熲：字紀明，武威姑臧（今甘肅武威市）人。傳見本書卷六五。

［5］【今注】案，可，大德本、殿本作“同”，可從。

［6］【今注】陽球：字方正，漁陽泉州（今天津市武清區西南）人。東漢酷吏。傳見本書卷七七。案，陽，大德本作“揚”。

羊續字興祖，大山平陽人也。[1]其先七世二千石卿校。祖父侵，安帝時司隸校尉。父儒，桓帝時爲大常。[2]

［1］【今注】大山：殿本作“太山”。太山，郡名。一名“泰山”。初治博縣（今山東泰安市東南），後治奉高縣（今山東泰安市東）。　平陽：縣名。治所在今山東新泰市。

［2］【今注】桓帝：東漢桓帝劉志，公元 146 年至 167 年在位。紀見本書卷七。　大常：即太常。官名。位列九卿之首，官居清要，職務繁重，多由列侯充任。主管祭祀社稷、宗廟和朝會、喪葬禮儀，管理皇帝陵墓、寢廟所在縣邑，每月巡視諸陵，兼管文化教育，博士和博士弟子的考核、薦舉、補吏亦由其主持。西漢中期以後職權逐漸分化削弱，考試之權轉歸尚書，陵邑劃屬三輔。新莽時改名秩宗。東漢復舊，秩中二千石。

續以忠臣子孫拜郎中，去官後，辟大將軍竇武府。[1]及武敗，坐黨事，[2]禁錮十餘年，幽居守静。及黨禁解，復辟大尉府，[3]四遷爲廬江大守。後揚州黄巾賊攻舒，[4]焚燒城郭，續發縣中男子二十以上，皆持兵勒陳，其小弱者，悉使負水灌火，會集數萬人，并埶力戰，大破之，郡界平。後安風賊戴風等作亂，[5]續復擊破之，斬首三千餘級，生獲渠帥，其餘黨輩原爲平民，[6]賦與佃器，[7]使就農業。

[1]【今注】竇武：字游平，扶風平陵（今陝西咸陽市西北）人。長女爲桓帝皇后。在位多辟名士，清身疾惡。因立靈帝有功，拜爲大將軍，輔朝政。與太傅陳蕃共商誅滅宦官，不成而自殺。傳見本書卷六九。

[2]【今注】黨事：黨錮之禍。

[3]【今注】太尉：官名。西漢初爲武將最高稱號之一，秩萬石。有兵事則設，事畢即省。擔任臨時性的高級軍事統帥，或爲皇帝的軍事顧問，並無發兵領兵的實際職權。西漢武帝建元元年（前140）曾以文臣田蚡爲之，與丞相地位相等，次年省。東漢光武帝建武二十七年（51）改大司馬爲太尉，秩萬石，列三公之首，與司徒、司空共同行使宰相職能，名位甚重，但實權不重。

[4]【今注】揚州：西漢武帝時所置十三刺史部之一。東漢時轄九江、丹陽、廬江、會稽、豫章五郡。　黄巾：東漢末年張角領導的農民起義軍，因頭包黄巾而得名。　舒：縣名。治所在今安徽廬江縣西南。

[5]【李賢注】安風，縣，屬廬江郡。【今注】安風：縣名。治所在今安徽霍邱縣西南。

[6]【李賢注】原，免也（免，大德本作“先”，是）。

[7]【今注】佃（tián）器：農具。

中平三年，[1]江夏兵趙慈反叛，[2]殺南陽大守秦頡，攻没六縣，拜續爲南陽大守。當入郡界，乃羸服閒行，[3]侍童子一人，觀歷縣邑，採問風謡，然後乃進。其令長貪絜，民良猾，[4]悉逆知其狀，郡内驚竦，莫不震懾。乃發兵與荆州刺史王敏共擊慈，[5]斬之，獲首五千餘級。屬縣餘賊並詣續降，續爲上言，宥其枝附。[6]賊既清平，乃班宣政令，候民病利，[7]百姓歡服。時權豪之家多尚奢麗，續深疾之，常敝衣薄食，車馬羸敗。府丞嘗獻其生魚，[8]續受而懸於庭；丞後又進之，續乃出前所懸者以杜其意。續妻後與子祕俱往郡舍，[9]續閉門不内，妻自將祕行，其資藏唯有布衾、敝祗裯，鹽、麥數斛而已，[10]顧勑祕曰："吾自奉若此，何以資爾母乎?"使與母俱歸。

［1］【今注】中平：東漢靈帝劉宏年號（184—189）。

［2］【今注】江夏：郡名。治西陵縣（今湖北武漢市新洲區西）。

［3］【今注】羸服：貧賤人的衣着。這裏用作動詞。

［4］【今注】案，紹興本、大德本、殿本"民"前有"吏"字，可從。

［5］【今注】荆州：西漢武帝時所置十三刺史部之一。東漢轄有南陽、南郡、江夏、零陵、桂陽、武陵、長沙七郡。刺史治漢壽縣（今湖南常德市東北）。 刺史：官名。西漢武帝元封五年（前106）始置。分全國爲十三部，各部置刺史一人，秩六百石。無治所，奉詔巡行諸郡，省察治政。成帝綏和元年（前8）更名州牧，秩二千石。哀帝建平二年（前5）復舊制，元壽二年（前1）又改名州牧。東漢光武帝建武十一年（35）省。十八年仍置，秩六百

石。有固定治所，成爲比郡高一級的地方行政長官。除監察外，又有選舉、劾奏等，有權干預地方行政，還擁有領兵之權。

［6］【今注】枝附：惠棟《後漢書補注》曰："枝黨及附賊者也。"

［7］【李賢注】損於人曰病，益於人曰利。【今注】病利：又稱"利病"，謂得失也。

［8］【今注】生魚：即鮮魚。

［9］【今注】案，往，殿本作"詣"。又，惠棟《後漢書補注》曰："《羊氏家傳》云，續娶濟北星重女。案，星姓，惟見此。"

［10］【李賢注】《説文》曰："袛裯，短衣也。"《廣雅》云即襜褕也。袛音丁奚反，裯音丁勞反。

六年，靈帝欲以續爲大尉。[1]時拜三公者，皆輸東園禮錢千萬，[2]令中使督之，[3]名爲"左騶"。[4]其所之往，輒迎致禮敬，厚加贈賂。續乃坐使人於單席，舉緼袍以示之，[5]曰："臣之所資，唯斯而已。"左騶白之，帝不悦，以此故不登公位。而徵爲大常，[6]未及行，會病卒，時年四十八。遺言薄斂，不受賵遺。[7]舊典，二千石卒官賻百萬，府丞焦儉遵續先意，一無所受。詔書褒美，勑太山大守以府賻錢賜續家云。

［1］【今注】靈帝：東漢靈帝劉宏，公元 168 年至 189 年在位。紀見本書卷八。　案，王先謙《後漢書集解》引惠棟曰："《袁山松漢書》云，太尉劉虞讓位於續。"宋文民《後漢書考釋》曰："中平六年夏四月丙午，因日食太尉馬日磾免，劉虞爲太尉，丙辰帝崩，距劉虞爲太尉僅十日。羊續被靈帝内定爲太尉亦在中平六年，事未果，是年先於靈帝卒。是續所代非虞乃日磾。"（上海古籍出版社

1995年版，第127頁）

［2］【今注】東園：漢官署名。屬少府。掌管陵園内器物製造和供給。

［3］【今注】中使：帝王宫廷中派出的使者。多由宦官充任。

［4］【李賢注】騶，騎士也。

［5］【李賢注】緼，故絮也。【今注】緼袍：以亂麻襯於中的袍子。

［6］【今注】案，大常，紹興本、大德本、殿本作"太常"，是。

［7］【今注】賵遺：因助辦喪事而贈送的財物。王先謙《後漢書集解》引汪文臺曰："《書鈔》三十八引《謝承書》云，病困，謂子秘曰：吾有馬一匹，賣以買棺，牛車一乘，載喪物，勿受郡送也。"

賈琮字孟堅，東郡聊城人也。[1]舉孝廉，[2]再遷爲京兆令，[3]有政理迹。

［1］【李賢注】聊城，今博州縣。【今注】東郡：治濮陽縣（今河南濮陽市華龍區西南）。　聊城：縣名。治所在今山東聊城市西北。

［2］【今注】孝廉：漢代推舉人才的科目之一。孝，指孝順。廉，指廉潔。每年由郡推舉孝廉各一人，東漢時舉孝廉爲求仕進的必由之路。

［3］【今注】案，王先謙《後漢書集解》引劉攽曰："案，無京兆縣，又未可爲尹。明多'兆'字，是河南京縣令也。"先謙曰："劉説是也。京縣在今開封府滎陽縣東南二十一里。"

舊交阯土多珍産，[1]明璣、翠羽、犀、象、瑇瑁、異香、美木之屬，莫不自出。[2]前後刺史率多無清行，上承權貴，下積私賂，財計盈給，輒復求見遷代，故吏民怨叛。中平元年，交阯屯兵反，執刺史及合浦太守，[3]自稱“柱天將軍”。靈帝特勑三府精選能吏，有司舉琮爲交阯刺史。琮到部，訊其反狀，咸言賦斂過重，百姓莫不空單，[4]京師遥遠，告冤無所，民不聊生自活，[5]故聚爲盜賊。琮即移書告示，各使安其資業，招撫荒散，蠲復傜役，誅斬渠帥爲大害者，簡選良吏試守諸縣，[6]歲閒蕩定，百姓以安。巷路爲之歌曰：“賈父來晚，使我先反；今見清平，吏不敢飯。”[7]在事三年，爲十三州最，徵拜議郎。

[1]【今注】交阯：郡名。治龍編縣（今越南河北省仙游東）。

[2]【李賢注】《説文》曰：“璣，珠之不圓者。”《異物志》曰：“翠鳥形似鷰，翡赤而翠青，其羽可以爲飾。”《廣雅》曰“瑇瑁形似龜，出南海巨延州”也。

[3]【今注】合浦：郡名。西漢武帝元鼎六年（前111）置，治徐聞縣（今廣東徐聞縣南）。東漢時移治合浦縣（今廣西浦北縣南舊州村）。

[4]【今注】空單：枯竭。

[5]【今注】案，王先謙《後漢書集解》引劉攽曰：“案，文‘自活’非本傳文，是注，以解聊生耳。”

[6]【今注】試守：試用。漢代官員試用期稱“試守”或“守”。試用期滿考試合格後則授予實職，稱爲“真”。

[7]【今注】案，《資治通鑑》卷五八《漢紀》孝靈皇帝中平元年胡三省注言：吏不敢過民家而飯也。

時黄巾新破，兵凶之後，郡縣重斂，因緣生姦。詔書沙汏刺史、二千石，[1]更選清能吏，乃以琮爲冀州刺史。舊典，傳車驂駕，[2]垂赤帷裳，迎於州界。及琮之部，升車言曰："刺史當遠視廣聽，糾察美惡，何有反垂帷裳以自掩塞乎?"乃命御者褰之。[3]百城聞風，自然竦震。其諸臧過者，望風解印綬去，唯癭陶長濟陰董昭、觀津長梁國黄就當官待琮，[4]於是州界翕然。

[1]【今注】沙汏：紹興本、大德本、殿本作"沙汰"。爲淘汰之意。

[2]【今注】傳車驂駕：驛站的車馬。

[3]【今注】褰：撩起。

[4]【今注】癭陶：縣名。治所在今河北邢臺市。　濟陰：郡名。治定陶縣（今山東菏澤市定陶區西北）。　觀津：縣名。西漢置，屬信都國。治所在今河北武邑縣東二十五里觀津村。東漢屬安平國。　當官：在官府裏。

靈帝崩，大將軍何進表琮爲度遼將軍，[1]卒於官。

[1]【今注】何進：字遂高，南陽宛（今河南南陽市卧龍區）人。歷官郎中、潁川太守、河南尹、大將軍等職。其妹爲靈帝皇后。靈帝去世，何進立少帝，掌握朝政。後與袁紹謀誅宦官，事泄被殺。傳見本書卷六九。　度遼將軍：西漢置。昭帝元鳳三年（前78），遼東烏桓起事，以中郎將范明友爲將軍，率騎擊之，因需度遼水，故以度遼爲官號。宣帝時罷。東漢明帝永平八年（65），爲防止南、北匈奴交通，乃置度遼營兵，以中郎將吴棠行度遼將軍事領之，駐屯五原曼柏，與使匈奴中郎將、護羌校尉、護烏桓校尉等

同掌西北邊防及匈奴、鮮卑、烏桓、西羌諸部事。安帝永初元年（107）後遂爲常守。秩二千石，下設有長史、司馬等僚屬。東漢末，曾分置左、右度遼將軍。

陸康字季寧，吴郡吴人也。[1]祖父續，[2]在《獨行傳》。父褒，有志操，連徵不至。[3]

[1]【今注】吴郡：西漢初以會稽郡治所在吴縣，故亦稱吴郡。一説楚漢之際分會稽郡置，武帝後廢。東漢順帝永建四年（129）分會稽郡置，治吴縣（今江蘇蘇州市）。　吴：縣名。治所在今江蘇蘇州市。

[2]【今注】續：即陸續，字智初，會稽吴（今江蘇蘇州市）人。因受楚王英謀反事而入獄，後遇赦，還鄉里，禁錮終身。傳見本書卷八一。

[3]【今注】案，本書卷八一《獨行傳》載："少子褒，力行好學，不慕榮名，連徵不就。"

康少仕郡，以義烈稱，刺史臧旻舉爲茂才，除高成令。[1]縣在邊垂，舊制，令户一人具弓弩以備不虞，不得行來。[2]長吏新到，輒發民繕修城郭。康至，皆罷遣，百姓大悦。以恩信爲治，寇盜亦息，州郡表上其狀。光和元年，[3]遷武陵大守，[4]轉守桂陽、樂安二郡，[5]所在稱之。

[1]【李賢注】高成，縣，屬渤海郡也。【今注】高成：縣名。治所在今河北鹽山縣東南二十里故城村。

[2]【李賢注】行來猶往來也。

[3]【今注】光和：東漢靈帝劉宏年號（178—184）。

[4]【今注】武陵：郡名。漢高祖劉邦改黔中郡置，治義陵縣（今湖南漵浦縣南）。東漢時移治臨沅縣（今湖南常德市武陵區）。

[5]【今注】桂陽：郡名。治郴縣（今湖南郴州市北湖區）。樂安：郡名。東漢本初元年（146）改樂安國置，治高菀縣（今山東鄒平市東北苑城）。

時靈帝欲鑄銅人，而國用不足，乃詔調民田，畝斂十錢。而比水旱傷稼，百姓貧苦。康上疏諫曰："臣聞先王治世，貴在愛民。省徭輕賦，以寧天下，除煩就約，以崇簡易，[1]故萬姓從化，靈物應德。末世衰主，窮奢極侈，造作無端，興制非一，勞割自下，以從苟欲，[2]故黎民吁嗟，陰陽感動。陛下聖德承天，當隆盛化，而卒被詔書，畝斂田錢，鑄作銅人，伏讀惆悵，悼心失圖。夫十一而税，周謂之徹。[3]徹者通也，言其法度可通萬世而行也。故魯宣税畝，而蝝災自生；[4]哀公增賦，而孔子非之。[5]豈有聚奪民物，以營無用之銅人；[6]捐捨聖戒，自蹈亡王之法哉！[7]傳曰：[8]'君舉必書，書而不法，後世何述焉？'陛下宜留神省察，改敝從善，以塞兆民怨恨之望。"書奏，内倖因此譖康援引亡國，[9]以譬聖明，大不敬，檻車徵詣廷尉。侍御史劉岱典考其事，[10]岱爲表陳解釋，免歸田里。復徵拜議郎。

[1]【李賢注】《易》曰："乾以易知，坤以簡能，而天下之理得矣。"

[2]【李賢注】勞苦割剝於下人也。【今注】勞割自下：使下民勞苦，剝削百姓。

[3]【李賢注】孟子曰："夏后氏五十而貢，殷人七十而助，周人百畝而徹，其實皆十一也（十，大德本、殿本作'什'）。"【今注】案，十，大德本、殿本作"什"。

[4]【李賢注】《公羊傳》曰："初税畝者何？履畝而税也。"何休注云："宣公無恩信於人，人不肯盡力於公田，起履踐案行，擇其畝穀好者税取之。"蝝，螽子也。《公羊傳》："冬蝝生。此言蝝生何？上變古易常也。"注云："上謂宣公，變易公田舊制而税畝（大德本、殿本句末有'也'字）。"【今注】案，惠棟《後漢書補注》曰："鄭元《論語注》云，徹，通也，爲天下之通法。"

[5]【李賢注】《左傳》曰："季孫欲以田賦，使冉有訪諸仲尼。仲尼私於冉有曰：'子季孫若欲行而法，則周公之典在；若欲苟而行之，又何訪焉！'"【今注】案，見《左傳》哀公十年。

[6]【今注】案，勞，大德本作"勞"。

[7]【李賢注】謂秦始皇鑄銅人十二，卒致滅亡也。【今注】案，事見《史記》卷六《秦始皇本紀》。

[8]【今注】傳：古代爲經作注的書稱傳，這裏指《左傳》。見《左傳》莊公十三年。

[9]【今注】内倖：皇宮中受寵的人。

[10]【今注】典考：主審。

會廬江賊黄穰等與江夏蠻連結十餘萬人，攻没四縣，拜康廬江太守。[1]康申明賞罰，擊破穰等，餘黨悉降。帝嘉其功，拜康孫尚爲郎中。獻帝即位，[2]天下大亂，康蒙險遣孝廉計吏奉貢朝廷，[3]詔書策勞，[4]加忠義將軍，[5]秩中二千石。時袁術屯兵壽春，[6]部曲飢餓，[7]遣使求委輸兵甲。康以其叛逆，閉門不通，内修戰備，將以禦之。術大怒，遣其將孫策攻康，[8]圍城數重。康固守，吏士有先受休假者，[9]皆遁伏還赴，暮夜緣城而入。受敵二年，城陷。月餘，發病卒，年七十。宗族百餘人，遭離飢戹，[10]死者將半。朝廷愍其守節，拜子儁爲郎中。

[1]【今注】案，此事發生於靈帝光和三年（180）。見本書卷八六《南蠻西南夷傳》。

[2]【今注】獻帝：東漢獻帝劉協，公元189年至220年在位。紀見本書卷九。

[3]【今注】蒙險：冒險。

[4]【今注】策勞：記功勞於策。

[5]【今注】忠義將軍：雜號將軍名。東漢置，掌征伐。

[6]【今注】袁術：字公路，汝南汝陽（今河南商水縣西北）人。袁紹從弟。傳見本書卷七五。　壽春：縣名。治所在今安徽壽縣。

[7]【今注】部曲：漢代軍隊編制單位。漢代將軍是統兵的高級將領，將軍所統之兵分部（如大將軍營分五部），各由部校尉一人統率，其不置校尉之部，由軍司馬統率之；部下的編制單位有曲，曲置軍候一人以統率之。

[8]【今注】孫策：字伯符，吴郡富春（今浙江杭州市富陽區）人。孫堅長子。孫堅死後，孫策代統殘部，依附袁術。後離袁術，率部千餘人向江東發展，擊敗當地割據武裝，占據吴、會稽、廬江等六郡；並籠絡士大夫，奠定了孫吴政權的基礎。後拜討逆將軍，封吴侯。建安五年（200）擬乘官渡之戰的時機襲擊許都，兵未發，遇刺身亡。傳見《三國志》卷四六。

[9]【今注】休假：漢制五日一休。相關研究參見張艷玲《漢

代官吏休假制度研究綜述》(《甘肅社會科學》2007 年第 5 期)。

［10］【今注】遭離：遭受。

少子績，仕吴爲鬱林大守，博學善政，見稱當時。幼年曾謁袁術，懷橘墯地者也，有名稱。[1]

［1］【李賢注】績字公紀，《吴志》有傳。【今注】績：陸績，字公紀。博學多識。傳見《三國志》卷五七。　吴：三國時期吴國。　鬱林：郡名。治布山縣（今廣西桂平市西南）。　案，《三國志·陸績傳》載："績年六歲，於九江見袁術。術出橘，績懷三枚，去，拜辭墮地，術謂曰：'陸郎作賓客而懷橘乎？'績跪答曰：'欲歸遺母。'術大奇之。"又"幼年"至"有名稱"十五字，中華本校勘記引馬叙倫稱其疑讀者所加，可參考。

贊曰：仮牧朔藩，[1]信立童昏。詩守南楚，民作謡言。奮馳單乘，堪駕毁轅。范得其朋，[2]堂任良肱。[3]二蘇勁烈，羊、賈廉能。季寧拒策，城隕衝輣。[4]

［1］【今注】牧：統治，指其任刺史。　朔藩：北方屬地。

［2］【李賢注】《易》曰："西南得朋。"廉范遷蜀郡太守，百姓便之，蜀在西南，故云得朋也（云，殿本作"曰"）。【今注】案，王先謙《後漢書集解》引何焯曰："得朋謂與慶鴻爲刎頸之交也，注誤。"

［3］【李賢注】謂委任功曹陳蕃、主簿應嗣，郡中大化也。【今注】良肱：好的輔助。這裏指陳蕃與應嗣。

［4］【李賢注】輣，兵車也，音彭，協韻音普勝反（勝，殿本作"滕"）。【今注】城隕衝輣：猶言城毁兵敗。

後漢書　卷三二

列傳第二十二

樊宏 子儵　族曾孫準　陰識 弟興

樊宏字靡卿，南陽湖陽人也，[1]世祖之舅。[2]其先周仲山甫，[3]封于樊，因而氏焉，[4]爲鄉里著姓。父重，字君雲，世善農稼，好貨殖。重性溫厚，有法度，三世共財，子孫朝夕禮敬，常若公家。其營理産業，物無所棄，課役童隸，[5]各得其宜，故能上下勠力，財利歲倍，至乃開廣田土三百餘頃。其所起廬舍，皆有重堂高閣，[6]陂渠灌注。[7]又池魚牧畜，有求必給。嘗欲作器物，先種梓漆，時人嗤之，然積以歲月，皆得其用，向之笑者咸求假焉。[8]貲至巨萬，而賑贍宗族，恩加鄉閭。[9]外孫何氏兄弟爭財，重恥之，以田二頃解其忿訟。縣中稱美，推爲三老。[10]年八十餘終。其素所假貸人閒數百萬，遺令焚削文契。責家聞者皆慚，爭往償之，[11]諸子從敕，竟不肯受。

［1］【今注】南陽：郡名。治宛縣（今河南南陽市卧龍區）。湖陽：縣名。治所在今河南唐河縣南湖陽鎮。

［2］【今注】世祖：東漢光武帝劉秀，公元25年至57年在位。紀見本書卷一。

［3］【今注】仲山甫：西周宣王時大夫。《潛夫論》卷九《志氏姓》云："昔仲山甫，亦姓樊，謚穆仲，封於南陽。"

［4］【李賢注】樊，今襄州安養縣也。【今注】樊：邑名。亦爲西周封國，都樊。治所在今陝西西安市長安區東南。春秋時東徙陽邑（今河南濟源市西南）。

［5］【今注】課役：徵收賦税和分派勞役。

［6］【今注】案，閤，殿本作"閣"。

［7］【李賢注】酈元《水經注》曰："湖水支分，東北爲樊氏陂，東西十里，南北五里，亦謂之凡亭。陂東樊氏故宅，樊氏既滅，庾氏取其陂，故嗲曰（嗲，殿本作'諺'，是）：'陂汪汪，下田良，樊氏失業庾氏昌。'"其陂至今猶名爲樊陂，在今鄧州新野縣之西南也。

［8］【今注】向：原先。

［9］【今注】鄉閭：鄉里，家鄉。

［10］【今注】三老：戰國魏時已有此官。秦置鄉三老，掌管教化，幫助地方官推行政令。西漢又增縣三老。更始時，置國三老。三老掌教化，也參議政事。關於三老問題研究，參見萬義廣《近八十年以來漢代三老問題研究綜述》（《秦漢研究》2014年）。

［11］【李賢注】責音側界反。【今注】責家：即債家。責，同"債"。

宏少有志行。王莽末，[1]義兵起，劉伯升與族兄賜俱將兵攻湖陽，[2]城守不下。賜女弟爲宏妻，湖陽由是收繫宏妻子，令出譬伯升，[3]宏因留不反。湖陽軍帥欲殺其妻子，長吏以下共相謂曰："樊重子父，禮義恩德行於鄉里，雖有罪，且當在後。"會漢兵日盛，湖陽惶急，未敢殺之，遂得免脱。更始立，[4]欲以宏爲將，宏叩頭辭曰："書生不習兵事。"竟得免歸，與宗家親屬作營壍自守，老弱歸之者千餘家。時赤眉賊掠唐子鄉，[5]多所殘殺，欲前攻宏營，宏遣人持牛酒米穀，勞遺赤眉。赤眉長老先聞宏仁厚，皆稱曰："樊君素善，且今見待如此，何心攻之。"引兵而去，遂免寇難。

［1］【今注】王莽：字巨君。孝元皇后之弟子。平帝即位，年僅九歲，元后以太皇太后臨朝稱制，以王莽爲大司馬，委政於莽，號安漢公。平帝死，以孺子嬰爲帝，王莽自稱攝皇帝。三年後自稱皇帝，改國號爲新。史稱王莽篡漢。公元 9 年至 23 年在位。傳見《漢書》卷九九。

［2］【今注】劉伯升：齊武王劉縯，字伯升，光武之長兄。傳見本書卷一四。　賜：安成孝侯劉賜，字子琴，光武族兄。傳見本書卷一四。

［3］【今注】譬：曉喻也。殿本作"辟"。

［4］【今注】更始：指兩漢之際更始政權建立者劉玄。劉玄號更始將軍，被擁立爲天子，建元曰更始。傳見本書卷一一。

［5］【今注】赤眉：西漢末樊崇等領導的農民起義軍，因用赤色塗眉作記號，故稱赤眉。　唐子鄉：鄉亭名。故址在今湖北棗陽市北與河南唐河縣南交界處。漢屬湖陽縣。

世祖即位，拜光禄大夫，[1]位特進，[2]次三公。[3]建武五年，[4]封長羅侯。[5]十三年，封弟丹爲射陽侯，[6]兄子尋玄鄉侯，族兄忠更父侯。十五年，定封宏壽張侯。[7]十八年，帝南祠章陵，[8]過湖陽，祠重墓，追爵謚爲壽張敬侯，立廟於湖陽。車駕每南巡，常幸其墓，[9]賞賜大會。

[1]【今注】光禄大夫：西漢武帝時改中大夫置，掌論議。屬光禄勳，秩比二千石。西漢晚期，多作爲貴戚重臣的加官。無員限。東漢時，因權臣不復冠此號，漸成閑散之職，雖仍掌顧問應對，但多用以拜假賵贈之使，及監護諸國嗣喪事。

[2]【今注】特進：官名。西漢置，凡諸侯功德優盛、朝廷敬異者賜特進，位在三公下，得自辟僚屬。東漢爲加官，從本官車服，無吏卒，唯食其禄賜、列其班位。

[3]【今注】三公：古代輔助國君的三位最高官員的總稱。周朝三公有二説：一謂司馬、司徒、司空；一謂太師、太傅、太保。秦及西漢前期無法定三公，但在習慣上往往將丞相、太尉、御史大夫並稱三公。至成帝時，改革官制，改丞相、御史大夫爲大司徒、大司空，又以大司馬比附早已不常置的太尉，正式從制度上確立了“三公”之制。東漢改名太尉、司徒、司空，同爲中央最高行政長官，亦稱“三司”。爵高禄厚，參議朝政，監察百官。近年有觀點認爲，成帝時改革官制並非衹是從形式上整齊官制，其重新確立“三公”後，實是將外朝的丞相、御史大夫以大司徒、大司空的名義引入内朝，同時又令大司馬兼領外朝，使三公同時施行内外朝的權力，一定程度上改變了霍光以來内朝大司馬獨大，外朝丞相、御史大夫淪爲傀儡的政治格局（參見安作璋、熊鐵基《秦漢官制史稿》，齊魯書社2007年版，第6—7頁；徐沖《西漢後期至新莽時代“三公制”的演生》，《文史》2018年第4輯）。

[4]【今注】建武：東漢光武帝劉秀年號（25—56）。

[5]【李賢注】長羅，縣名，屬陳留郡，故城在今滑州匡城縣東北。【今注】長羅：西漢武帝太始四年（前93）置，屬陳留

郡。治所在今河南長垣縣東北。東漢光武帝建武十五年（39）廢。

［6］【李賢注】在射水之陽。《水經注》曰："泚水西南流，射水注之，水出射城北。建武十三年，封樊重少子丹爲射陽侯，即其國也。"案臨淮郡别有射陽縣，疑遠，非此地也。【今注】射陽：城邑名。故地在今河南唐河縣境。王先謙《後漢書集解》引洪亮吉曰："《水經注》謝水出謝城，《詩》所謂'申伯番番，既入于謝'，是也。世祖封丹爲謝陽侯，即其國。是'射'字本作'謝'，無由與臨淮之射陽縣混，注所引不知何本。且既云非臨淮之射陽，又注云縣在射水之陽，亦誤。"惠棟《後漢書補注》曰："《樊毅碑》云謝陽之孫，古'謝'字作'射'，注誤。"王先謙曰："注'泚'亦誤'泚'。《一統志》河南汝寧府古迹云謝城在羅山縣西北三十里，淮河之南，溮河東北，相傳古申伯所都，蓋即射陽。"

［7］【今注】壽張：縣名。治所在今山東東平縣西南。

［8］【今注】章陵：光武帝劉秀之父南頓君劉欽陵墓。在今湖北棗陽市東。

［9］【今注】幸：特指皇帝到某地去。

宏爲人謙柔畏慎，不求苟進。常戒其子曰："富貴盈溢，未有能終者。吾非不喜榮埶也，天道惡滿而好謙，前世貴戚皆明戒也。[1]保身全已，豈不樂哉！"每當朝會，輒迎期先到，俯伏待事，時至乃起。帝聞之，常勑騶騎臨朝乃告，勿令豫到。宏所上便宜及言得失，輒手自書寫，毁削草本。[2]公朝訪逮，不敢衆對。宗族染其化，未嘗犯法。帝甚重之。及病困，車駕臨視，留宿，問其所欲言。宏頓首自陳："無功享食大國，誠恐子孫不能保全厚恩，令臣魂神慚負黄泉，願還壽張，食小鄉亭。"帝悲傷其言，而竟不許。

［1］【李賢注】《易》曰“天道虧盈而益謙，人道惡盈而好謙”也。【今注】案，出自《易·謙卦》。

［2］【今注】毁削草本：猶言銷毁草稿。

二十七年，卒。遺敕薄葬，一無所用，以爲棺柩一臧，不宜復見，如有腐敗，傷孝子之心，使與夫人同墳異臧。帝善其令，以書示百官，因曰："今不順壽張侯意，無以彰其德。且吾萬歲之後，欲以爲式。"賻錢千萬，[1]布萬匹，謚爲恭侯，[2]贈以印綬，車駕親送葬。子鯈嗣。帝悼宏不已，復封少子茂爲平望侯。[3]樊氏侯者凡五國。明年，賜鯈弟鮪及從昆弟七人合錢五千萬。

［1］【今注】賻：送財物給人辦喪事。

［2］【今注】案，爲，殿本作"曰"，可從。又王先謙《後漢書集解》引王補曰："建武十八年，帝追謚重爲敬侯，及二十七年，宏卒，謚曰恭侯。范書甚明。而《通鑑》胡注宏帝舅也，謚敬侯，曰恭侯温公避國諱也，大誤。"

［3］【李賢注】平望，縣，屬北海郡，故城在今青州北海縣西北，俗名平望臺也。【今注】平望：縣名。治所在今山東壽光市東北。

論曰：昔楚頃襄王問陽陵君曰："君子之富何如？"對曰："假人不德不責，食人不使不役，親戚愛之，衆人善之。"[1]若乃樊重之折契止訟，其庶幾君子之富乎！分地以用天道，實廩以崇禮節，[2]取諸理化，則亦可以施於政也。與夫愛而畏者，何殊閒哉！[3]

［1］【李賢注】假貸人者不自以爲德，不責其報也。食善人者不使役之，故衆人稱善也。《説苑》曰楚王問莊辛之言也。【今注】楚頃襄王：戰國時楚國國君。楚懷王之子。楚懷王被秦昭王扣留，死在秦國。楚襄王不僅不發奮圖强，還輕信小人，致使連年被秦所敗。　陽陵君：戰國時楚人莊辛。王先謙《後漢書集解》引劉攽曰："注'食善人者不使役之'。案，食人而已，何故輒擇善人，明此是'養'字。或云當云'善食人者'。"

［2］【李賢注】《管子》曰："倉廩實而知禮節。"【今注】案，出自《管子·牧民》。

［3］【李賢注】《左傳》曰："是以其人畏而愛之，何殊閒哉！"言不異也。閒音古莧反。

儵字長魚，謹約有父風。事後母至孝，及母卒，哀思過禮，毁病不自支，世祖常遣中黄門朝暮送饘粥。[1]服闋，[2]就侍中丁恭受《公羊嚴氏春秋》。[3]建武中，禁網尚闊，諸王既長，各招引賓客，以儵外戚，爭遣致之，而儵清静自保，無所交結。及沛王輔事發，[4]貴戚子弟多見收捕，儵以不豫得免。帝崩，儵爲復土校尉。[5]

［1］【李賢注】饘，糜也（糜，大德本誤作"麋"）。【今注】饘（zhān）粥：稠粥。

［2］【今注】服闋：服喪期滿。古代喪禮規定，父母死後，服喪三年，期滿除服，稱服闋。

［3］【李賢注】嚴彭祖也。【今注】侍中：官名。秦朝始置，

西漢爲加官。侍從皇帝左右。王莽秉政，復令與宦官同止禁中。東漢置爲正式職官，秩比二千石。　丁恭：字子然，山陽東緡（今山東金鄉縣）人。習《公羊嚴氏春秋》。傳見本書卷七九下。　公羊嚴氏春秋：《公羊春秋》有顔、嚴之學。嚴彭祖字公子，東海下邳（今江蘇睢寧縣西北）人。西漢宣帝時博士。傳見《漢書》卷八八。彭祖與安樂俱事眭孟。眭孟死，彭祖、安樂各教授《公羊春秋》。

[4]【今注】沛王輔：沛獻王劉輔，東漢光武帝之子。傳見本書卷四二。

[5]【李賢注】復土校尉主葬事，復土於壙也。【今注】復土校尉：漢置，掌葬事，主復土於壙。

永平元年，[1]拜長水校尉，[2]與公卿雜定郊祠禮儀，[3]以讖記正《五經》異説。[4]北海周澤、琅邪承宫並海内大儒，[5]儵皆以爲師友而致之於朝。上言郡國舉孝廉，[6]率取年少能報恩者，耆宿大賢多見廢棄，[7]宜勑郡國簡用良俊。[8]又議刑辟宜須秋月，[9]以順時氣。顯宗並從之。[10]二年，以壽張國益東平王，[11]徙封儵燕侯。[12]其後廣陵王荆有罪，[13]帝以至親悼傷之，詔儵與羽林監南陽任隗雜理其獄。[14]事竟，奏請誅荆。引見宣明殿，[15]帝怒曰："諸卿以我弟故，欲誅之，即我子，卿等敢爾邪！"儵仰而對曰："天下高帝天下，非陛下之天下也。《春秋》之義，'君親無將，將而誅焉'。[16]是以周公誅弟，季友鴆兄，經傳大之。[17]臣等以荆屬託母弟，陛下留聖心，加惻隱，故敢請耳。如令陛下子，[18]臣等專誅而已。"[19]帝歎息良久。儵益以此知名。其後弟鮪爲子賞求楚王英女敬鄉公主，[20]儵聞而止之，曰："建武時，吾家並受榮寵，一宗五侯。[21]時特進一言，女可以配王，男可以尚主，[22]但以貴寵過盛，即爲禍患，故不爲也。且爾一子，奈何棄之於楚乎？"鮪不從。

[1]【今注】永平：東漢明帝劉莊年號（58—75）。

[2]【今注】長水校尉：西漢武帝初置，爲北軍八校尉之一，秩二千石，位次列卿。領長水宣曲胡騎，屯戍京師，兼任征伐。東漢光武帝建武七年（31）省，十五年復置，爲北軍五校尉之一，秩比二千石，隸北軍中候。掌宿衛禁兵，下設司馬、胡騎司馬各一員。地位親要，官顯職閑，多以宗室外戚近臣充任。

[3]【今注】郊祠：古代皇帝在郊外祭祀天地稱郊祠。

[4]【今注】讖記：預言未來吉凶的文字圖録。王先謙《後漢書集解》曰："蘇輿曰：經緯之雜，蓋始於此。自光武以讖記成業，於是張純請建辟雍，自言案七經讖。其後曹充請制禮樂，博引讖文。曹褒次序禮事，雜以五經讖記。賈逵且引圖讖證《左氏》起廢學矣。鄭君時以讖記説經，風氣使然也。"

[5]【今注】北海：郡名。治營陵縣（今山東昌樂縣東南）。周澤：字穉都，北海安丘（今山東安丘市）人。傳見本書卷七九下。琅邪：郡名。秦置，治琅邪縣（今山東膠南市西南琅琊鎮）。西漢時移治東武縣（今山東諸城市）。東漢章帝建初五年（80）改琅邪國，移治開陽縣（今山東臨沂市北）。承宫：字少子，琅邪姑幕（今山東諸城市）人。傳見本書卷二七。

[6]【今注】孝廉：漢代推舉人才的一種科目。孝，指孝順。廉，指廉潔。每年由郡推舉孝廉各一人，東漢時舉孝廉爲求仕進的必由之路。

[7]【今注】耆宿：年老博學的儒者。

[8]【今注】案，王先謙《後漢書集解》引周壽昌曰："後順

帝陽平初年，尚書令左雄立孝廉限年課試法，云：自今孝廉年不滿四十，不得察舉，皆先詣公府諸生，試家法文吏，課牋奏有不承科令者，正其罪法。帝從之，班下郡國。皆本樊儵此言也。當時儵此言，顯宗雖從之，未能立法，故尚不行。"

［9］【今注】刑辟：刑法。這裏指行刑。

［10］【今注】顯宗：東漢明帝劉莊，公元57年至75年在位。顯宗爲其廟號。紀見本書卷二。

［11］【今注】東平王：即東平憲王蒼，光武帝之子，光烈皇后所生。建武十五年封東平公，十七年進爵爲王。顯宗即位後，拜其爲驃騎將軍，位在三公上。傳見本書卷四二。

［12］【李賢注】燕，縣名，屬東郡。【今注】燕：縣名。秦置，屬東郡。治所在今河南延津縣東北三十五里。西漢改爲南燕縣。東漢復爲燕縣。

［13］【今注】廣陵王荆：廣陵思王劉荆，光武帝之子，光烈皇后所生。建武十五年封山陽公，十七年進爵爲王。傳見本書卷四二。

［14］【今注】羽林監：官名。東漢置，秩六百石，分左右。左監主羽林左騎，有丞一人；右監主羽林右騎，有丞一人。皆掌宿衛送從。　任隗：字仲和，南陽宛（今河南南陽市卧龍區）人。顯宗時遷羽林左監。傳見本書卷二一。

［15］【今注】宣明殿：王先謙《後漢書集解》引惠棟曰："殿在北宫。"

［16］【李賢注】《公羊傳》之文也。將者，將爲弒逆之事也。【今注】高帝：西漢高祖劉邦，公元前206年至前195年在位。紀見《史記》卷八、《漢書》卷一。所引《公羊傳》，見莊公三十二年。

［17］【李賢注】周公之弟管、蔡二叔，流言於國，云周公攝政將不利於成王，故周公誅之。《左傳》曰："周公殺管叔而蔡蔡

叔，夫豈不愛，王室故也。”杜預注曰：“縶，放也。”又曰，魯莊公有疾，叔牙欲立慶父爲後，牙弟季友欲立公子般（大德本、殿本無“慶父爲後牙弟季友欲立”十字），友遂鴆叔牙殺之。《公羊傳》曰：“季子殺母兄，何善其？誅不得避兄，君臣之義也。”上縶音薩。

[18]【今注】案，令，殿本誤作“今”。

[19]【李賢注】專謂不請也。

[20]【今注】楚王英：光武帝之子，許美人所生。建武十五年封爲楚公，十七年進爵爲王。傳見本書卷四二。

[21]【李賢注】謂宏封長羅侯，弟丹射陽侯，兄子尋玄鄉侯（大德本、殿本“子”後有“弟”字），族兄忠更公侯，宏又封壽張侯也。【今注】案，王先謙《後漢書集解》引洪亮吉曰：“案，五侯宜爲壽張、射陽、玄鄉、更父及少子茂爲平望侯，若長羅則改封壽張，安得析之爲二，注誤。”惠棟《後漢書補注》曰：“宏傳云建武二十七年，帝復封少子茂爲平望侯，樊氏侯者凡五國，則五侯當數平望，宏不得兼二侯也。騎都尉樊君碑云，樊氏以帝元舅顯受茅土，封寵五國，壽張以功德，加位特進云云。則壽張不兼二侯明矣。”

[22]【李賢注】宏爲特進。

十年儵卒，賵贈甚厚，[1]謚曰哀侯。帝遣小黄門張音問所遺言。[2]先是河南縣亡失官錢，[3]典負者[4]坐死及罪徙者甚衆，遂委責於人，以償其耗。鄉部吏司因此爲姦，儵常疾之。又野王歲獻甘醪、膏餳，[5]每輒擾人，吏以爲利。儵並欲奏罷之，疾病未及得上。音歸，具以聞，帝覽之而悲歎，勑二郡並令從之。

［1］【今注】賵（fèng）贈：送財物給人辦喪事。案，大德本作“贈助”，不確。

［2］【今注】小黄門：宦官名。東漢始置，名義上屬少府，秩六百石。位次中常侍，高於中黄門。掌待從皇帝左右，收受尚書奏事，傳達帝命。和帝之後，權勢漸重。

［3］【今注】河南縣：治所在今河南洛陽市西。

［4］【李賢注】典謂主典，負謂久負。【今注】典負者：指主管官吏而當承擔亡失責任者。

［5］【李賢注】醪，醇酒，汁滓相將也。【今注】野王：縣名。治所在今河南沁陽市。　案，錫，紹興本、大德本、殿本作“餳”，可從。

長子汜嗣，以次子郴、梵爲郎。[1]其後楚事發覺，[2]帝追念儵謹恪，又聞其止鮪婚事，[3]故其諸子得不坐焉。

［1］【今注】案，王先謙《後漢書集解》引周壽昌曰：“案下止云梵字文高，無‘郴’字。《東觀記》同是。明衍‘郴’字。蓋林旁涉梵字頭、邑涉郎字旁而誤也。”

［2］【今注】楚事：指楚王英謀反事。見本書卷四二《楚王英傳》。

［3］【今注】止鮪婚事：指上述鮪爲子賞求楚王英女敬鄉公主。

梵字文高，爲郎二十餘年，三署服其重慎。[1]悉推財物二千餘萬與孤兄子，官至大鴻臚。[2]

［1］【李賢注】三署解見《和帝紀》也。【今注】三署：漢時宫廷宿衛諸郎屬於五官中郎將、左中郎將、右中郎將，統稱三署，也名三署郎。《東觀漢記》卷一二《樊梵傳》載："樊梵，字文高，爲尚書郎，每當直事，常晨駐車待漏。雖在閑署，冠劍不解於身。每齋祠，恐失時，乃張燈俯伏。爲郎二十三歲，未嘗被奏，三署服其慎重。"

［2］【今注】大鴻臚：秦和西漢初稱典客，掌管歸降的少數民族。西漢景帝中元六年（前144）改稱大行令，武帝太初元年（前104）又更名大鴻臚。王莽時改稱典樂。東漢復稱大鴻臚，設卿一人，秩中二千石。掌諸侯和四方歸降的少數民族。詳見本書《百官志二》。

汜卒，子時嗣。時卒，子建嗣。建卒，無子，國絶。永寧元年，[1]鄧太后復封建弟盼。[2]盼卒，子尚嗣。

［1］【今注】永寧：東漢安帝劉祜年號（120—121）。

［2］【今注】鄧太后：和熹鄧皇后。紀見本書卷一〇上。

初，儵删定《公羊嚴氏春秋》章句，世號"樊侯學"，教授門徒前後三千餘人。弟子潁川李脩、九江夏勤，[1]皆爲三公。勤字伯宗，爲京、宛二縣令，[2]零陵太守，[3]所在有理能稱。安帝時，[4]位至司徒。[5]

［1］【今注】潁川：郡名。治陽翟縣（今河南禹州市）。　李脩：本書卷五《安帝紀》李賢注引《漢官儀》曰："脩字伯游，豫州襄城人也。"歷任光禄勳、太尉等職。事見本書卷五《孝安帝紀》、卷五八《虞詡傳》。　九江：郡名。秦置，治壽春縣（今安

徽壽縣）。東漢復移治陰陵縣（今安徽定遠縣西北）。

［2］【今注】京：縣名。秦置，屬三川郡。治所在今河南滎陽市東南二十四里京襄城。西漢屬河南郡。　宛：縣名。治所在今河南南陽市卧龍區。

［3］【今注】零陵：郡名。東漢時治泉陵縣（今湖南永州市）。

［4］【今注】安帝：東漢安帝劉祜，公元106年至125年在位。紀見本書卷五。

［5］【今注】司徒：官名。西漢哀帝元壽二年（前1）改丞相爲大司徒，東漢光武帝建武二十七年（51）改名司徒，與太尉、司空並爲三公，分掌宰相職能，秩萬石。

準字幼陵，宏之族曾孫也。[1]父瑞，好黄老言，[2]清静少欲。準少勵志行，修儒術，以先父産業數百萬讓孤兄子。永元十五年，[3]和帝幸南陽，[4]準爲郡功曹，[5]召見，帝器之，拜郎中，[6]從車駕還宫，特補尚書郎。[7]鄧太后臨朝，儒學陵替，[8]準乃上疏曰：

［1］【李賢注】"準"或作"淮"（淮，殿本作"准"，可從）。【今注】案，準，《北堂書鈔》卷三七引《東觀記》作"准"。

［2］【今注】黄老：指黄帝和老子。又以黄老指道家。西漢初年盛行。

［3］【今注】永元：東漢和帝劉肇年號（89—105）。

［4］【今注】和帝：東漢和帝劉肇，公元88年至105年在位。紀見本書卷四。

［5］【今注】郡功曹：漢制，郡守屬吏有功曹，爲郡守自選之屬吏中地位較高者，主選署功勞，議論賞罰，爲郡守的左右手。秩百石。

[6]【今注】郎中：漢承秦置，爲九卿之一郎中令（光禄勳）屬官，爲郎官之一種。掌宿衞殿門、車騎，内充侍衞，外從作戰。秩比三百石。

[7]【今注】尚書郎：漢制，尚書自令、僕射、丞下有郎，初任稱守尚書郎，任滿一年稱郎中，滿三年稱侍郎。西漢員四人，分隸尚書。東漢增至三十四人，皆秩四百石，主文書起草。

[8]【今注】陵替：衰敗。

臣聞賈誼有言，[1]"人君不可以不學"。故雖大舜聖德，孳孳爲善；[2]成王賢主，崇明師傅。[3]及光武皇帝受命中興，群雄崩擾，旌旗亂野，東西誅戰，不遑啓處，然猶投戈講蓺，息馬論道。至孝明皇帝，[4]兼天地之姿，用日月之明，庶政萬機，無不簡心，[5]而垂情古典，[6]游意經蓺，每饗射禮畢，[7]正坐自講，諸儒並聽，四方欣欣。雖闕里之化，矍相之事，誠不足言。[8]又多徵名儒，以充禮官，如沛國趙孝、琅邪承宫等，[9]或安車結駟，告歸鄉里；[10]或豐衣博帶，從見宗廟。其餘以經術見優者，布在廊廟。[11]故朝多皤皤之良，華首之老。[12]每讌會，則論難衎衎，共求政化。[13]詳覽群言，響如振玉。[14]朝者進而思政，罷者退而備問。小大隨化，雍雍可嘉。期門羽林介胄之士，[15]悉通孝經。博士議郎，一人開門，徒衆百數。[16]化自聖躬，流及蠻荒，[17]匈奴遣伊秩訾王大車且渠來入就學。八方肅清，上下無事。是以議者每稱盛時，咸言永平。

［1］【今注】賈誼：洛陽（今河南洛陽市）人。西漢大臣、政論家。傳見《漢書》卷四八。

［2］【李賢注】孟子曰："雞鳴而起，孜孜爲善者（孜孜，殿本作'孳孳'，可從），舜之徒（大德本、殿本'徒'後有'也'字，可從）。"

［3］【李賢注】《尚書》曰"召公爲保，周公爲師，相成王爲左右"也。

［4］【今注】孝明皇帝：東漢明帝劉莊，公元57年至75年在位。紀見本書卷二。

［5］【今注】簡心：精心。

［6］【今注】案，惠棟《後漢書補注》曰："《皇覽聖賢冢墓記》云：漢明帝時公卿大夫諸儒八十餘人，論五經誤失，符節令宋九上言：臣聞昭王與吕不韋好書，皆以書葬。王至尊，不韋久貴，冢皆以黄腸題湊，處地高燥未壞，臣願發昭王、不韋冢。"

［7］【今注】饗射禮：朝廷每年春秋二季舉行饗射禮，宴會賓客。

［8］【李賢注】孔子，闕里人也。《禮記》云，孔子射於矍相之圃，蓋觀者如堵牆也。【今注】案，本書卷二《明帝紀》李賢注曰："孔子宅在今兖州曲阜縣故魯城中歸德門内闕里之中，背洙面泗，矍相圃之東北也。"闕里，相傳爲孔子向學生講學的地方。在洙水與泗水之間。東漢則稱孔子故里爲闕里。矍相，地名。在今山東曲阜市闕里以西。

［9］【今注】沛國：東漢光武帝建武二十年（44）改沛郡置，治相縣（今安徽淮北市相山區）。　趙孝：字長平，沛國蘄（今安徽宿州市）人。傳見本書卷三九。

［10］【李賢注】安車，坐乘之車也。告歸謂休假歸也。【今注】安車：可以坐乘的小車。高官告老，君主往往賜予安車，以示優容。安車多用一馬，禮尊者用四馬，故稱結駟。

［11］【今注】廊廟：廊，殿四周的走廊。廟，即太廟。廊廟是古代帝王和大臣議論朝政的地方。故用廊廟代指朝廷。

［12］【李賢注】皤皤，白首貌也，音步河反。《書》曰："皤皤良士。"華首謂白首也。

［13］【李賢注】衎衎，和樂貌也。

［14］【李賢注】《孟子》曰"金聲而玉振"也。

［15］【今注】期門羽林：泛指皇帝的衛軍。據《漢書》卷八八《儒林傳》，期門、羽林之士悉令通孝經章句。

［16］【李賢注】開門謂開一家之説。

［17］【今注】蠻荒：四方的邊遠地區。

今學者蓋少，[1]遠方尤甚。博士倚席不講，儒者競論浮麗，忘謇謇之忠，[2]習諓諓之辭。[3]文吏則去法律而學詆欺，[4]鋭錐刀之鋒，斷刑辟之重，德陋俗薄，以致苛刻。[5]昔孝文竇后性好黄老，[6]而清静之化流景武之閒。[7]臣愚以爲宜下明詔，博求幽隱，[8]發揚巖穴，[9]寵進儒雅，有如孝、宫者，徵詣公車，[10]以俟聖上講習之期。公卿各舉明經及舊儒子孫，進其爵位，使纘其業。[11]復召郡國書佐，[12]使讀律令。如此，則延頸者日有所見，[13]傾耳者月有所聞。[14]伏願陛下推述先帝進業之道。[15]

［1］【今注】案，王先謙《後漢書集解》引劉攽曰："案文'蓋'當作'益'。"

［2］【今注】謇謇：忠貞。

［3］【李賢注】諓諓，諂言也，音踐。《前書》曰"昔秦穆公

説諓諓之言”也。【今注】諓諓：讒言。

［4］【李賢注】詆亦欺也。 【今注】案，吏，大德本誤作“史”。

［5］【李賢注】《左傳》曰，鄭人鑄刑書，叔向使貽子產書曰：“今子相鄭，立謗政，鑄刑書，人知争端矣。將棄禮而徵於書，錐刀之末，將盡争之，鄭其敗乎!”杜預注云：“錐刀喻小事也。”

［6］【今注】孝文竇后：西漢文帝劉恒皇后，景帝劉啓之母。竇太后好黄帝、老子言，景帝及諸竇不得不讀《老子》尊其術。傳見《漢書》卷九七上。

［7］【今注】景武：西漢景帝與武帝。紀分别見《漢書》卷五、卷六。

［8］【今注】幽隱：隱居之士。

［9］【今注】發揚：引薦、起用。　巖穴：指隱居在高山洞穴中的隱士。

［10］【今注】公車：本爲漢代官署名，設公車令，掌管宫殿中車馬警衛等事。漢代常用公家車馬接送應舉的人。

［11］【今注】纘：繼承。

［12］【今注】書佐：主辦文書的佐吏。

［13］【今注】延頸者：比喻急切盼望的人。

［14］【今注】傾耳者：比喻急切想聽見的人。

［15］【李賢注】《周易》曰：“君子進德修業。”

太后深納其言，是後屢舉方正、敦樸、仁賢之士。

準再遷御史中丞。[1]永初之初，[2]連年水旱災異，郡國多被飢困，準上疏曰：

［1］【今注】御史中丞：西漢始置，東漢獨立爲御史臺長官，

秩千石。名義上隸少府，專掌監察、執法，領治書侍御史、侍御史，常受命領兵，出督軍旅。與司隸校尉、尚書令並號“三獨坐”，爲京師顯官，職權甚重。

［2］【今注】永初：東漢安帝劉祜年號（107—113）。

臣聞傳曰：“飢而不損兹曰太，厥災水。”[1]《春秋穀梁傳》曰：“五穀不登，謂之大侵。大侵之禮，百官備而不製，[2]群神禱而不祠。”[3]由是言之，調和陰陽，寔在儉節。朝廷雖勞心元元，事從省約，而在職之吏，尚未奉承。夫建化致理，由近及遠，故《詩》曰“京師翼翼，四方是則”。[4]今可先令太官、尚方、考功、上林池籞諸官，實減無事之物，[5]五府調省中都官吏京師作者。[6]如此，則化及四方，人勞省息。

［1］【李賢注】《洪範五行傳》之文也。言下人飢饉，君上不能損減，謂之爲太。太猶甚也。【今注】飢而不損兹曰太厥災水：意思是百姓遭受飢餓而國君依然不減少開支，就會發生水災。

［2］【李賢注】官職備列，不造作也。

［3］【李賢注】禱請而已，無祭祀也。【今注】案，出自《春秋穀梁傳》襄公二十四年。

［4］【李賢注】《韓詩》之文也。翼翼然，盛也。

［5］【李賢注】《前書·百官表》曰，少府掌山海池澤之税，屬官有太官、考工、尚方、上林中十池監也。太官掌御膳飲食，考工主作器械，尚方主作刀劍器物。籞者，於池苑中以竹綿聯之爲禁籞也。實減謂實覆其數減之也。【今注】考功：當作“考工”，爲官名。

［6］【李賢注】五府謂太傅、太尉、司徒、司空、大將軍也。調，徵發也。省，減也。中都官吏，在京師之官吏也。作謂營作者也。

伏見被災之郡，百姓凋殘，恐非賑給所能勝贍，雖有其名，終無其實。可依征和元年故事，[1]遣使持節慰安。尤困乏者，徙置荆、楊孰郡，[2]既省轉運之費，且令百姓各安其所。今雖有西屯之役，宜先東州之急。[3]如遣使者與二千石隨事消息，悉留富人守其舊土，轉尤貧者過所衣食，誠父母之計也。[4]願以臣言下公卿平議。

［1］【李賢注】武帝征和元年詔曰："當今務在禁苛暴，止擅賦，力本農桑，無乏武備而已。"【今注】征和元年故事：李賢注所引即歷史上的輪臺罪己詔。《漢書》卷九六下《西域傳》僅書其爲"征和中"。征和，西漢武帝劉徹年號（前92—前89）。《資治通鑑》卷四九《漢紀》孝安皇帝永初二年胡三省注曰："此乃征和四年詔也。征和元年，當有遣使慰安故事。"曹金華《後漢書稽疑》則指出，據《漢書》卷六《武帝紀》、卷六一《李廣利傳》、《漢紀·孝武皇帝紀》、《資治通鑑》卷二二等，武帝詔在征和四年，又考諸史，本卷此處"征和"當是"元和"之訛（第447頁）。

［2］【今注】荆：州名。西漢武帝時所置十三刺史部之一。東漢時轄有南陽、南郡、江夏、零陵、桂陽、武陵、長沙七郡。刺史治索縣（今湖南常德市東北）。　楊：紹興本、大德本、殿本作"揚"。揚，州名。西漢武帝時所置十三刺史部之一。東漢時刺史治歷陽縣（今安徽和縣），東漢末年移治壽春縣（今安徽壽縣）、合肥縣（今安徽合肥市西北）。　孰郡：熟郡。指田地開發、收成較

好的郡。

[3]【李賢注】時先零羌斷隴道，大爲寇害，遣車騎將車鄧騭、征西校尉任尚討之，故曰“西屯役”也。東州謂冀、兖州，時又遣光禄大夫樊準、吕倉分冀兖二州稟貸流人也（稟，大德本、殿本作“廩”，可從）。【今注】東州：冀州與兖州。冀州，西漢武帝時所置十三刺史部之一，東漢時刺史治高邑縣（今河北柏鄉北）。後移治鄴縣（今河北臨漳縣西南）。兖州，西漢武帝時所置十三刺史部之一，東漢時刺史治昌邑縣（今山東巨野縣東南）。

[4]【李賢注】衣音於既反，食音飤（飤，殿本作“飼”）。

太后從之，悉以公田賦與貧人。即擢準與議郎吕倉並守光禄大夫，[1]準使冀州，倉使兖州。準到部，開倉稟食，[2]慰安生業，流人咸得蘇息。[3]還，拜鉅鹿太守。[4]時飢荒之餘，人庶流迸，家户且盡，準課督農桑，廣施方略，期年間，穀粟豐賤數十倍。而趙、魏之郊數爲羌所鈔暴，準外禦寇虜，内撫百姓，郡境以安。

[1]【今注】守：試用。漢代官員正式任命前必先試用一年，稱爲“守”。試用期滿考試合格後則授予實職，稱爲“真”。有時級别低的官員代理較高的職官也叫“守”。

[2]【李賢注】稟（大德本、殿本作“廩”，可從），給。【今注】案，稟，大德本、殿本作“廩”。

[3]【今注】蘇息：困頓後得以休養生息。

[4]【今注】鉅鹿：郡名。治廮陶縣（今河北寧晉縣西南）。

五年，轉河内太守。[1]時羌復屢入郡界，準輒將兵討逐，修理塢壁，[2]威名大行。視事三年，以疾徵，三轉爲尚書令，明習故事，遂見任用。元初三年，[3]代周暢爲光禄勳。[4]五年，卒於官。

［1］【今注】河内：郡名。治懷縣（今河南武陟縣西南）。

［2］【李賢注】《説文》曰："塢，小障也。"

［3］【今注】元初：東漢安帝劉祜年號（114—120）。

［4］【今注】光禄勳：秦稱郎中令，西漢因之，武帝太初元年（前104）更名光禄勳，掌宫殿掖門户。王莽改光禄勳曰司中。東漢復爲光禄勳，卿一人，俸中二千石，掌宿衛宫殿門户、郊祭之事。丞一人，俸比千石。屬官有五官中郎將、左右中郎將、虎賁中郎將、羽林中郎將、光禄大夫、謁者僕射等。

陰識字次伯，南陽新野人也，[1]光烈皇后之前母兄也。[2]其先出自管仲，[3]管仲七世孫修，自齊適楚，爲陰大夫，因而氏焉。[4]秦漢之際，始家新野。

［1］【今注】新野：縣名。治所在今河南新野縣。

［2］【今注】光烈皇后：光烈陰皇后。紀見本書卷一〇上。

［3］【今注】管仲：春秋政治家，實行改革，輔助齊桓公稱霸。傳見《史記》卷六二。

［4］【今注】案，《風俗通義·佚文》："陰氏，陰康氏之後，周有陰不佞，陰里人也，管修自齊適楚，爲陰大夫，其後氏焉。後漢光武陰皇后，其先則宣帝時祀竈者陰子方之後也。"

及劉伯升起義兵，識時游學長安，聞之，委業而歸，率子弟、宗族、賓客千餘人往詣伯升。伯升乃以識爲校尉。更始元年，遷偏將軍，[1]從攻宛，别降新野、淯陽、杜衍、冠軍、胡陽。[2]二年，更始封識陰德侯，行大將軍事。[3]

[1]【今注】偏將軍：西漢置，爲主將之下的副將、小將。新莽時曾普賜諸郡卒正、連帥、大尹此號。東漢時爲雜號將軍中地位較低者，僅高於裨將軍。

[2]【李賢注】五縣並屬南陽郡也。【今注】淯陽：縣名。治所在今河南南陽市南。　杜衍：縣名。治所在今河南南陽市西南。　冠軍：縣名。治所在今河南鄧州市西北。　胡陽：王先謙《後漢書集解》曰："胡當作湖。"本書《郡國志四》南陽郡有"湖陽"而無"胡陽"。湖陽，縣名。治所在今河南唐河縣南。

[3]【今注】大將軍：戰國時設，兩漢因之。地位因人而異，與三公相上下，與丞相相當。自西漢武帝時起領録尚書事，外主征戰，内秉國政，權勢超過丞相。東漢多以貴戚擔任，位在三公之上。

建武元年，光武遣使迎陰貴人於新野，[1]并徵識。識隨貴人至，以爲騎都尉，[2]更封陰鄉侯。二年，以征伐軍功增封，識叩頭讓曰："天下初定，將帥有功者衆，臣託屬掖廷，[3]仍加爵邑，不可以示天下。"帝甚美之，以爲關都尉，[4]鎮函谷。遷侍中，以母憂辭歸。十五年，定封原鹿侯。[5]及顯宗立爲皇太子，以識守執金吾，[6]輔導東宫。帝每巡郡國，識常留鎮守京師，委以禁兵。入雖極言正議，及與賓客語，未嘗及國事。帝敬重之，常指識以勑戒貴戚，激厲左右焉。識所用掾史皆簡賢者，[7]如虞延、傅寬、薛愔等，[8]多至公卿校尉。

［1］【今注】陰貴人：即光烈皇后。

［2］【今注】騎都尉：秦末漢初爲統領騎兵之武職，無員，無固定職掌，不統兵時爲侍衛武官。西漢宣帝時以一人監羽林騎，又以一人領西域都護，秩比二千石，遂成定制。後又有領三輔胡越騎、監河堤事者。因親近皇帝，多以侍中兼任。東漢名義上隸光禄勳，秩比二千石。

［3］【今注】掖廷：宮中房舍，妃嬪居住的地方。這裏代指陰貴人。

［4］【今注】關都尉：秦置。兩漢因之。函谷關、武關、玉門關、陽關皆置。掌守衛關隘，稽察行人，徵收關税。

［5］【李賢注】原鹿，縣，屬汝南郡。俗本"鹿"作"慶"者誤。【今注】原鹿：縣名。治所在今安徽阜南縣西南。

［6］【今注】執金吾：西漢武帝太初元年（前104）由中尉改名，秩中二千石。職掌京師治安，督捕盜賊，負責宮廷之外、京城之内的警衛，戒備非常水火之事，管理中央武庫，皇帝出行則掌護衛及儀仗隊。王莽始建國元年（9）更名奮武，東漢復舊。京師治安多委司隸校尉，遂減省屬官，唯領一丞及武庫令、丞，罷其兵，領緹騎二百人，專掌巡察宮外及主中央武庫。

［7］【今注】掾史：在三公府和將軍府，掌管一曹事務的長官長稱"掾"，有時也稱"掾史"。

［8］【今注】案，虞延，中華本據汲本改爲"虞廷"。據本書卷三三《虞延傳》"建武初，仕執金吾府"，似乎原文不誤。

顯宗即位，拜爲執金吾，位特進。永平二年，卒，贈以本官印綬，謚曰貞侯。

子躬嗣。躬卒，子璜嗣。永初七年，爲奴所殺，無子，國絶。永寧元年，鄧太后以璜弟淑紹封。淑卒，子鮪嗣。

躬弟子綱女爲和帝皇后，[1]封綱吴房侯，位特進，三子軼、輔、敞，皆黄門侍郎。[2]后坐巫蠱事廢，[3]綱自殺，輔下獄死，軼、敞徙日南。識弟興。

[1]【今注】和帝皇后：和帝陰皇后。紀見本書卷一〇上。

[2]【今注】黄門侍郎：秦、西漢爲郎官加“給事黄門”省稱。亦稱“黄門郎”，無員數。爲中朝官員，給事於宫門之内，侍從皇帝、顧問應對，出則陪乘。與皇帝關係密切，多以重臣、外戚子弟、公主婿爲之。東漢與給事黄門合爲一官，遂成爲“給事黄門侍郎”省稱。

[3]【今注】巫蠱：古代人迷信神鬼，請巫師使用邪術加害於人，稱之爲巫蠱。事見本書卷一〇上《和帝陰皇后紀》。

興字君陵，光烈皇后母弟也，爲人有膂力。建武二年，爲黄門侍郎，守期門僕射，[1]典將武騎，[2]從征伐，平定郡國。興每從出入，常操持小蓋，障翳風雨，躬履塗泥，率先期門。光武所幸之處，輒先入清宫，甚見親信。雖好施接賓，然門無俠客。與同郡張宗、上谷鮮于裒不相好，[3]知其有用，猶稱所長而達之；友人張汜、杜禽與興厚善，以爲華而少實，但私之以財，終不爲言：是以世稱其忠平。第宅苟完，裁蔽風雨。

[1]【今注】守期門僕射：兼任期門僕射。期門僕射，漢置，屬光禄勳，秩比千石，掌期門郎習射。期門即虎賁，期門僕射掌虎賁郎習射。

[2]【今注】案，典，大德本誤作“興”。

[3]【今注】上谷：郡名。治沮陽縣（今河北懷來縣）。

九年，遷侍中，賜爵關内侯。[1]帝後召興，欲封之，置印綬於前，興固讓曰："臣未有先登陷陣之功，而一家數人並蒙爵土，令天下觖望，誠爲盈溢。[2]臣蒙陛下、貴人恩澤至厚，富貴已極，不可復加，至誠不願。"帝嘉興之讓，不奪其志。貴人問其故，興曰："貴人不讀書記邪？'亢龍有悔'。[3]夫外戚家苦不知謙退，嫁女欲配侯王，取婦眄睨公主，愚心實不安也。富貴有極，人當知足，夸奢益爲觀聽所譏。"貴人感其言，深自降挹，[4]卒不爲宗親求位。十九年，拜衞尉，亦輔導皇太子。[5]明年夏，帝風眩疾甚，後以興領侍中，[6]受顧命於雲臺廣室。[7]會疾瘳，召見興，欲以代吴漢爲大司馬。[8]興叩頭流涕，固讓曰："臣不敢惜身，誠虧損聖德，不可苟冒。"至誠發中，感動左右，帝遂聽之。

[1]【今注】關内侯：秦置二十等爵，漢沿襲。關内侯爲第十九級。一般關内侯無具體封土而享受租税收入。

[2]【李賢注】觖音羌志反。《前書音義》曰："觖猶冀也。一音決，猶望之也。"【今注】觖望：因不滿而怨恨。

[3]【李賢注】《易·乾卦上·九爻》曰："亢龍有悔，窮之災也。"亢，極也，龍以喻君。言居上體之極，則有悔吝之災也。

[4]【今注】降挹：抑制。

[5]【今注】皇太子：指東漢明帝劉莊。光武帝建武十五年(39)封東海公，十七年進爵爲王，十九年立爲皇太子。

[6]【今注】案，王先謙《後漢書集解》引陳景雲謂"後"當作"復"，因興前官侍中，故言復領。

[7]【李賢注】《尚書》曰，成王將崩，命召公作《顧命》。

孔安國注云："臨終之命曰顧命（臨，大德本誤作'福'）。"洛陽南宫有雲臺廣德殿。

［8］【今注】吴漢：字子顔，南陽宛（今河南南陽市卧龍區）人。傳見本書卷一八。　大司馬：官名。《周禮》中所載的夏官之長，掌武事。漢初承秦制，以太尉爲武官之長，且亦不常置，更不設大司馬一職。西漢武帝於元狩四年（前119）漠北大捷後，設大司馬爲加官，分别封衛青、霍去病。自霍光封大司馬大將軍之後，此職乃成爲常置固定之職，内朝官之領袖。成帝時改官制，又以此職比附漢初之太尉，成爲三公之一。

二十三年，卒，時年三十九。興素與從兄嵩不相能，然敬其威重。興疾病，帝親臨，問以政事及群臣能不。興頓首曰："臣愚不足以知之。然伏見議郎席廣、謁者陰嵩，並經行明深，踰於公卿。"興没後，帝思其言，遂擢廣爲光禄勳；嵩爲中郎將，監羽林十餘年，以謹敕見幸。顯宗即位，拜長樂衛尉，遷執金吾。

永平元年詔曰："故侍中衛尉關内侯興，典領禁兵，從平天下，當以軍功顯受封爵，又諸舅比例，[1]應蒙恩澤，興皆固讓，[2]安乎里巷。輔導朕躬，有周昌之直，[3]在家仁孝，有曾、閔之行，[4]不幸早卒，朕甚傷之。賢者子孫，宜加優異。其以汝南之鮦陽封興子慶爲鮦陽侯，[5]慶弟博爲濦强侯。"[6]博弟員、丹並爲郎，[7]慶推田宅財物悉與員、丹。帝以慶義讓，擢爲黄門侍郎。慶卒，子琴嗣。建初五年，[8]興夫人卒，肅宗使五官中郎將持節即墓賜策，[9]追謚興曰翼侯。琴卒，子萬全嗣。萬全卒，子桂嗣。

[1]【今注】比例：比照舊例。

[2]【今注】案，大德本、殿本無“皆”字。

[3]【李賢注】《前書》曰，周昌，沛人也。爲御史大夫。爲人强力，敢直言極諫也。【今注】周昌：西漢初大臣。秦末，跟隨劉邦入關破秦，任中尉。後任御史大夫。劉邦欲廢太子時，他直言敢諫。傳見《漢書》卷四二。

[4]【今注】曾閔：曾參與閔損，均爲孔子弟子，都以孝行見稱。

[5]【李賢注】鮦陽故城在今豫州新蔡縣北，在鮦水之陽也，音紂。【今注】汝南：郡名。西漢高祖四年（前203）置，治上蔡縣（今河南上蔡縣西南）。東漢時徙治平輿縣（今河南平輿縣北）。鮦（tóng）陽：縣名。西漢置，屬汝南郡。治所在今安徽臨泉縣鮦城鎮。

[6]【李賢注】濦强，縣，屬汝南郡，在濦水之北。【今注】濦强：縣名。治所在今河南臨潁縣東。

[7]【今注】案，即，紹興本、大德本、殿本作“郎”，爲是。

[8]【今注】建初：東漢章帝劉炟年號（76—84）。

[9]【今注】肅宗：東漢章帝劉炟，公元75年至88年在位。肅宗爲其廟號。紀見本書卷三。

興弟就，嗣父封宣恩侯，後改封爲新陽侯。[1]就善談論，朝臣莫及，然性剛慠，不得衆譽。顯宗即位，以就爲少府，位特進。就子豐尚酈邑公主。[2]公主嬌妒，豐亦狷急。[3]永平二年，遂殺主，被誅，父母當坐，皆自殺，國除。帝以舅氏故，不極其刑。

[1]【李賢注】新陽，縣，屬汝南郡，故城在今豫州真陽縣西南。【今注】新陽：縣名。治所在今安徽界首市北。

[2]【李賢注】光武女也。

[3]【李賢注】狷，疾也，音絹。【今注】狷急：性急不能受委屈。

陰氏侯者凡四人。初，陰氏世奉管仲之祀，謂爲"相君"。宣帝時，[1]陰子方者，至孝有仁恩，臘日晨炊而竈神形見，[2]子方再拜受慶。家有黄羊，因以祀之。自是已後，暴至巨富，田有七百餘頃，輿馬僕隸，比於邦君。子方常言"我子孫必將彊大"，至識三世而遂繁昌，故後常以臘日祀竈，而薦黄羊焉。

[1]【今注】宣帝：西漢皇帝劉詢，公元前74年至前49年在位。紀見《漢書》卷八。

[2]【李賢注】《雜五行書》曰："竈神名禪，字子郭，衣黄衣，夜被髮從竈中出，知其名呼之，可除凶惡。宜市猪肝泥竈，令婦孝。"

贊曰：權族好傾，后門多毁。樊氏世篤，陰亦戒侈。恂恂苗胤，傳龜襲紫。[1]

[1]【李賢注】恂恂，恭順貌也。公侯皆紫綬、金印、龜鈕，見應劭《漢官儀》。【今注】傳龜襲紫：公侯的爵位代代相傳。公侯的印綬都是紫綬、金印、龜鈕，故以龜、紫指代公侯之官爵。

後漢書　卷三三

列傳第二十三

朱浮　馮魴　虞延　鄭弘　周章

朱浮字叔元，沛國蕭人也。[1]初從光武爲大司馬主簿，[2]遷偏將軍，[3]從破邯鄲。[4]光武遣吴漢誅更始幽州牧苗曾，[5]乃拜浮爲大將軍幽州牧，[6]守薊城，[7]遂討定北邊。建武二年，[8]封舞陽侯，[9]食三縣。

［1］【今注】沛國：東漢光武帝建武二十年（44）改沛郡置，治相縣（今安徽淮北市相山區）。　蕭：縣名。治所在今安徽蕭縣西北。

［2］【今注】光武：東漢光武帝劉秀，公元25年至57年在位。紀見本書卷一。　大司馬：官名。三公之首。與大司徒、大司空，共同負責政務。　主簿：漢朝中央及州郡官府均置，典領文書簿籍，經辦事務。

［3］【今注】偏將軍：西漢置，爲主將之下的副將、小將。新莽時曾普賜諸郡卒正、連帥、大尹此號。東漢時爲雜號將軍中地位較低者，僅高於裨將軍。

[4]【今注】邯鄲：城名。在今河北邯鄲市。

[5]【今注】吴漢：字子顔，南陽宛（今河南南陽市卧龍區）人。傳見本書卷一八。　更始：兩漢之際更始政權建立者劉玄。劉玄號更始將軍，被擁立爲天子，建元曰更始元年。公元 23 年至 25 年在位。傳見本書卷一一。　幽州牧：幽州，西漢武帝時所置十三刺史部之一。東漢時刺史治薊城（今北京市區西南）。州牧，官名。西漢武帝時分全國爲十三州部，各置刺史監察諸郡，秩六百石。成帝綏和元年（前 8）更名州牧，秩二千石，位次九卿。後多有反復。東漢時逐漸演變爲州一級行政長官。

[6]【今注】大將軍：高級軍事統帥。戰國、秦、漢皆有，非常設。遇有戰事，臨時委任統兵，事畢即罷。

[7]【今注】薊城：幽州治所，在今北京市區西南。

[8]【今注】建武：東漢光武帝劉秀年號（25—56）。

[9]【今注】舞陽：縣名。治所在今河南舞陽縣西北。案，大德本作“武陽”。

浮年少有才能，頗欲厲風迹，[1]收士心，辟召州中名宿涿郡王岑之屬，以爲從事，[2]及王莽時故吏二千石，[3]皆引置幕府，乃多發諸郡倉穀，稟贍其妻子。漁陽太守彭寵以爲天下未定，[4]師旅方起，不宜多置官屬，以損軍實，[5]不從其令。浮性矜急自多，[6]頗有不平，因以峻文詆之。[7]寵亦佷强，[8]兼負其功，[9]嫌怨轉積。浮密奏寵遣吏迎妻而不迎其母，又受貨賄，殺害友人，多聚兵穀，意計難量。寵既積怨，聞，[10]遂大怒，而舉兵攻浮。浮以書質責之，[11]曰：

[1]【李賢注】風化之迹也。【今注】厲風迹：振奮風氣。

［2］【李賢注】岑後爲梁州牧。【今注】涿郡：治涿縣（今河北涿州市）。

［3］【今注】王莽：字巨君。孝元皇后之弟子。平帝即位，年僅九歲，元后以太皇太后臨朝稱制，以王莽爲大司馬，委政於莽，號安漢公。平帝死，以孺子嬰爲帝，王莽自稱攝皇帝。三年後自稱皇帝，改國號爲新，史稱王莽篡漢。公元 9 年至 23 年在位。傳見《漢書》卷九九。

［4］【今注】漁陽：郡名。治漁陽縣（今北京市懷柔區北房鎮梨園莊東）。 彭寵：字伯通，南陽宛（今河南南陽市卧龍區）人。曾爲漁陽太守。後擁兵反叛。終爲蒼頭所殺。傳見本書卷一二。關於彭寵叛亂的研究，參見孫家洲《東漢光武帝平定“彭寵之叛”史實考論》（《河北學刊》2009 年第 4 期）。

［5］【李賢注】謂甲兵糧儲也。《左傳》曰“隳軍實”也。【今注】軍實：指糧餉、武器裝備和戰利品等軍用物資。

［6］【李賢注】矜誇多自取也。【今注】自多：自滿。

［7］【李賢注】峻，嚴切也。詆，誣也。【今注】峻文：嚴密苛刻的法律條文。

［8］【今注】佷强：凶狠强暴。案，佷，大德本、殿本均作“狠”。“佷”“狠”古通。

［9］【今注】案，兼，大德本作“養”。

［10］【今注】案，殿本“聞”後有“之”字。王先謙《後漢書集解》：“《官本考證》云，一本‘聞’下無‘之’字，不成句，今仍監本。”宋文民《後漢書考釋》則曰：“聞遂大怒，省略句，與上寵既積怨相對，《文選》題注引蔚宗史文，聞下亦無之字。無之字是，《集解》所說，未考。”（上海古籍出版社 1995 年版，第 130 頁）

［11］【李賢注】質，正也。

蓋聞知者順時而謀，愚者逆理而動，常竊悲

京城太叔以不知足而無賢輔，卒自棄於鄭也。[1]

[1]【李賢注】《左傳》曰，鄭武公娶于申，曰武姜，生莊公及共叔段。及莊公即位，武姜爲之請京，使居，謂之京城大叔（大，大德本、殿本作“太”，本注下同）。既而大叔將襲鄭，公命子封伐京，京畔太叔段（畔，大德本、殿本作“叛”），段出奔共也。【今注】京城太叔：鄭武公之子、鄭莊公之弟共叔段。曾居住在京邑（今河南滎陽市東南），故稱其爲京城太叔。他與鄭莊公爭權奪利，後被鄭莊公討伐，最後逃往共國（今河南南陽市）。

伯通以名字典郡，[1]有佐命之功，[2]臨人親職，[3]愛惜倉庫，而浮秉征伐之任，欲權時救急，二者皆爲國耳。即疑浮相譖，何不詣闕自陳，[4]而爲族滅之計乎？朝廷之於伯通，恩亦厚矣，委以大郡，任以威武，[5]事有柱石之寄，情同子孫之親。[6]匹夫媵母尚能致命一餐，[7]豈有身帶三綬，職典大邦，[8]而不顧恩義，生心外畔者乎！伯通與吏人語，何以爲顏？行步拜起，何以爲容？坐卧念之，何以爲心？引鏡窺影，何施眉目？舉措建功，何以爲人？惜乎棄休令之嘉名，[9]造梟鴟之逆謀，[10]捐傳世之慶祚，招破敗之重災，高論堯舜之道，不忍桀紂之性，生爲世笑，死爲愚鬼，不亦哀乎！

[1]【李賢注】伯通，彭寵字也，以名字顯著也。

[2]【李賢注】光武初鎮河北，寵遣吴漢等發步兵三千人先

歸光武，及圍邯鄲，寵轉食前後不絶也。【今注】佐命之功：輔助皇帝建國之功。古代帝王建立王朝，自謂承天受命。故稱輔助之臣爲佐命。

［3］【今注】臨：治理，管理。

［4］【今注】詣闕：到朝廷。闕，本指皇宫前兩邊的樓臺。代指朝廷。

［5］【李賢注】光武賜寵號大將軍，故云“任以威武”也。

［6］【李賢注】柱石，以屋爲諭也（諭，大德本、殿本作“喻”，是）。

［7］【李賢注】《左傳》曰，趙盾田於首山，舍於翳桑，見靈輒餓，問，曰“三日不食矣”，食之。後晉靈公欲殺趙盾，輒爲公甲士，倒戟以禦公徒而免盾。媵母，未詳也。【今注】媵母：宋文民《後漢書考釋》曰：“《史記·淮陰侯傳》：‘常從人寄食。有一母見信饑，飯信，竟漂數十日。’《方言二》：‘媵，寄也，寄物爲媵。’媵母謂飯韓信之漂母也。”（第131頁）

［8］【李賢注】寵爲漁陽太守、建忠侯、大將軍，故帶三綬。

［9］【今注】休令：美好。

［10］【李賢注】梟鴟即鴟梟也，其子適大，還食其母。《説文》云不孝鳥也。【今注】梟鴟：貓頭鷹一類的鳥。古傳説梟鴟食母，認爲是惡鳥，故喻惡人。

伯通與耿俠遊俱起佐命，同被國恩。[1]俠遊謙讓，屢有降挹之言；[2]而伯通自伐，以爲功高天下。往時遼東有豕，[3]生子白頭，[4]異而獻之，行至河東，[5]見群豕皆白，懷慙而還。若以子之功論於朝廷，則爲遼東豕也。今乃愚妄，自比六國。六國之時，其埶各盛，廓土數千里，勝兵將百萬，故能據國相持，多歷年世。今天下幾里，列郡幾城，奈何以區區漁陽而結怨天子？此猶河濱之人捧土以塞孟津，[6]多見其不知量也！

[1]【李賢注】俠遊，耿況字也。況爲上谷太守，初與寵結謀共歸光武也。【今注】耿俠遊：即耿況，字俠游。耿弇之父。事見本書卷一九《耿弇傳》。

[2]【李賢注】挹，損也。【今注】降挹：貶抑。

[3]【今注】遼東：郡名。治襄平縣（今遼寧遼陽市）。

[4]【今注】案，王先謙《後漢書集解》引周壽昌曰："蓋此是俗諺也。《初學記》二十九引《東觀記》同。案：黄河以北，豕皆黑毛，無白者，至南方則豕多黑白相雜，亦有純白者，故有遼東白頭豕云云，至今驗之，猶然也。"

[5]【今注】河東：郡名。治安邑縣（今山西夏縣西北十五里禹王城）。

[6]【今注】孟津：黄河渡口名。在今河南孟州市南。

方今天下適定，海内願安，士無賢不肖，皆樂立名於世。而伯通獨中風狂走，自捐盛時，内聽驕婦之失計，外信讒邪之諛言，[1]長爲群后惡法，[2]永爲功臣鑒戒，豈不誤哉！定海内者無私讎，勿以前事自誤，[3]願留意顧老母幼弟。凡舉事無爲親厚者所痛，而爲見讎者所快。

[1]【李賢注】浮密奏寵，上徵之，寵妻勸寵無應徵。又與所親信計議，吏皆怨浮，勸寵止不應徵也。

[2]【今注】群后：群王，各諸侯王。

［3］【今注】案，王先謙《後漢書集解》："惠棟曰：誤，一作'疑'。"

寵得書愈怒，[1]攻浮轉急。明年，涿郡太守張豐亦舉兵反。

［1］【李賢注】愈猶益也。

時二郡畔戾，[1]北州憂恐。浮以爲天子必自將兵討之，而但遣游擊將軍鄧隆陰助浮。[2]浮懷懼，以爲帝怠於敵，不能救之，乃上疏曰："昔楚宋列國，俱爲諸侯，莊王以宋執其使，遂有投袂之師。[3]魏公子顧朋友之要，觸冒强秦之鋒。夫楚魏非有分職匡正之大義也，莊王但爲争强而發忿，公子以一言而立信耳。[4]今彭寵反畔，張豐逆節，以爲陛下必棄捐它事，以時滅之。既歷時月，寂寞無音。從圍城而不救，[5]放逆虜而不討，臣誠惑之。昔高祖聖武，天下既定，猶身自征伐，未嘗寧居。[6]陛下雖興大業，海内未集，而獨逸豫，不顧北垂，百姓遑遑，無所繫心，三河、冀州，[7]曷足以傳後哉！今秋稼已孰，復爲漁陽所掠。張豐狂悖，姦黨日增，連年拒守，吏士疲勞，甲冑生蟣蝨，弓弩不得弛，[8]上下燋心，相望救護，仰希陛下生活之恩。"[9]詔報曰："往年赤眉跋扈長安，[10]吾策其無穀必東，[11]果來歸降。今度此反虜，埶無久全，其中必有内相斬者。今軍資未充，故須後麥耳。"[12]浮城中糧盡，人相食。會上谷太守耿況遣騎來救浮，浮乃得遁走。南至良鄉，[13]其兵長反遮之，[14]浮恐不得脱，乃下馬刺殺其妻，僅以身免，城降於寵。尚書令侯霸奏浮敗亂幽州，[15]構成寵罪，徒勞軍師，不能死節，罪當伏誅。帝不忍，以浮代賈復爲執金吾，[16]徙封父城侯。後豐、寵並自敗。

[1]【今注】二郡：指漁陽郡與涿郡。

[2]【今注】游擊將軍：漢始置。雜號將軍之一。

[3]【今注】投袂：甩袖。形容發奮而立即行動。

[4]【李賢注】《左傳》曰，楚莊王使申舟無畏聘于齊，曰："無假道於宋。"宋人殺無畏，莊王聞之，投袂而起（起，紹興本誤作"赴"），遂發兵圍宋。《史記》，魏公子無忌，魏昭王之少子，封信陵君，仁而好士，食客三千人。公子姊爲趙平原君勝妻，秦圍邯鄲，求救於魏，魏以秦强不敢救，公子乃竊兵符，奪晉鄙軍以救趙，秦兵遂解也。

[5]【今注】從：王先謙《後漢書集解》曰："從，與'縱'同，猶放也。"

[6]【李賢注】高祖定天下之後，猶自征匈奴、陳豨、黥布等也。【今注】高祖：西漢高祖劉邦，公元前206年至前195年在位。紀見《史記》卷八、《漢書》卷一。

[7]【今注】三河：一説指河東、河内、河南，一説指河東、河南、河北。　冀州：西漢武帝時所置十三刺史部之一。東漢時治高邑縣（今河北柏鄉縣北），後移治鄴縣（今河北臨漳縣西南）。

[8]【李賢注】鄭玄注《周禮》曰："弛，釋下也。"

[9]【今注】生活：救活，拯救。

[10]【李賢注】跋扈猶暴横也。

[11]【今注】策：推想，斷定。

[12]【李賢注】須，待也。

[13]【今注】良鄉：縣名。治所在今北京市房山區。

[14]【李賢注】兵長，兵之長帥也（帥，紹興本、大德本誤作“師”）。

[15]【今注】尚書令：官名。秦、西漢爲尚書署長官，掌收發文書，隸少府，初秩六百石。武帝之後，職權稍重，爲宮廷機要官員，升秩千石。東漢爲尚書臺長官，兼具宮官、朝官職能。秩位雖低，但總領政務。如以公任其職，增秩至二千石。 侯霸：字君房，河南密（今河南新密市東南）人。傳見本書卷二六。

[16]【今注】賈復：字君文，南陽冠軍（今河南鄧州市西北）人。傳見本書卷一七。 執金吾：西漢武帝太初元年（前104）由中尉改名，秩中二千石。職掌京師治安，督捕盜賊，負責宮廷之外、京城之内的警衛，戒備非常水火之事，管理中央武庫，皇帝出行則掌護衛及儀仗隊。王莽始建國元年（9）更名奮武，東漢復舊。京師治安多委司隸校尉，遂減省屬官，唯領一丞及武庫令、丞，罷其兵，領緹騎二百人，專掌巡察宮外及主中央武庫。

帝以二千石長吏多不勝任，時有纖微之過者，必見斥罷，[1]交易紛擾，百姓不寧。六年有日食之異，浮因上疏曰：“臣聞日者衆陽之所宗，君上之位也。凡居官治民，據郡典縣，皆爲陽爲上，爲尊爲長。若陽上不明，尊長不足，則干動三光，垂示王者。[2]五典紀國家之政，[3]《鴻範》別災異之文，[4]皆宣明天道，以徵來事者也。[5]陛下哀愍海内新離禍毒，[6]保宥生人，[7]使得蘇息。[8]而今牧人之吏，多未稱職，小違理實，輒見斥罷，豈不粲然黑白分明哉！[9]然以堯舜之盛，猶加三考，[10]大漢之興，亦累功效，吏皆積久，養老於官，至名子孫，因爲氏姓。[11]當時吏職，何能悉理；論議之徒，豈不諠譁。蓋以爲天地之功不可倉卒，艱難之業當累日也。而間者守宰數見换易，[12]迎新相代，[13]疲勞道路。尋其視事日淺，[14]未足昭見其職，既加嚴切，人不自保，各相顧望，無自安之心。有司或因睚眦以騁私怨，苟求長短，求媚上意。二千石及長吏迫於舉劾，懼於刺譏，故争飾詐僞，以希虚譽。斯皆群陽騷動，日月失行之應。夫物暴長者必夭折，功卒成者必亟壞，如摧長久之業，而造速成之功，非陛下之福也。天下非一時之用也，海内非一旦之功也。願陛下遊意於經年之外，望化於一世之後。[15]天下幸甚。"帝下其議，群臣多同於浮，自是牧守易代頗簡。

[1]【今注】見斥罷：被罷免。

[2]【李賢注】干，犯也。三光，日、月、星也。

[3]【李賢注】《禮記》曰："温柔敦厚，《詩》教也。疏通知遠，《書》教也。絜静精微，《易》教也。恭儉莊敬，《禮》教也。屬辭比事，《春秋》教也。"【今注】五典：五經。即《詩》《書》《禮》《易》《春秋》。

[4]【李賢注】《鴻範》，《尚書》篇名，箕子爲武王陳政道陰陽之法。災異即咎徵之類也。【今注】鴻範：《尚書·周書》篇名，又稱《洪範》。其内容爲箕子向周武王講述九種治國之大法。

[5]【李賢注】徵，驗也。

[6]【今注】新離：剛剛遭受。

[7]【李賢注】宥，寬也。

[8]【今注】蘇息：休養生息。

[9]【李賢注】《淮南子》曰"聖人見是非，若白黑之别於目（白黑，大德本、殿本作'黑白'，可從），清濁之形於耳"也。

［10］【李賢注】考謂考其功最也。《尚書·舜典》曰"三載考績，三考黜陟幽明"也。

［11］【李賢注】《前書》："武帝時，漢有天下已七十餘年，爲吏者長子孫，居官者以爲姓號，人人自愛而重犯法。"《音義》曰："時無事，吏不數轉，至於子孫而不轉職，今倉氏、庫氏因以爲姓，即倉庫吏之後也。"【今注】案，見《漢書·食貨志上》："至武帝之初七十年間，國家亡事，非遇水旱，則民人給家足，都鄙廩庾盡滿，而府庫餘財。京師之錢累百鉅萬，貫朽而不可校。太倉之粟陳陳相因，充溢露積於外，腐敗不可食。衆庶街巷有馬，仟伯之間成群，乘牸牝者擯而不得會聚。守閭閻者食粱肉；爲吏者長子孫；居官者以爲姓號。"

［12］【今注】守宰：指郡守、縣令等地方官員。

［13］【今注】相代：連續不斷。

［14］【今注】視事：任職。

［15］【李賢注】孔子曰："如有王者，必世而後仁（世，紹興本誤作'伐'）。"見《論語》。【今注】遊意：注意，留心。經年之外：猶言多年以後。

舊制，州牧奏二千石長吏不任位者，事皆先下三公，[1]三公遣掾史案驗，[2]然後黜退。帝時用明察，不復委任三府，而權歸刺舉之吏。[3]浮復上疏曰："陛下清明履約，率禮無違，自宗室諸王、外家后親，皆奉遵繩墨，無黨埶之名。[4]至或乘牛車，齊於編人。[5]斯固法令整齊，下無作威者也。求之於事，宜以和平，而災異猶見者，而豈徒然？天道信誠，不可不察。竊見陛下疾往者上威不行，下專國命，即位以來，不用舊典，信刺舉之官，黜鼎輔之任，[6]至於有所劾奏，便加免退，覆案不關三府，罪譴不蒙澄察。陛下以使者爲腹心，而使者以從事爲耳目，是爲尚書之平，決於百石之吏，[7]故群下苛刻，各自爲能。兼以私情容長，憎愛在職，皆競張空虚，以要時利，故有罪者心不厭服，無咎者坐被空文，[8]不可經盛衰，貽後王也。[9]夫事積久則吏自重。[10]吏安則人自静。傳曰：'五年再閏，天道乃備。'[11]夫以天地之靈，猶五載以成其化，況人道哉！臣浮愚戇，[12]不勝惓惓，願陛下留心千里之任，省察偏言之奏。"

［1］【今注】三公：太尉、司徒、司空，爲中央最高行政長官，亦稱"三司"。爵高禄厚，參議朝政，監察百官。近年有觀點認爲，西漢成帝時改革官制並非衹是從形式上整齊官制，其重新確立"三公"後，實是將外朝的丞相、御史大夫以大司徒、大司空的名義引入内朝，同時又令大司馬兼領外朝，使三公同時施行内外朝的權力。一定程度上改變了霍光以來内朝大司馬獨大，外朝丞相、御史大夫淪爲傀儡的政治格局。（參見安作璋、熊鐵基《秦漢官制史稿》，齊魯書社2007年版，第6—7頁；徐沖《西漢後期至新莽時代"三公制"的演生》，《文史》2018年第4輯）

［2］【今注】掾史：秦漢時中央及地方官署屬吏的泛稱。一般以掾爲正職，史爲副職。

［3］【李賢注】刺舉即州牧也。

［4］【今注】黨執：憑藉親族的勢力。

［5］【今注】編人：編入户籍的平民。王先謙《後漢書集解》曰："王補曰：《史記·平準書》'自天子不能具鈞駟，而將相或乘牛車'。此言漢興接秦之弊耳。及孝武時，衆庶街巷有馬，阡陌之間成群而乘字牝者，擯而不得聚會。浮言諸王外戚或乘牛車，齊於

編人，則其失勢甚矣。”

［6］【今注】鼎輔：最得力的輔臣，指三公。

［7］【李賢注】使者，刺史也。《續漢志》曰，每州有從事，秩百石。耳目謂令采察也。平謂平決也。

［8］【今注】坐被空文：因一紙空文而被判罪。

［9］【李賢注】貽，遺也。

［10］【李賢注】重猶愛惜也。

［11］【李賢注】周天三百六十五度四分度之一，日行一度，一年十二月，除小月六日，即一歲三百五十四日，是爲每歲日行天。餘一十一度四分度之一，不匝一年，餘十一日四分日之一，故三年即餘三十三日四分日之三（之三，大德本作“之二”），閏月又小，是五年即得再閏。

［12］【今注】愚戇：愚昧而不明事理。

七年，轉太僕。[1]浮又以國學既興，宜廣博士之選，[2]乃上書曰：“夫太學者，[3]禮義之宫，教化所由興也。陛下尊敬先聖，垂意古典，宫室未飾，干戈未休，而先建太學，造立横舍，[4]比日車駕親臨觀饗，將以弘時雍之化，顯勉進之功也。[5]尋博士之官，爲天下宗師，使孔聖之言傳而不絶。舊事，策試博士，必廣求詳選，爰自畿夏，延及四方，是以博舉明經，唯賢是登，[6]學者精勵，遠近同慕。伏聞詔書更試五人，[7]唯取見在洛陽城者。臣恐自今以往，將有所失。求之密邇，[8]容或未盡，而四方之學，無所勸樂。凡策試之本，貴得其真，非有期會，不及遠方也。又諸所徵試，皆私自發遣，非有傷費煩擾於事也。語曰：‘中國失禮，求之於野。’[9]臣浮幸得與講圖讖，[10]故敢越職。”

帝然之。

[1]【今注】太僕：秦、漢皆置，秩中二千石，位列九卿。掌皇帝專用車馬。

[2]【今注】博士：官名。秦置，漢因之，隸屬九卿之一奉常(太常)。西漢武帝罷黜百家之前，博士治各家之學，其後乃專立儒學一家。掌議政、制禮、藏書、顧問及教授經學、考覈人材、奉命出使等。初秩比四百石，後升至比六百石。東漢以降，議政職能逐漸削弱。這裏指五經博士。

[3]【今注】太學：西漢武帝時置，爲國家最高學府，設學官，立五經博士，教授弟子。東漢更加興盛。漢代人常將"辟雍""太學""明堂"混稱。(參見范正娥《論兩漢時期太學與辟雍、明堂的關係》,《文史博覽》2007年第6期)

[4]【李賢注】横，學也。或作"黌"，義亦同。

[5]【李賢注】雍，和也。《書》曰"黎民於變時雍（民，紹興本作'人'）"，乃勉勸也。

[6]【李賢注】畿，王畿；夏，華夏也。《漢官儀》曰："博士，秦官也。武帝初置五經博士，後增至十四人。太常差選有聰明威重一人爲祭酒，總領綱紀。其舉狀曰：'生事愛敬，喪没如禮。通《易》《尚書》《孝經》《論語》，兼綜載籍，窮微闡奥。隱居樂道，不求聞達。身無金痍痼疾，世六屬不與妖恶交通、王侯賞賜。行應四科，經任博士。'下言某官某甲保舉。"

[7]【今注】更試：改試。武帝初試五經博士，後增至十四人，今試五人，故言"更試"。

[8]【今注】密邇：附近，靠近。

[9]【李賢注】劉歆移書太常曰："夫禮失求之於野，古文不猶愈於野乎？"

[10]【李賢注】與音預。【今注】圖讖：漢代宣揚符命占驗

的書。

二十年，代竇融爲大司空。[1]二十二年，坐賣弄國恩，免。二十五年，徙封新息侯。

[1]【今注】竇融：字周公，扶風平陵（今陝西咸陽市西北）人。傳見本書卷二三。　大司空：官名。三公之一。西漢成帝綏和元年（前8）由御史大夫改名，秩萬石。哀帝建平二年（前5）復名御史大夫，元壽二年（前1）又名大司空，遂成定制。東漢初年因之，光武帝建武二十七年（51）去"大"字，改名司空。

帝以浮陵轢同列，每銜之，[1]惜其功能，不忍加罪。永平中，[2]有人單辭告浮事者，[3]顯宗大怒，[4]賜浮死。長水校尉樊鯈言於帝曰：[5]"唐堯大聖，兆人獲所，[6]尚優遊四凶之獄，厭服海内之心，[7]使天下咸知，然後殛罰。[8]浮事雖昭明，而未達人聽，宜下廷尉，章著其事。"帝亦悔之。

[1]【李賢注】陵轢猶欺蔑也。【今注】陵轢：欺陵，欺壓。同列：同事。

[2]【今注】永平：東漢明帝劉莊年號（58—75）。

[3]【李賢注】單辭謂無證據也。《書》曰："明清於單辭。"【今注】單辭：片面之詞，無根據不能對質之辭。

[4]【今注】顯宗：東漢明帝劉莊，公元57年至75年在位。顯宗爲其廟號。紀見本書卷二。

[5]【今注】長水校尉：西漢武帝初置，爲北軍八校尉之一，秩二千石，位次列卿。領長水宣曲胡騎，屯戍京師，兼任征伐。東

漢光武帝建武七年（31）省，十五年復置，爲北軍五校尉之一，秩比二千石，隸北軍中候。掌宿衛禁兵，下設司馬、胡騎司馬各一員。地位親要，官顯職閑，多以宗室外戚近臣充任。　樊儵：字長魚，南陽湖陽（今河南唐河縣南）人。傳見本書卷三二。

［6］【李賢注】獲，得也。【今注】兆人：百姓。　獲所：各得其所。

［7］【李賢注】優遊謂優柔也。四凶者，鯀、共工、驩兜、三苗。《左傳》曰舜流四凶族，今云堯者，舜爲堯臣而流之也。《尚書》曰（大德本、殿本均無“尚”字，可從）：“四罪而天下咸服。”

［8］【李賢注】殛，誅也，音紀力反。

論曰：吴起與田文論功，文不及者三；朱買臣難公孫弘十策，弘不得其一。終之田文相魏，公孫宰漢，誠知宰相自有體也。[1]故曾子曰：“君子所貴乎道者三，[2]籩豆之事則有司存。”[3]而光武、明帝躬好吏事，亦以課覈三公，[4]其人或失而其禮稍薄，至有誅斥詰辱之累。[5]任職責過，一至於此，追感賈生之論，不亦篤乎！[6]朱浮譏諷苛察欲速之弊，然矣，[7]焉得長者之言哉！[8]

［1］【李賢注】《史記》：“魏置相田文，吴起不悦，謂田文曰：‘請與子論功，可乎？’田文曰：‘可。’起曰：‘將三軍，使士卒樂死，敵國不敢謀，子孰與起？’田文曰：‘不如子。’吴起曰（殿本無‘吴’字）：‘理百官，親萬人，實府庫，子孰與起？’田文曰：‘不如子。’吴起曰：‘守西河，秦人不敢東向，韓、趙賓從，子孰與起？’田文曰：‘不如子。’吴起曰：‘此三者，子皆出

吾下，而位加吾上，何也？’田文曰：‘主少國疑，大臣未附，百姓不信，方是時，屬之於子乎，屬之於我乎？’吳起默然良久，曰：‘屬之於子矣。’田文曰：‘此乃吾所以居子上也。’吳起方乃自知不如。”武帝時，方築朔方，公孫弘諫，以爲罷弊中國。上使朱買臣難弘，發十策，弘不得一。【今注】吴起與田文論功：事見《史記》卷六五《孫子吴起列傳》。吴起，戰國時衛國人，初爲魯相，後遭讒赴魏，爲西河郡守。再次受到排擠，出奔楚國。助楚日益强大，却逢楚宗室作亂，被亂箭射死。田文，即孟嘗君，戰國時齊國宗室大臣。後到魏國，爲魏昭王相。　朱買臣難公孫弘十策：事見《漢書》卷五八《公孫弘傳》。朱買臣，字翁子，吴（今江蘇蘇州市）人。西漢大臣。傳見《漢書》卷六四上。　宰：宰相。　體：法式。

［2］【李賢注】三謂動容貌，正顔色，出辭氣。事見《論語》。【今注】曾子：曾參，孔子得意門生。

［3］【李賢注】籩豆，禮器也。小細之務，有司所主，非人君之事也。【今注】案，此句出自《論語·泰伯》：“曾子言曰：‘鳥之將死，其鳴也哀；人之將死，其言也善。君子所貴乎道者三：動容貌，斯遠暴慢矣；正顔色，斯近信矣；出辭氣，斯遠鄙倍矣。籩豆之事，則有司存。’”意思是是説，君子應該注意三方面的事：容貌嚴肅，就可避免别人的粗暴和懈怠；臉色端正，就容易使人相信；説話多考慮言辭和語調，就可避免鄙陋粗野。至於禮儀的細節，自有主管人員負責。籩豆，古代的兩種器皿，祭祀時用來裝食物。這裏指代禮儀方面的細節。

［4］【李賢注】課其殿最，覈其得失。

［5］【今注】累：過失。

［6］【李賢注】賈誼曰：“廉恥禮節以繩君子，故有賜死而無戮辱，是以黥劓之罪不及大夫，以其離主上不遠也。”是時人告周勃謀反，繫長安，卒無事，故誼以此譏上也。【今注】賈生：賈

誼，洛陽（今河南洛陽市）人。西漢大臣、政論家。傳見《漢書》卷四八。

［7］【李賢注】《論語》孔子曰："無欲速，無見小利。欲速則不達，見小利則大事不成。"以光武明察煩刻（光武，大德本、殿本作"光武帝"），故引之。【今注】案，譏，大德本、殿本作"議"。

［8］【李賢注】《前書》龔遂爲勃海郡太守（勃，大德本、殿本作"渤"，本注下同），王生謂遂曰："君即見上，問君何以化勃海？宜曰聖主之力（力，殿本作'德'，是），非小臣之力也。"既至前，上果問，遂對如王生言。天子悦，曰："君安得長者之言而稱也！"【今注】案，王先謙《後漢書集解》引惠棟曰："如章懷注，則似以朱浮議諷爲長者之言也。然上言'追感賈生之論，不亦篤乎'，又云'焉得長者之言'。詞意相同，恐未然也。范于《循吏傳》序云，建武永平之間，吏事刻深，故朱浮數上諫書，箴切峻政。鍾離意亦規諷殷勤，以長者爲言，而不能得其意，謂二帝不能崇長者之治，與此論略同也。"王先謙曰："文'長者'上少一'此'字，致異論紛然。然范無它意也。官本'聖主之力'，作'聖主之德'。"

馮魴字孝孫，南陽湖陽人也。[1]其先魏之支别，食菜馮城，因以氏焉。[2]秦滅魏，遷于湖陽，爲郡族姓。[3]

［1］【今注】南陽：郡名。治宛縣（今河南南陽市卧龍區）。　湖陽：縣名。治所在今河南唐河縣南湖陽鎮。

［2］【李賢注】《東觀記》曰"其先魏之别封曰華侯，華侯孫長卿食菜馮城，因以氏焉。魴父名揚"也（揚，紹興本作"楊"）。【今注】魏：戰國魏。　食菜：食邑，采邑。　馮城：古

邑名。在今河南滎陽市西。

[3]【今注】族姓：大族，望族。

王莽末，四方潰畔，魴乃聚賓客，招豪桀，[1]作營壍，[2]以待所歸。[3]是時湖陽大姓虞都尉反城稱兵，先與同縣申屠季有仇，而殺其兄，謀滅季族。季亡歸魴，魴將季欲還其營，道逢都尉從弟長卿來，欲執季。魴叱長卿曰："我與季雖無素故，士窮相歸，要當以死任之，卿爲何言？"遂與俱歸。季謝曰："蒙恩得全，死無以爲報恩，[4]有牛馬財物，願悉獻之。"魴作色曰："吾老親弱弟皆賊城中，[5]今日相與，尚無所顧，何云財物乎？"季慙不敢復言。魴自是爲縣邑所敬信，故能據營自固。

[1]【今注】案，桀，大德本、殿本作"傑"，可從。

[2]【今注】營壍：營壘與壕溝。

[3]【李賢注】待真主也。

[4]【今注】案，王先謙《後漢書集解》曰："'恩'字當衍。"

[5]【今注】案，王先謙《後漢書集解》引何焯曰："'皆'下當有'在'字。"

時天下未定，而四方之士擁兵矯稱者甚衆，[1]唯魴自守，兼有方略。光武聞而嘉之，建武三年，徵詣行在所，[2]見於雲臺，[3]拜虞令。[4]爲政敢殺伐，以威信稱。遷郟令。[5]後車駕西征隗囂，[6]潁川盜賊群起，[7]郟賊延褒等衆三千餘人，攻圍縣舍，魴率吏士七十許人，力戰連日，弩矢盡，城陷，魴乃遁去。帝聞郡國反，即馳赴潁川，魴詣行在所。帝案行鬭處，知魴力戰，乃嘉之曰："此健令也。所當討擊，勿拘州郡。"褒等聞帝至，皆自髡剔，[8]負鈇鑕，[9]將其衆請罪。帝且赦之，使魴轉降諸聚落，縣中平定，詔乃悉以褒等還魴誅之。魴責讓以行軍法，皆叩頭曰："今日受誅，死無所恨。"魴曰："汝知悔過伏罪，今一切相赦，聽各反農桑，爲令作耳目。"皆稱萬歲。是時每有盜賊，並爲褒等所發，無敢動者，縣界清静。

[1]【今注】矯稱：冒稱，假託稱號。

[2]【今注】行在所：帝王所在的地方，又特指帝王所到的地方。

[3]【李賢注】即南宫雲臺也。【今注】雲臺：都城洛陽南宫雲臺，有廣德殿。

[4]【李賢注】虞，縣，屬梁國，本虞國，舜後所封之邑，今宋州虞城縣也。【今注】虞：縣名。治所在今河南虞城縣北。

[5]【今注】郟：縣名。治所在今河南郟縣。

[6]【今注】隗囂：字季孟，天水成紀（今甘肅静寧縣西南）人。王莽末，割據隴右地區。初曾佐助劉秀出擊赤眉軍，後與公孫述同拒東漢軍，述封以朔寧王。光武帝建武九年（33）以兵敗憂憤而死。傳見本書卷一三。

[7]【今注】潁川：郡名。治陽翟縣（今河南禹州市）。

[8]【李賢注】剔音他狄反。《聲類》曰亦"鬄"字，音他計反，謂剃去髮也。【今注】髡剔：剃掉頭髮。古人蓄髮，剃掉頭髮是一種刑罰。案，髡，大德本、殿本均作"鬄"。

[9]【李賢注】《説文》曰："鈇，剉刃也。"鑕，椹也，音

質。【今注】負鈇鑕：背着斧頭和鐵砧。表示願意接受刑罰。

十三年，遷魏郡太守。[1]二十七年，以高第入代趙熹爲太僕。[2]中元元年，[3]從東封岱宗，[4]行衞尉事。[5]還，代張純爲司空，[6]賜爵關内侯。[7]二年，帝崩，使魴持節起原陵，[8]更封楊邑鄉侯，食三百五十户。永平四年，坐考隴西太守鄧融，[9]聽任姦吏，策免，削爵土。六年，顯宗幸魯，復行衞尉事。七年，代陰嵩爲執金吾。[10]

[1]【今注】魏郡：治鄴縣（今河北臨漳縣西南鄴鎮）。

[2]【今注】高第：在選拔官員、推舉人才、考覈政績時，成績優秀的人稱高第。　趙熹：字伯陽。傳見本書卷二六。

[3]【今注】中元：亦稱建武中元，東漢光武帝劉秀年號（56—57）。

[4]【今注】岱宗：泰山。古人認爲泰山爲四嶽所宗，泰山又别稱岱，故稱泰山爲岱宗。

[5]【今注】行：古代某官缺員未補，暫由其他官員兼任稱行。

[6]【今注】張純：字伯仁，京兆杜陵（今陝西西安市）人。傳見本書卷三五。

[7]【今注】關内侯：秦漢二十等爵的第十九級，地位僅次於列侯。列侯有封邑，能食其邑之租税。而關内侯僅有封號而無封邑，寄食於關内三輔地區。

[8]【今注】原陵：東漢光武帝陵墓。

[9]【今注】隴西：郡名。治狄道縣（今甘肅臨洮縣南）。

[10]【今注】陰嵩：陰興從兄。光武時，爲中郎將，監羽林

十餘年。明帝即位，拜長樂衛尉，遷執金吾。

魴性矜嚴公正，在位數進忠言，多見納用。十四年，詔復爵土。[1]明年，東巡郡國，留魴宿衛南宫。[2]建初三年，[3]以老病乞身，肅宗許之。[4]其冬爲五更，[5]詔魴朝賀，就列侯位。[6]元和二年，[7]卒，時年八十六。

［1］【今注】案，《東觀漢記》卷一五《馮魴傳》曰："明帝詔曰：'馮魴以忠孝典禁兵，出入八年，數進忠言直諫，其還故爵爲楊邑侯，賜以玉玦。'"

［2］【李賢注】《東觀記》曰："勑魴車駕發後將緹騎宿玄武門複道上（緹，殿本作'提'），領南宫吏士，保給床席（保，大德本作'保宫'，殿本作'保官'。中華本校勘記云：'殿本作"保官給牀蓆"。《考證》王會汾謂案文義當云"官給牀蓆"，"保"字疑衍。又按：王先謙謂今本《東觀記》"領南宫吏士"下有"南宫複道多惡風寒老人居之且病痱若向南者多取帷帳東西完塞諸牕望令緻密"三十三字，無"保給牀蓆"四字'），子孫得到魴所。"

［3］【今注】建初：東漢章帝劉炟年號（76—84）。

［4］【今注】肅宗：東漢章帝劉炟，公元75年至88年在位。肅宗爲其廟號。紀見本書卷三。

［5］【今注】五更：有學者指出，"五更"是一位知曉五行之道且在仕的年耆德茂的長老，其身份地位是卿大夫。設置"五更"的目的是陳明悌順之道，教化天下。"五更"與"三老"分别代表了傳統的悌、孝倫理，是帝王宣教孝悌之道的行爲象徵，是忠事君主的倫理依據。"五更"的選拔標準與要求比較高，其社會職責是輔助"三老"教學孝悌之道，地位低於"三老"。東漢後三老五更

制時興時廢，“五更”的社會地位有所變化。（參見温樂平《漢代“五更”考析》，《史學月刊》2010年第7期）

［6］【今注】列侯：秦漢二十等爵的最高爵位（第二十等）。

［7］【今注】元和：東漢章帝劉炟年號（84—87）。 案，二年，大德本作“三年”。

子柱嗣，尚顯宗女獲嘉長公主，[1]少爲侍中，[2]以恭肅謙約稱，位至將作大匠。[3]柱卒，子定嗣，官至羽林中郎將。[4]定卒，無子，國除。

［1］【今注】案，王先謙《後漢書集解》引周壽昌曰：“案，獲嘉，顯宗長女，名姬。”

［2］【今注】侍中：官名。秦朝始置，西漢爲加官。侍從皇帝左右。王莽秉政，復令與宦官同止禁中。東漢置爲正式職官，秩比二千石。

［3］【今注】將作大匠：秦稱將作少府，掌治宫室。西漢景帝中元六年（前144）改稱將作大匠。東漢沿置，秩二千石，掌修作宗廟、路寢、宫室、陵園土木工程等。

［4］【今注】羽林中郎將：西漢宣帝令中郎將監羽林禁軍，稱羽林中郎將，主羽林郎，掌宿衛侍從。屬光禄勳，秩比二千石。東漢沿置，多由外戚或功臣子弟等親信充任。

定弟石，襲母公主封獲嘉侯，[1]亦爲侍中，稍遷衛尉。能取悦當世，爲安帝所寵。[2]帝嘗幸其府，留飲十許日，賜駮犀具劍、佩刀、[3]紫艾綬、[4]玉玦各一，[5]拜子世爲黄門侍郎，[6]世弟二人皆郎中。自永初兵荒，[7]王侯租秩多不充，[8]於是特詔以它縣租税足石，令如舊限，[9]歲入穀三萬斛，錢四萬。遷光禄勳，[10]遂代楊震爲太尉。[11]及北鄉侯立，[12]遷太傅，[13]與太尉東萊劉喜參録尚書事。[14]順帝既立，[15]石與喜皆以阿黨閻顯、江京等策免，[16]復爲衛尉。卒，子代嗣。[17]代卒，弟承嗣，爲步兵校尉。[18]

[1]【今注】獲嘉：縣名。西漢元鼎六年（前111），武帝行至汲縣新中鄉，獲南越相吕嘉的首級，因以置縣，名獲嘉。治所在今河南新鄉市西張固城村。

[2]【今注】安帝：東漢安帝劉祜，公元106年至125年在位。紀見本書卷五。

[3]【李賢注】以班犀飾劍也。

[4]【李賢注】艾即盭，緑色也，其色似艾。

[5]【李賢注】半環曰玦，以飾帶也。

[6]【今注】黄門侍郎：秦、西漢爲郎官加“給事黄門”省稱。亦稱“黄門郎”，無員數。爲中朝官員，給事於宫門之内，侍從皇帝、顧問應對，出則陪乘。與皇帝關係密切，多以重臣、外戚子弟、公主婿爲之。東漢與給事黄門合爲一官，遂成爲“給事黄門侍郎”省稱。

[7]【今注】永初：東漢安帝劉祜年號（107—113）。

[8]【今注】租秩：田租和俸禄。

[9]【李賢注】足音即諭反。【今注】舊限：原有標準。

[10]【今注】光禄勳：秦稱郎中令，漢因之，武帝太初元年（前104）更名光禄勳，掌宫殿掖門户。王莽改光禄勳曰司中。東漢復爲光禄勳，卿一人，秩中二千石，掌宿衛宫殿門户，郊祭之事。丞一人，秩比千石。屬官有五官中郎將、左右中郎將、虎賁中郎將、羽林中郎將、光禄大夫、謁者僕射等。

[11]【今注】楊震：字伯起，弘農華陰（今陝西華陰市東）

人。傳見本書卷五四。

［12］【李賢注】章帝孫濟北惠王壽之子懿也。【今注】北鄉侯立：延光三年（124），太子劉保（即漢順帝）坐廢爲濟陰王。延光四年三月丁卯，安帝崩，辛未夕，乃發喪。太后臨朝，以后兄大鴻臚閻顯爲車騎將軍，定策禁中，立章帝孫濟北惠王壽子北鄉侯懿。三月乙酉，北鄉侯即皇帝位。見本書卷五《安帝紀》、卷六《順帝紀》等。

［13］【今注】太傅：官名。東漢不置太師、太保，上公唯太傅一人。秩萬石。居百官之首，以授元老重臣。

［14］【今注】東萊：郡名。治掖縣（今山東萊州市）。　劉喜：本書卷五《安帝紀》作“劉憙”。　參録：參與總領。

［15］【今注】順帝：東漢順帝劉保，公元125年至144年在位。紀見本書卷六。

［16］【今注】閻顯：河南滎陽（今河南鄭州市西北）人。安帝閻皇后兄。延光元年封長社侯，干預朝政。後與宦官江京等譖廢太子劉保爲濟陰王。安帝卒，任車騎將軍，與太后定策迎立北鄉侯爲少帝。少帝死，中黄門孫程等擁立劉保爲順帝，顯弟兄皆被殺。

［17］【今注】子代嗣：中華本校勘記云：“《刊誤》謂世本名代，前拜爲郎時作‘世’，後嗣立時作‘代’，蓋後人見其名，疑‘代’以爲避太宗諱所改，遂還作‘世’，而忘其後尚皆作‘代’也。今前後不同，遂似兩人，當定從一。今按：劉氏以爲世即代，甚是，然謂世本名代，則無實證，安知非代本名世邪？”

［18］【今注】步兵校尉：西漢武帝始置，爲北軍八校尉之一，秩二千石，位次列卿。東漢爲北軍五校尉之一，秩比二千石，隸北軍中候。掌宿衛禁兵。當時五校尉所掌北軍五營爲京師主要的常備禁軍，故地位親要，官顯職閑，多以宗室外戚近臣充任。

石弟珖，[1]和帝時詔封楊邑侯，[2]亦以石寵，官至城門校尉。[3]卒，子肅嗣，爲黄門侍郎。[4]

[1]【李賢注】珖音光。

[2]【今注】和帝：東漢和帝劉肇，公元88年至105年在位。紀見本書卷四。　案，王先謙《後漢書集解》引劉攽曰："案，侯國絶而復續者，皆曰紹封。前後非一。今此曰詔，誤。"

[3]【今注】城門校尉：西漢武帝征和二年（前91）始置，秩二千石。掌京城長安諸城門警衛，領城門屯兵。新莽時更名爲城門將軍，諸城門各置校尉。東漢復舊名，秩比二千石。當時洛陽十二城門，唯北宫門屬衛尉，其餘十一門各設門候，隸城門校尉。位在北軍五校尉之上，多以外戚重臣領之。

[4]【今注】案，《東觀漢記》卷一五《馮魴傳》曰："（馮魴）父子兄弟並帶青紫，三世侍中。"

虞延字子大，陳留東昏人也。[1]延初生，其上有物若一匹練，[2]遂上升天，占者以爲吉。及長，長八尺六寸，要帶十圍，力能扛鼎。[3]少爲户牖亭長。[4]時王莽貴人魏氏[5]賓客放從，[6]延率吏卒突入其家捕之，以此見怨，故位不升。性敦朴，不拘小節，又無鄉曲之譽。[7]王莽末，天下大亂，延常嬰甲胄，擁衛親族，扞禦鈔盜，賴其全者甚衆。延從女弟年在孩乳，其母不能活之，棄於溝中，延聞其號聲，哀而收之，養至成人。[8]建武初，仕執金吾府，除細陽令。[9]每至歲時伏臘，[10]輒休遣徒繫，各使歸家，並感其恩德，應期而還。有囚於家被病，自載詣獄，既至而死，延率掾吏，[11]殯于門外，百姓感悦之。

[1]【李賢注】東昏，縣，故城在今汴州陳留縣東北。東緡屬山陽郡（緡，大德本、殿本作“昏”，是），俗本爲“緡”者，誤也。【今注】陳留：郡名。治陳留縣（今河南開封市東南陳留鎮）。　東昏：縣名。治所在今河南蘭考縣東北東昏故城。

[2]【今注】練：潔白而柔軟的絲織品。王充《論衡》曰：“（虞子大）生時，以夜適免母身，母見其上若一疋練，狀經上天。明以問人。人皆曰吉貴，氣與天通。”

[3]【李賢注】《説文》曰：“扛鼎，横關對舉也。”音江（大德本、殿本“音”前有“扛”字，可從）。【今注】扛鼎：舉鼎。形容力氣大。

[4]【今注】户牖：鄉邑名。在今河南蘭考縣東北。　亭長：秦漢時地方基層行政官員。

[5]【李賢注】《謝承書》曰：“莽貴人魏氏以椒房之寵，威傾郡縣。”

[6]【今注】從：當作“縱”。

[7]【今注】鄉曲之譽：鄉里的稱贊。

[8]【李賢注】《謝承書》曰：“養育成人，以妻同縣人王氏。”

[9]【李賢注】細陽，縣，屬汝南郡，故城在今潁州汝陰縣西北。【今注】細陽：縣名。治所在今安徽太和縣東南。

[10]【今注】伏臘：伏日與臘日。

[11]【今注】掾吏：殿本作“吏掾史”。中華本據劉攽《後漢書刊誤》及《殿本考證》改爲“掾史”，可從。

後去官還鄉里，太守富宗聞延名，召署功曹。[1]宗性奢靡，車服器物，多不中節。[2]延諫曰：“昔晏嬰輔齊，鹿裘不完，[3]季文子相魯，妾不衣帛，[4]以約失之者鮮矣。”宗不悦，延即辭退。居有頃，宗果以侈從被誅，臨當伏刑，攬涕而歎曰：“恨不用功曹虞延之諫！”

光武聞而奇之。二十年東巡，路過小黄，高帝母昭靈后園陵在焉，[5]時延爲部督郵，[6]詔呼引見，問園陵之事。延進止從容，占拜可觀，[7]其陵樹株蘗，皆諳其數，[8]俎豆犧牲，頗曉其禮。帝善之，敕延從駕到魯。還經封丘城門，門下小，不容羽蓋，[9]帝怒，使撻侍御史，延因下見引咎，以爲罪在督郵。言辭激揚，有感帝意，乃制詔曰："以陳留督郵虞延故，貰御史罪。"[10]延從送車駕西盡郡界，賜錢及劍帶佩刀還郡，於是聲名遂振。

[1]【李賢注】富，姓；宗，名。【今注】案，富宗，袁宏《後漢紀》卷九《孝明皇帝紀上》作"傅宗"。　署：代理、暫任。

[2]【今注】中節：符合法度。袁宏《後漢紀·孝明皇帝紀上》云："宗輿服出入擬於王侯。"

[3]【李賢注】《晏子》曰："晏子布衣鹿裘以朝，公曰：'夫子之家若此其貧也（其，大德本、殿本均作"之"），奚衣之惡也？'"【今注】案，事見《晏子春秋·内篇雜下》及《晏子春秋·外篇》。晏子，春秋時齊國正卿。輔政期間，崇尚節儉，謙恭下士。

[4]【李賢注】《左傳》曰，季文子相魯，妾不衣帛，馬不食粟。【今注】案，事見《左傳》成公十六年。季文子，春秋時魯國大夫。

[5]【李賢注】小黄，縣，屬陳留郡，故城在今汴州陳留縣東北。《漢官儀》注曰："高帝母起兵時死小黄北，後爲作陵廟於小黄。"《陳留風俗傳》云："沛公起兵野戰，喪皇妣于黄鄉。天下平，乃使使者梓宫招魂幽野，有丹蛇在水，自洗濯，入于梓宫，其浴處仍有遺髮，故謚曰昭靈夫人。因作園陵、寢殿、司馬門、

鐘簴、衞守（簴，紹興本、大德本、殿本均作‘簾’）。”小黄有祭器籩豆鼎俎之屬十四種，廟基尚存焉。【今注】小黄：縣名。治所在今河南開封市東北。

［6］【今注】督郵：漢始置。爲郡太守的重要佐吏。秩六百石。除督送郵書外，還代表郡太守督察所屬地區，糾舉違法、宣達教令等。東漢每郡分爲東西南北中五部，故稱五部督郵。每部置督郵一人，掌其事。

［7］【今注】占拜：行禮對答。

［8］【李賢注】株，根也。蘖，伐木更生也。【今注】株蘖：露出地面的樹根和樹木砍後重生的枝條。

［9］【李賢注】封丘，今汴州縣也。【今注】封丘：縣名。治所在今河南封丘縣。　羽蓋：王先謙《後漢書集解》引惠棟曰："《續漢志》云乘輿羽蓋華蚤。注云：徐廣云，翠羽蓋黄裏，所謂黄屋車也。《東京賦》云植翠羽之高蓋，薛綜云今謂之羽蓋車。"

［10］【李賢注】貰，放也。【今注】案，詰，大德本、殿本均作"詔"。

二十三年，司徒玉況辟焉。[1]時元正朝賀，[2]帝望而識延，遣小黄門馳問之，即日召拜公車令。[3]明年，遷洛陽令。是時陰氏有客馬成者，常爲姦盜，延收考之。陰氏屢請，獲一書輒加笞二百。[4]信陽侯陰就[5]乃訴帝，譖延多所冤枉。帝乃臨御道之館，親録囚徒。延陳其獄狀可論者在東，無理者居西。成乃回欲趨東，延前執之，謂曰："爾人之巨蠹，久依城社，不畏熏燒。[6]今考實未竟，宜當盡法！"成大呼稱枉，陛戟郎以戟刺延，叱使置之。[7]帝知延不私，謂成曰："汝犯王法，身自取之！"呵使速去。後數日伏誅。於是外戚斂手，莫敢干法。在縣三年，遷南陽太守。[8]

［1］【李賢注】《謝承書》曰："況字文伯，京兆杜陵人也。代爲三輔名族，該總五經，志節高亮，爲陳留太守。性聰敏，善行德教。永平十五年，蝗蟲起泰山，彌衍兖、豫，過陳留界，飛逝不集，五穀獨豐。章和元年，詔以況爲司徒。"五（五，紹興本作"玉"，殿本作"王"），姓，音宿。【今注】案，玉，殿本作"王"。王先謙《後漢書集解》引王會汾云："《玉篇》金玉之'玉'，魚録反，點在中畫下；其音宿者，點在中畫上。監本作玉。今改從'王'。《光武帝紀》建武二十三年，以陳留太守玉況爲大司徒。注引《謝承書》誤。"

［2］【今注】元正：元旦。

［3］【今注】公車令：官名。公車司馬令的省稱，屬衛尉，秩六百石。西漢時掌公車司馬門，受天下奏章，主宫中巡邏。東漢時掌南闕門，受吏民奏章四方貢獻等。

［4］【李賢注】搒，棰也，音彭。

［5］【李賢注】就，光烈皇后弟也。就本傳"信"作"新"。【今注】陰就：南陽新野（今河南新野縣）人。光武帝陰皇后弟。封信陽侯。事見本書卷三二《陰興傳》。

［6］【李賢注】齊景公問晏子曰："理國何患?"對曰："患社鼠。"公曰："何謂社鼠?"對曰："社鼠不可熏。人君之左右，亦國之社鼠也。"【今注】案，這裏用的是城狐社鼠的典故。比喻仗勢作惡的人。

［7］【李賢注】《續漢志》曰："凡郎官皆主執戟宿衛也（執，大德本誤作'親'）。"【今注】置：赦免。

［8］【今注】南陽：郡名。治宛縣（今河南南陽市卧龍區）。

永平初，有新野功曹鄧衍，[1]以外戚小侯每豫朝會，而容姿趨步，有出於衆，顯宗目之，顧左右曰："朕之儀貌，豈若此人！"特賜輿馬衣服。延以衍雖有容儀而無實行，未嘗加禮。帝既異之，乃詔衍令自稱南陽功曹詣闕。[2]既到，拜郎中，遷玄武司馬。[3]衍在職不服父喪，帝聞之，乃歎曰："'知人則哲，惟帝難之。'信哉斯言！"衍慚而退，由是以延爲明。

［1］【今注】新野：縣名。西漢置，屬南陽郡。治所在今河南新野縣。　案，鄧衍，《東觀漢記》作"鄧寅"。黄山《後漢書集解校補》謂"寅"當即"演"之誤，"衍""演"通。

［2］【李賢注】《謝承書》曰："帝賜輿馬衣服劍珮刀（珮，殿本作'佩'，是），錢二萬，南陽計吏歸，具以啓延。延知衍華不副實，行不配容，積三年不用，於是上乃自勑衍稱南陽功曹詣闕。"

［3］【李賢注】玄武，宫之北門也。每宫城門皆有司馬一人，秩千石，見《續漢志》。

三年，徵代趙熹爲太尉。八年，代范遷爲司徒。[1]歷位二府，十餘年無異政績。會楚王英謀反，[2]陰氏欲中傷之，使人私以楚謀告延，延以英藩戚至親，不然其言，又欲辟幽州從事公孫弘，[3]以弘交通楚王而止，並不奏聞。及英事發覺，詔書切讓，延遂自殺。[4]家至清貧，子孫不免寒餧。[5]

［1］【今注】范遷：本書卷二《明帝紀》李賢注引《漢官儀》曰："遷字子閭，沛人也。"卷二六《牟融傳》李賢注引《漢官儀》曰："范遷字子廬，沛人也。"明帝永平四年（61），河南尹范遷爲

司徒。永平八年，范遷去世。

[2]【今注】案，楚王英謀反，事見本書卷四二《光武十王傳》。

[3]【李賢注】郡國有從事，主督促文書，察舉非法，皆州自辟除，故通爲百石，即功曹從事、理中從事之類是也。見《續漢志》也。【今注】案，王先謙《後漢書集解》引惠棟曰："《論衡》云盧奴令田光與公孫宏等謀反，其且覺時，狐鳴光舍屋上。光心惡之，其後事發覺，坐誅。《續漢志》云延與楚王英黨與黄初、公孫宏等交通，皆自殺，或下獄伏誅。"

[4]【今注】案，王先謙《後漢書集解》引惠棟曰："樂史云，延墓在東明縣西北三十里。"

[5]【李賢注】餧（餧，大德本、殿本作"餒"），餓也。《謝承書》曰："身没之後，家貧空，子孫同衣而出，并日而食。"【今注】案，餧，大德本、殿本作"餒"，是。

延從曾孫放，字子仲。[1]少爲太尉楊震門徒。及震被讒自殺，順帝初，放詣闕追訟震罪，由是知名。桓帝時爲尚書，[2]以議誅大將軍梁冀功封都亭侯。[3]後爲司空，坐水災免。性疾惡宦官，遂爲所陷。靈帝初，[4]與長樂少府李膺等俱以黨事誅。[5]

[1]【今注】案，王先謙《後漢書集解》引惠棟曰："蔡邕《陳留索昏庫上里社銘》云，延弟曾孫放，字子卿。"

[2]【今注】桓帝：東漢桓帝劉志，公元146年至167年在位。紀見本書卷七。

[3]【今注】梁冀：字伯卓，安定烏氏（今寧夏固原市東南）人。梁統玄孫。父梁商去世，冀繼爲大將軍。傳見本書卷三四。

[4]【今注】靈帝：東漢靈帝劉宏，公元168年至189年在位。

紀見本書卷八。

[5]【今注】長樂少府：官名。西漢平帝元始四年（4）改長信少府置，秩二千石。掌皇太后宫中事務。東漢因之，不常置。長樂，即長樂宫。本秦之興樂宫。西漢高祖五年（前202）重加擴建，改名長樂宫。在今陝西西安市西北十五里、漢長安城東隅。李膺：字元禮，潁川襄城（今河南襄城縣）人。傳見本書卷六七。

鄭弘字巨君，會稽山陰人也。[1]從祖吉，宣帝時爲西域都護。[2]弘少爲鄉嗇夫。[3]太守第五倫行春，[4]見而深奇之，召署督郵，舉孝廉。

[1]【李賢注】孔靈符《會稽記》曰："射的山南有白鶴山，此鶴爲仙人取箭。漢太尉鄭弘嘗采薪，得一遺箭。頃有人覓，弘還之。問何所欲，弘識其神人也，曰：'常患若邪溪載薪爲難，願旦南風，暮北風。'後果然。故若邪溪風至今猶然，呼爲'鄭公風'也。"【今注】會稽：郡名。秦王政二十五年（前222）置，治吴縣（今江蘇蘇州市）。東漢順帝永建四年（129）徙治山陰縣（今浙江紹興市）。　山陰：縣名。治所在今浙江紹興市。

[2]【李賢注】《謝承書》曰："其曾祖父本齊國臨淄人，官至蜀郡屬國都尉。武帝時徙强宗大姓，不得族居，將三子移居山陰（三，紹興本誤作'二'），因遂家焉。長子吉，雲中都尉、西域都護。中子，兖州刺史。少子，舉孝廉，理劇東部候也。"【今注】宣帝：西漢宣帝劉詢，公元前74年至前49年在位。紀見《漢書》卷八。　西域都護：西漢始置，亦稱都護西域、使西域都護，主管西域地區軍政事務，秩比二千石。新莽時中原王朝與西域斷絶，或罷。東漢明帝永平十七年（74）復置，後或省或置。班超任都護時，府治移龜兹。安帝永初元年（107）以後不復置，西域事務由西域副校尉或西域長史、戊己校尉主之。

［3］【李賢注】《謝承書》曰："爲靈文鄉嗇夫，愛人如子。"《續漢志》曰："其鄉小者縣署嗇夫一人，主知人善惡，爲役先後；知人貧富，爲賦多少，平其差品也。"【今注】鄉嗇夫：秦漢鄉官，不足五千户之小鄉置嗇夫。掌賦税徭役，兼聽辭訟，由縣府委派。參見王彦輝、徐傑令《論東周秦漢時代的鄉官》（《史學集刊》2001年第3期）。另案，王先謙《後漢書集解》引惠棟曰："虞預《會稽典録》云，宏爲靈文鄉嗇夫，民有弟用兄錢者未還之。嫂詐訴之宏。宏賣中單爲叔還錢。兄聞之，慚愧。遣其婢索錢還宏。宏不受。"

［4］【李賢注】太守常以春行所主縣，勸人農桑，振救乏絶，見《續漢志》也。【今注】第五倫：字伯魚，京兆長陵（今陝西咸陽市）人。傳見本書卷四一。　行春：太守在春季巡視所屬縣域，鼓勵農桑，救濟窮人，稱爲行春。"行春"與"行縣"不可混爲一談，"行春"固定於春月，"行縣"則時間不固定；"行春"以禮儀展示爲導向，"行縣"則以履行職責爲指歸。參見薛夢瀟《東漢郡守"行春"考》（《中國史研究》2014年第1期）。

弘師同郡河東太守焦貺。［1］楚王英謀反發覺，以疏引貺，［2］貺被收捕，疾病於道亡没，妻子閉繫詔獄，掠考連年。諸生故人懼相連及，皆改變名姓，以逃其禍。弘獨髡頭負鈇鑕，詣闕上章，爲貺訟罪。顯宗覺悟，即赦其家屬。弘躬送貺喪及妻子還鄉里。由是顯名。

［1］【今注】案，袁宏《後漢紀》卷一二《孝章皇帝紀下》載："鄭弘字巨君，會稽山陰人也。曾祖自齊徙山陰。事博士焦貺，門徒數百人。當舉明經，其妻勸貺曰：'鄭生有卿相才，應此舉也。'從之。楚王英之謀反，誣天下知名者。貺爲河東太守，以楚事遇疫病，道死，妻子閉詔獄，考掠連年。諸故人皆易姓名以避

禍，弘獨髠首負鑕詣貺罪。明帝感悟，乃原免家屬。弘送貺喪及妻子於陳留，畢葬旋鄉里，爲鄉嗇夫。”又案，焦貺，本書卷四三《樂恢傳》作“焦永”。

［2］【李賢注】疏，書也。

拜爲騶令。[1]政有仁惠，民稱蘇息。遷淮陰太守。[2]四遷，建初，[3]爲尚書令。舊制，尚書郎限滿補縣長令史丞尉。[4]弘奏以爲臺職雖尊，[5]而酬賞甚薄，至於開選，多無樂者，[6]請使郎補千石，令史爲長。[7]帝從其議。[8]弘前後所陳有補益王政者，皆著之南宫，以爲故事。[9]

［1］【李賢注】騶，今兖州縣也。《謝承書》曰“弘勤行德化，部人王逢等得路遺寶物，縣於道衢，求主還之。魯國當春大旱，五穀不豐，騶獨致雨偏孰（孰，大德本、殿本作‘熟’，是）。永平十五年，蝗起泰山，流被郡國，過騶界不集。郡因以狀聞，詔書以爲不然，遣使案行，如言”也。【今注】騶：縣名。本鄒縣，漢改“鄒”爲“騶”，屬魯國。治所在今山東鄒城市東南二十六里。

［2］【李賢注】《謝承書》曰：“弘消息繇賦，政不煩苛。行春天旱（天，大德本、殿本作‘大’，可從），隨車致雨。白鹿方道，俠轂而行。弘怪問主簿黄國曰：‘鹿爲吉爲凶?’國拜賀曰：‘聞三公車轓畫作鹿，明府必爲宰相。’”【今注】案，淮陰，王先謙《後漢書集解》引劉攽曰：“案，漢郡無淮陰者，當是淮陽。此時未爲陳國也。下文又少一‘初’字。”又引惠棟曰：“《會稽典録》云：宏遷臨淮太守。郡人徐憲在喪致哀，白鳩巢盧側。宏舉爲孝廉，朝廷稱爲白鳩郎。案，虞預、樂史皆云宏爲臨淮太守。劉攽

臆説，以爲當作淮陽，非也。”

［3］【今注】案，王先謙《後漢書集解》曰：“‘初’下當另有‘初’字。誤脱。”

［4］【今注】案，《漢官儀》云：“尚書郎，初入臺爲郎中，滿歲稱爲侍郎，五歲遷太尉也。”

［5］【今注】臺職：指尚書臺的職位。

［6］【李賢注】樂音五孝反。

［7］【今注】案，王先謙《後漢書集解》引劉攽曰：“案，文少一‘令’字。但云千石，不知何官。”宋文民《後漢書考釋》則曰：“劉説非。千石係秩禄，非官名。《御覽》卷二一五引《謝承書》：‘請使郎補二千石，自此始也。’亦有是類語。”（第133頁）

［8］【今注】案，王先謙《後漢書集解》引惠棟曰：“《會稽典録》云，請使郎補縣令，令史爲長，上從其議。自此爲始。案，《百官志》令千石，長四百石，小者三百石也。”

［9］【今注】案，弘所呈事，詳見袁宏《後漢紀》卷一二《孝章皇帝紀下》。

出爲平原相，[1]徵拜侍中。建初八年，代鄭衆爲大司農。[2]舊交阯七郡貢獻轉運，[3]皆從東冶[4]汎海而至，風波艱阻，沈溺相係。弘奏開零陵、桂陽嶠道，於是夷通，[5]至今遂爲常路。[6]在職二年，所息省三億萬計。時歲天下遭旱，邊方有警，人食不足，而帑藏殷積。[7]弘又奏宜省貢獻，減徭費，以利飢人。帝順其議。

［1］【今注】平原：郡國名。治平原縣（今山東平陽縣西南）。案，王先謙《後漢書集解》引錢大昭曰：“平原爲國在殤帝建平元

年。當建初時，未有此國也。考建初四年，封皇子全爲平春王，未幾王薨，國除。此‘平原’，或‘平春’之誤。”

［2］【今注】鄭衆：字仲師，河南開封（今河南開封市）人。傳見本書卷三六。　大司農：西漢武帝太初元年（前104）改大農令置。秩中二千石，位列九卿。掌管全國租賦收入和國家財政開支。新莽先後改名羲和、納言。東漢復故，機構減省，置丞、部丞各一員。屬官有太倉、平準、導官三令丞，餘皆罷省。

［3］【今注】交阯七郡：南海、蒼梧、鬱林、合浦、交趾、九真、日南，並屬交州，見本書《郡國志》。

［4］【李賢注】東冶，縣，屬會稽郡。《太康地里志》云漢武帝名爲木冶（里，紹興本、大德本、殿本作“理”；木，紹興本、大德本、殿本作“東”，是），後改爲東候官，今泉州閩縣是。【今注】東冶：縣名。東漢改冶縣置，治所在今福建福州市。

［5］【李賢注】嶠，嶺也。夷，平也。【今注】零陵：郡名。西漢武帝元鼎六年（前111），分桂陽郡置，治零陵縣（今廣西全州縣西南）。東漢移治泉陵縣（今湖南永州市北二里）。　桂陽：郡名。漢高祖置，治郴縣（今湖南郴州市）。　嶠道：山路。　夷通：暢通。

［6］【李賢注】今謂范曄時也。

［7］【李賢注】《説文》曰：“帑，金布所藏之府（布，大德本作‘庫’；府，大德本作‘物’）。”

元和元年，代鄧彪爲太尉。[1]時舉將弟五倫爲司空，[2]班次在下，每正朔朝見，[3]弘曲躬而自卑。帝問知其故，遂聽置雲母屏風，分隔其間，[4]由此以爲故事。在位四年，[5]奏尚書張林阿附侍中竇憲，[6]而素行臧穢，又上洛陽令楊光，憲之賓客，在官貪殘，並不宜處位。書奏，吏與光故舊，因以告之。光報憲，憲奏弘大臣漏泄密事。帝詰讓弘，收上印綬。弘自詣廷尉，詔勑出之，因乞骸骨歸，未許。病篤，上書陳謝，并言竇憲之短。[7]帝省章，遣醫占弘病，比至已卒。臨殁悉還賜物，勑妻子褐巾布衣素棺殯殮，以還鄉里。[8]

[1]【今注】鄧彪：字智伯，南陽新野（今河南新野縣）人。傳見本書卷四四。《北堂書鈔》卷五一引《謝承書》曰："弘爲太尉，固讓不就。"

[2]【今注】案，弟，大德本、殿本作"第"，是；五，紹興本作"伍"。

[3]【今注】正朔：一年的第一天。即正月初一。

[4]【李賢注】以雲母飾屏風也。

[5]【今注】案，在位四年，中華本校勘記云："張熷謂本紀元和元年八月，弘爲太尉，三年四月免，不得云'四年'。"

[6]【今注】竇憲：字伯度，扶風平陵（今陝西咸陽市西北）人。傳見本書卷二三。

[7]【今注】案，事見袁宏《後漢紀》卷一二《孝章皇帝紀下》。

[8]【今注】案，《東觀漢記》卷一五《鄭弘傳》載，弘爲太尉，以日食免，與此異。

周章字次叔，南陽隨人也。[1]初仕郡爲功曹。時大將軍竇憲免，封冠軍侯就國。[2]章從太守行春到冠軍，太守猶欲謁之。章進諫曰："今日公行春，豈可越儀私交。且憲椒房之親，[3]執傾王室，而退就藩國，禍福難量。明府剖符大臣，千里重任，[4]舉止進退，其可輕乎？"太守不聽，遂便升車。[5]章前拔佩刀絶馬鞅，[6]

於是乃止。及憲被誅，公卿以下多以交關得罪，[7]太守幸免，以此重章。舉孝廉，六遷爲五官中郎將。[8]延平元年，[9]爲光禄勳。

[1]【李賢注】“叔”或作“升”。

[2]【今注】冠軍：縣名。治所在今河南鄧州市西北。

[3]【今注】椒房：漢代皇后所居住的宫殿，後指代后妃。

[4]【李賢注】剖符解見《杜詩傳》。【今注】明府：漢魏以來對太守、縣令的尊稱。猶言英明的府君。　剖符大臣：郡國守相。符，古代調兵遣將的信物。用銅鑄成，虎形，背上有銘文，分兩半，右半留中，左半授予統帥或地方長官。調兵時由使臣驗合，方能生效。

[5]【今注】升車：出發。

[6]【今注】絶：割斷。　馬鞅：套在馬頸上負軛的皮帶。

[7]【今注】交關：交通往來，牽連勾結。

[8]【今注】五官中郎將：官名。秦置。西漢隸光禄勳，主中郎，秩比二千石。東漢時，部分侍郎、郎中亦歸其統率。職掌宿衛殿門，出充車騎。

[9]【今注】延平：東漢殤帝劉隆年號（106）。

永初元年，代魏霸爲太常。[1]其冬，代尹勤爲司空。[2]是時中常侍鄭衆、蔡倫等皆秉埶豫政，[3]章數進直言。初，和帝崩，鄧太后以皇子勝有痼疾，[4]不可奉承宗廟，貪殤帝孩抱，[5]養爲己子，故立之，以勝爲平原王。及殤帝崩，群臣以勝疾非錮，[6]意咸歸之，太后以前既不立，恐後爲怨，乃立和帝兄清河孝王子祐，是爲安帝。章以衆心不附，遂密謀閉宫門，誅車騎將軍鄧騭兄弟及鄭衆、蔡倫,[7]劫尚書，廢太后於南宫，封帝爲遠國王,[8]而立平原王。事覺，勝策免，章自殺。家無餘財，諸子易衣而出，并日而食。[9]

[1]【今注】魏霸：字喬卿，濟陰句陽（今山東菏澤市北）人。傳見本書卷二五。　太常：官名。位列九卿之首，官居清要，職務繁重，多由列侯充任。主管祭祀社稷、宗廟和朝會、喪葬禮儀等。西漢中期以後職權逐漸分化削弱，考試之權轉歸尚書，陵邑劃屬三輔。新莽時改名秩宗。東漢復舊，裁省屬官，唯置丞一員，秩中二千石。

[2]【今注】尹勤：字叔梁，篤性好學，時人重其節。後以定策立漢安帝，封福亭侯。永初元年（107），以雨水傷稼，策免就國。後病逝。事見本書卷四六《陳寵傳》。案，黄山《後漢書集解校補》引錢大昭説，謂章爲司空，本書卷五《安帝紀》在永初元年九月，"冬"當作"秋"。

[3]【今注】蔡倫：字敬仲，桂陽（今湖南郴州市）人。傳見本書卷七八。

[4]【李賢注】痼猶廢也。【今注】鄧太后：即和熹鄧皇后。紀見本書卷一〇上。　皇子勝：即劉勝。傳見本書卷五五。

[5]【今注】殤帝：東漢殤帝劉隆，公元105年至106年在位。紀見本書卷四。

[6]【今注】錮：通"痼"。

[7]【今注】鄧騭：字昭伯。殤帝去世，鄧太后與兄車騎將軍鄧騭定策禁中，立漢安帝。傳見本書卷一六。

[8]【李賢注】遥遠之國也。【今注】案，永初元年八月戊申，安帝未臨朝，鄧太后攝政，鄧騭爲車騎將軍，弟弘、悝、閶皆以校尉封侯，秉國勢。司空周章意不平，與王尊、叔元茂等謀，欲閉宫門，捕將軍兄弟，誅常侍鄭衆、蔡倫，劫刺尚書，廢皇太后，封皇

帝爲遠國王。事覺，章自殺。事見本書《天文志中》。

［9］【今注】案，王先謙《後漢書集解》引黄山曰："此文'勝'字當在'事覺'上。《安紀》永初元年司空周章密謀廢立策免，自殺。《平原懷王勝傳》延平元年封，八年薨。與《紀》合。則勝無策免事。諸王之廢，亦不得爲策免。此策免自屬章也。勝有痼疾，《安紀》《勝傳》亦皆明載。殤帝生始百日，養於民間。和帝崩，始迎立之，見《鄧皇后紀》。則謂后養爲己子，故立之。及勝疾非痼，均不過據當時章所自執之詞，非事實矣。"

論曰：孔子稱"可與立，未可與權"。［1］權也者，反常者也。［2］將從反常之事，必資非常之會，［3］使夫舉無違妄，志行名全。周章身非負圖之託，［4］德乏萬夫之望，［5］主無絶天之釁，［6］地有既安之埶，［7］而創慮於難圖，希功於理絶，不已悖乎！［8］如令君器易以下議，［9］即斗筲必能叨天業，［10］狂夫豎臣亦自奮矣。孟軻有言曰："有伊尹之心則可，無伊尹之心則篡矣。"［11］於戲，方來之人戒之哉！

［1］【李賢注】《論語》載孔子之詞也。立謂立功立事也。【今注】案，見《論語·子罕》。

［2］【李賢注】《公羊傳》曰："權者何？權者反乎經，然後有善也。"

［3］【李賢注】會，際也。

［4］【李賢注】武帝欲立昭帝爲太子，乃畫周公負成王圖賜霍光。【今注】負圖之託：指輔助太子即位這一重託。

［5］【李賢注】《詩》云："顒顒昂昂，萬夫之望。"【今注】案，《周易·繫辭下》亦有"君子知微知彰，知柔知剛，萬夫之

望”。

[6]【今注】案，主，大德本、殿本作“王”。殿本考證云：“按‘王’字當作‘主’，即謂安帝也。”

[7]【李賢注】《書》曰“紂自絶於天，結怨于人”也。

[8]【李賢注】悖，逆也。

[9]【今注】君器：國君的人選。

[10]【今注】斗筲：喻才識短淺、器量狹小之人。

[11]【李賢注】孟子曰：“公孫丑問曰：‘伊尹放太甲於桐宫，人大悦。太甲賢，又反之，人大悦。賢者之爲人臣也，其君不賢，故可放歟？’”孟子答以此言。【今注】案，見《孟子·盡心上》。

贊曰：朱定北州，激成寵尤。鲂用降帑，[1]延感歸囚。鄭、竇怨偶，代相爲仇。[2]周章反道，小智大謀。[3]

[1]【李賢注】帑，虜也。

[2]【李賢注】《左傳》曰：“怨偶曰仇。”

[3]【李賢注】《易》曰“智小而謀大，力少而任重，鮮不及矣”也（大德本、殿本無“也”字）。

後漢書　卷三四

列傳第二十四

梁統 子竦 曾孫商 玄孫冀

梁統字仲寧，安定烏氏人。[1]晉大夫梁益耳，即其先也。[2]統高祖父子都，自河東遷居北地，[3]子都子橋，[4]以貲千萬徙茂陵，[5]至哀、平之末，[6]歸安定。

［1］【今注】安定：郡名。西漢武帝元鼎三年（前114）置，治高平縣（今寧夏固原市）。東漢屬涼州，移治臨涇縣（今甘肅鎮原縣東南）。　烏氏：縣名。治所在今寧夏固原市東南。

［2］【李賢注】《東觀記》曰："其先與秦同祖，出於伯益，別封於梁。"梁益耳，見《左傳》。氏音支。

［3］【今注】河東：郡名。治安邑縣（今山西夏縣西北十五里禹王城）。　北地：郡名。戰國秦置，治義渠縣（今甘肅慶陽市西南）。西漢移治馬領縣（今甘肅慶陽市西北）。東漢又移治富平縣（今寧夏吴忠市西南）。

［4］【李賢注】《東觀記》，橋子溥。溥子延（延，殿本作"廷"），以明軍謀特除西域司馬。延生統。

［5］【今注】以貲千萬徙茂陵：漢初以來至漢武帝時，把各地的豪强遷徙到關中地區，以加强對他們的控制。凡是達到一定財産數量的即在被遷徙之列。案，千，殿本作“十”。

［6］【今注】哀：西漢哀帝劉欣，公元前 7 年至前 1 年在位。紀見《漢書》卷一一。　平：西漢平帝劉衎，公元前 1 年至 5 年在位。紀見《漢書》卷一二。

統性剛毅而好法律。[1]初仕州郡。更始二年，[2]召補中郎將，[3]使安集涼州，[4]拜酒泉太守。[5]會更始敗，赤眉入長安，統與竇融及諸郡守起兵保境，[6]謀共立帥。初以位次，咸共推統，統固辭曰：“昔陳嬰不受王者，以有老母也。[7]今統内有尊親，又德薄能寡，誠不足以當之。”遂共推融爲河西大將軍，[8]更以統爲武威太守。[9]爲政嚴猛，威行鄰郡。

［1］【今注】案，袁宏《後漢紀》卷三《光武皇帝紀第三》載，統“少治《春秋》，好法律”。

［2］【今注】更始：兩漢之際更始政權建立者劉玄年號（23—25）。劉玄號更始將軍，被擁立爲天子，建元曰更始元年。傳見本書卷一一。

［3］【今注】中郎將：官名。秦、西漢爲中郎長官，秩比二千石，隸郎中令（光禄勳）。職掌宫禁宿衛，隨行護駕，協助郎中令（光禄勳）考核選拔郎官及從官，亦常奉詔出使，職位清要。後又專設五官、左、右中郎將分領中郎、常侍侍郎，謁者。其職多由外戚及親近官員擔任。東漢省並郎署，中郎、侍郎、郎中悉歸五官、左、右三署，作爲後備官員。五官、左、右中郎將仍隸光禄勳，職掌訓練考核選拔郎官。宫禁宿衛侍從之職歸虎賁、羽林中郎將。别

設使匈奴中郎將管理南匈奴事務。亦有單稱中郎將者。

[4]【今注】涼州：西漢武帝元封五年（前106）置，爲十三刺史部之一。轄有隴西、天水、金城、安定、酒泉、張掖、武威、敦煌八郡。東漢時刺史治隴縣（今甘肅清水縣北）。

[5]【今注】酒泉：郡名。西漢武帝元狩二年（前121）置，治禄福縣（今甘肅酒泉市肅州區）。

[6]【今注】竇融：字周公，扶風平陵（今陝西咸陽市西北）人。傳見本書卷二三。　諸郡：王先謙《後漢書集解》引惠棟曰："謂金城、張掖、敦煌諸郡。"

[7]【李賢注】《前書》曰，陳嬰故東陽令史，少年殺其令，相聚數千人，迺請立嬰爲王。嬰母謂曰："吾自爲汝家婦（吾自爲，今本《漢書》作'自吾爲'），聞先故未嘗貴，今暴得大名，不祥，不如有所屬。"嬰乃不敢爲王。【今注】陳嬰：事見《漢書》卷三一《項籍傳》。

[8]【今注】河西大將軍：官名。高級軍事統帥。戰國秦漢皆有，非常設。遇有戰事，臨時委任統兵，事畢即罷。當時，竇融被推舉爲河西五郡大將軍。河西，泛指黄河以西地區，今甘肅一帶。一説指河西五郡：武威、金城、酒泉、張掖、敦煌。

[9]【今注】武威：郡名。治姑臧縣（今甘肅武威市涼州區）。案，袁宏《後漢紀·光武皇帝紀第三》曰："竇融典兵馬，又家世爲河西二千石，吏民所向，即共推融行河西五郡大將軍事。是時武威太守馬期、張掖太守任仲二人孤立無黨，融等議定移書告喻之，即時解印綬避位。於是梁統爲武威太守，史苞爲張掖太守，竺曾爲酒泉太守，辛肜爲燉煌太守。"與本傳略異。

建武五年，[1]統等各遣使隨竇融長史劉鈞詣闕奉貢，[2]願得詣行在所，[3]詔加統宣德將軍。[4]八年夏，光武自征隗囂，[5]統與竇融等將兵會車駕。及囂敗，封統爲成義侯，[6]同産兄巡、從弟騰並爲關内侯，[7]拜騰酒泉典農都尉，[8]悉遣還河西。十二年，統與融等俱詣京師，以列侯奉朝請，[9]更封高山侯，[10]拜太中大夫，[11]除四子爲郎。

[1]【今注】建武：東漢光武帝劉秀年號（25—56）。

[2]【今注】長史：官名。戰國時置，秦、漢因之。爲所在官署掾屬之長，秩千石。

[3]【今注】行在所：指天子巡行所至之地。

[4]【今注】宣德將軍：雜號將軍名。東漢置，掌帥軍征伐。

[5]【今注】隗囂：字季孟，天水成紀（今甘肅静寧縣西南）人。傳見本書卷一三。

[6]【今注】成義侯：中華本校勘記云："張熷謂'成義'當爲'義成'。義成，世祖時屬沛，後屬九江郡，他郡無此名。"義成，縣名。治所在今安徽懷遠縣東北。

[7]【今注】同産：同母兄弟。　關内侯：秦漢二十等爵的第十九級，地位僅次於列侯。列侯有封邑，能食其邑之租税。而關内侯僅有封號而無封邑，寄食於關内三輔地區。

[8]【今注】典農都尉：官名。即農都尉。西漢武帝始於邊郡置農都尉，主屯田殖穀。東漢因之。案，中華本校勘記曰："《校補》引侯康説，謂兩漢但稱農都尉，曹操始加'典'字，此誤以後世官名稱之。"

[9]【今注】奉朝請：兩漢朝廷給予退休大臣、列侯、宗室、外戚等的一種政治優待。當時春季朝會稱朝，秋季朝見稱請。西漢授此者特許參加朝會，班次亦可提高。如列侯就國者位次將作少府，而留居長安奉朝請者則在九卿之上。亦稱朝朔望。東漢所施甚廣，地位漸輕。

[10]【今注】高山：縣名。西漢置，屬臨淮郡。治所在今江

蘇盱眙縣南。

［11］【今注】太中大夫：官名。亦作大中大夫。秦、西漢初位居諸大夫之首。武帝太初元年（前 104）以後次於光禄大夫，秩比千石。掌顧問應對。東漢秩千石，後期權任漸輕。

統在朝廷，數陳便宜。[1]以爲法令既輕，下姦不勝，宜重刑罰，以遵舊典，乃上疏曰：[2]

［1］【今注】便宜：應辦的事，特指對國家有利的事。

［2］【今注】案，據《晉書·刑法志》載，“漢自王莽篡位之後，舊章不存。光武中興，留心庶獄，常臨朝聽訟，躬決疑事。是時承離亂之後，法網弛縱，罪名既輕，無以懲肅”，於是梁統乃上疏。

臣竊見元、哀二帝輕殊死之刑以一百二十三事，手殺人者減死一等，[1]自是以後，著爲常準，故人輕犯法，吏易殺人。

［1］【李賢注】《東觀記》曰：“元帝初光五年（光，紹興本、大德本、殿本作‘元’），輕殊死刑三十四事，哀帝建平元年，輕殊死刑八十一事，其四十二事手殺人者減死一等。”【今注】元：西漢元帝劉奭，公元前 49 年至前 33 年在位。紀見《漢書》卷九。案，《四庫全書考證》云：“考《范書》所載減輕條目，其數與原文不合，蓋緣元帝所輕三十四事，《范書》未曾統計耳，賴本書載統疏原文，可訂其訛。”

臣聞立君之道，仁義爲主。仁者愛人，義者

政理。愛人以除殘爲務，政理以去亂爲心。刑罰在衷，無取於輕。是以五帝有流殛放殺之誅，[1]三王有大辟刻肌之法。[2]故孔子稱“仁者必有勇”，[3]又曰“理財正辭，禁民爲非曰義”。[4]高帝受命誅暴，平蕩天下，約令定律，誠得其宜。[5]文帝寬惠柔克，遭世康平，[6]唯除省肉刑、相坐之法，它皆率由，無革舊章。[7]武帝值中國隆盛，[8]財力有餘，征伐遠方，軍役數興，豪桀犯禁，[9]姦吏弄法，故重首匿之科，著知從之律，[10]以破朋黨，以懲隱匿。宣帝聰明正直，[11]總御海内，臣下奉憲，無所失墜，因循先典，天下稱理。至哀、平繼體，而即位日淺，聽斷尚寡，丞相王嘉輕爲穿鑿，虧除先帝舊約成律，[12]數年之閒，百有餘事，或不便於理，或不厭民心。謹表其尤害於體者傅奏於左。[13]

[1]【李賢注】唐堯時流共工（堯，大德本、殿本作“虞”，可從），放驩兜，服三苗（服，大德本、殿本作“殺”，是），殛鯀（殛，大德本誤作“極”）。堯爲五帝之一，故舉言焉。

[2]【李賢注】大辟，罪之大者，謂死刑也。刻肌謂墨、劓、臏、刖。【今注】三王：夏、商、周三朝的開國之王——禹、湯、周文王和周武王。　刻肌之法：指墨、劓、臏、刖。墨刑，又稱黥刑、黥面。古代五刑中最輕的一種刑罰，在犯人的臉上刺面塗墨。劓（yì），割鼻。西漢文帝時將應受劓刑的罪改爲笞刑。刖（yuè），夏朝稱臏，周朝稱刖，秦朝稱斬趾。指砍去受罰者左脚、右脚或雙脚。亦有指刖刑是削去膝蓋骨（臏骨）使犯人不能站立的説法。

案，《東觀漢記》卷一五《梁統傳》曰："五帝有流殛放殺之誅，三王有大辟刻肌之法，是以五帝、三王之刑，除殘去亂。鞭扑不可弛於家，刑罰不可廢於國，征伐不可偃於天下，用之有本末，行之有逆順耳。"

［3］【李賢注】《論語》載孔子之言也。五帝、三王皆以仁義而化，而能用肉刑以正俗，是爲勇也。【今注】案，出自《論語·憲問》。

［4］【李賢注】《易·繫詞》曰（詞，大德本、殿本作"辭"，是，本注下同）："何以守位？曰仁。何以聚人？曰財。理財正辭，禁人爲非曰義。"《繫詞》亦孔子作，故稱"又曰"。

［5］【李賢注】高祖定天下，使蕭何次律令。【今注】高帝：西漢高祖劉邦，公元前206年至前195年在位。紀見《史記》卷八、《漢書》卷一。

［6］【李賢注】克，能也。言以和柔能理俗也。《尚書》曰"高明柔克"也。【今注】文帝：西漢文帝劉恒，公元前180年至前157年在位。廟號太宗，謚號孝文。紀見《史記》卷一〇、《漢書》卷四。

［7］【李賢注】秦法，一人有罪，并其家室（并，殿本作"坐"，可從）。文帝除肉刑并相坐律令，餘則仍舊不改。【今注】肉刑：西漢文帝十三年（前167）有除肉刑之詔書。　率由：遵循成規舊章。

［8］【今注】武帝：西漢武帝劉徹，公元前141年至前87年在位。紀見《史記》卷一二、《漢書》卷六。

［9］【今注】案，桀，大德本、殿本作"傑"。

［10］【李賢注】凡首匿者，爲謀首（大德本、殿本"爲"前有"每"字；首，殿本作"自"），臧匿罪人（臧，大德本、殿本作"藏"）。至宣帝時，除子匿父母，妻匿夫，孫匿大父母罪（大，大德本、殿本作"祖"，可從），餘至殊死上請。知縱謂見

知故縱（知縱，殿本作“知從”），武帝時立見知故縱之罪，使張湯等著律，並見《前書》也。【今注】案，《漢書·刑法志》顏師古注曰：“見知人犯法不舉告爲故縱，而所監臨部主有罪並連坐也。”所謂“見知故縱”，是指監察或主管官吏見知民或吏犯法而不舉告、揭發，監管或主管官吏應負連帶責任（參見宋國華《漢代“見知之法”考述》，《咸陽師範學院學報》2008 年第 3 期）。

［11］【今注】宣帝：西漢宣帝劉詢，公元前 74 年至前 49 年在位。紀見《漢書》卷八。

［12］【李賢注】王嘉字公仲，平陵人。案《嘉傳》及《刑法志》並無其事，統與嘉時代相接，所引故不妄矣（故，大德本、殿本誤作“固”），但班固略而不載也。【今注】王嘉：字公仲，平陵（今陝西咸陽市西北）人。傳見《漢書》卷八六。案，王鳴盛《十七史商榷》卷三五曰：“近儒謂王嘉以建平二年十月爲御史大夫，三年四月爲丞相，元壽元年三月下獄死，爲相不過二期，安得‘數年之間，虧除百餘事’。宜乎班史之不取。愚則以嘉爲相出入三年矣。《祭遵傳》：‘大漢累世十餘，歷載數百。’注云：‘漢興至此二百餘年，言數百者，謂以百數之。’須知古人自有此等文法，二百年可稱數百載，三年何不可稱數年？班史紕漏多矣，不害爲良史。若以耳食之見，有意尊班抑范，則非也。”惠棟《後漢書補注》曰：“《東觀記》載統奏曰：元帝法律少所改更，孝成、孝哀即位日淺，聽斷尚寡，丞相王嘉等猥以數年之間，虧除先帝舊約，定令斷律凡百餘事云云。統言王嘉等，明不專指嘉也。”

［13］【李賢注】體，政體也。傅音附。

伏惟陛下包元履德，權時撥亂，[1]功踰文武，德侔高皇，[2]誠不宜因循季末衰微之軌。[3]回神明察，考量得失。宜詔有司，詳擇其善。定不易之典，施無窮之法。天下幸甚。[4]

[1]【李賢注】撥，理也。《公羊傳》曰："撥亂代反之正。"

[2]【今注】案，侔，大德本作"謀"。

[3]【今注】季末：末代。

[4]【今注】案，《晉書·刑法志》載曰："伏惟陛下苞五常，履九德，推時撥亂，博施濟時，而反因循季世末節，衰微軌迹，誠非所以還初反本，據元更始也。願陛下宣詔有司，悉舉初元、建平之所穿鑿，考其輕重，察其化俗，足以知政教所處，擇其善者而從之，其不善者而改之，定不易之典，施之無窮，天下幸甚。"

事下三公、廷尉，[1]議者以爲隆刑峻法，非明王急務，施行日久，豈一朝所釐。[2]統今所定，不宜開可。[3]

[1]【今注】三公：太尉、司徒、司空，爲中央最高行政長官，亦稱"三司"。爵高禄厚，參議朝政，監察百官。近年有觀點認爲，西漢成帝時改革官制並非衹是從形式上整齊官制，其重新確立"三公"後，實是將外朝的丞相、御史大夫以大司徒、大司空的名義引入内朝，同時又令大司馬兼領外朝，使三公同時施行内外朝的權力。一定程度上改變了霍光以來内朝大司馬獨大，外朝丞相、御史大夫淪爲傀儡的政治格局。（參見安作璋、熊鐵基《秦漢官制史稿》，齊魯書社 2007 年版，第 6—7 頁；徐沖《西漢後期至新莽時代"三公制"的演生》，《文史》2018 年第 4 輯）

[2]【李賢注】釐猶改也。

[3]【今注】不宜開可：《晉書·刑法志》作"不可開許"。又周壽昌《後漢書注補正》曰："開，啓也，謂啓其端也。言不宜開嚴刑之端而可其奏也。"

統復上言曰："有司以臣今所言，不可施行。尋臣之所奏，非曰嚴刑。竊謂高帝以後，至乎孝宣，其所施行，多合經傳，宜比方今事，驗之往古，聿遵前典，事無難改，不勝至願。願得召見，若對尚書近臣，口陳其要。”[1]帝令尚書問狀，統對曰：

[1]【今注】案，周壽昌《後漢書注補正》曰：“若，即或也。是今之所謂雙請。”

聞聖帝明王，制立刑罰，故雖堯舜之盛，猶誅四凶。《經》曰：“天討有罪，五刑五庸哉。”[1]又曰：“爰制百姓于刑之衷。”[2]孔子曰：“刑罰不衷，則人無所厝手足。”[3]衷之爲言，不輕不重之謂也。《春秋》之誅，不避親戚，[4]所以防患救亂，全安衆庶，[5]豈無仁愛之恩，貴絶殘賊之路也？

[1]【李賢注】《尚書·咎繇謨》之詞也。庸，用也。言天以五刑討有罪，用五刑必當也。

[2]【李賢注】《尚書·吕刑》云：“士制百姓于刑之中。”孔安國注云：“咎繇作士，制百官于刑之中。”此作“爰”，爰，於也，義亦通。衷音丁仲反（丁，大德本、殿本作“貞”），下同也。

[3]【李賢注】厝，置也。【今注】案，語出《論語·子路》。

[4]【李賢注】《左傳》曰：“大義滅親。”又曰：“周公殺管叔，夫豈不愛，王室故也。”

[5]【今注】案，全，大德本、殿本作“坐”。

自高祖之興，至于孝宣，君明臣忠，謨謀深博，[1]猶因循舊章，不輕改革，海内稱理，斷獄益少。至初元、建平，所減刑罰百有餘條，[2]而盜賊浸多，歲以萬數。閒者三輔從横，群輩並起，[3]至燔燒茂陵，火見未央。[4]其後隴西、北地、西河之賊，[5]越州度郡，萬里交結，攻取庫兵，劫略吏人。詔書討捕，連年不獲。[6]是時以天下無難，百姓安平，而狂狡之埶，猶至於此，皆刑罰不衷，愚人易犯之所致也。

[1]【今注】案，謨謀，大德本、殿本作“謀謨”。

[2]【李賢注】初元，元帝年也。建平，哀帝年也。【今注】初元：西漢元帝劉奭年號（前48—前44）。 建平：西漢哀帝劉欣年號（前6—前3）。案，王先謙《後漢書集解》：“《官本考證》曰：何焯云《前書》初元，則《刑法志》中載元帝議減律令詔書。若哀帝則並無減刑罰事。想以成帝河平中復下詔減死刑，統因誤以爲哀帝之建平。注家並不細尋，遂以爲班固失之略耳。”

[3]【李賢注】從音子用反，横音户孟反。【今注】三輔：地區名。京畿地區的合稱。西漢景帝二年（前155）分内史爲左右内史，與主爵中尉（尋改主爵都尉）同治京城長安城中，所轄皆爲京畿之地，故合稱“三輔”。武帝時，左右内史、主爵都尉分别改名爲左馮翊、京兆尹、右扶風。轄境相當於今陝西關中地區。

[4]【今注】未央：即未央宫。漢正宫。在秦章臺基礎上修建，位於漢長安城地勢最高西南角龍首原上，因在長安城安門大街之西，又稱西宫。參見李毓芳《漢長安城未央宫的考古發掘與研究》（《文博》1995年第3期）、陳蘇鎮《未央宫四殿考》（《歷史研究》2016年第5期）。

［5］【今注】隴西：郡名。治狄道縣（今甘肅臨洮縣南）。西河：郡名。西漢武帝元朔四年（前 125）置，治平定縣（今内蒙古伊金霍洛旗東南）。東漢順帝永和五年（140），移治離石縣（今山西離石縣）。

［6］【李賢注】《東觀記》統對尚書狀曰“元壽二年，三輔盜賊群輩並起，至燔燒茂陵都邑，煙火見未央宫，前代未嘗所有。其後隴西新興，北地任横、任崔（崔，大德本、殿本作‘崖’，可從），西河曹況，越州度郡，萬里交結，或從遠方，四面會合，遂攻取庫兵（庫，大德本作‘軍’），劫略吏人，國家開封侯之科，以軍法追捕，僅能破散”也。

由此觀之，則刑輕之作，反生大患；惠加姦軌，而害及良善也。故臣統願陛下采擇賢臣孔光、師丹等議。[1]

［1］【李賢注】孔光字子夏，師丹字公仲，並哀帝時丞相。光明習漢制及法令，丹初以論議深博，徵入爲光禄大夫，皆有議，見《前書》。【今注】孔光：字子夏。孔子十四世之孫也。孔霸之子，明習漢制及法令。傳見《漢書》卷八一。　師丹：字仲公。西漢元帝末，爲博士。爲光禄大夫少府、光禄勳、侍中，甚見尊重。成帝末年，爲太子太傅。哀帝時，爲左將軍，領尚書事，後爲大司馬、大司空。傳見《漢書》卷八六。

議上，遂寢不報。[1]

［1］【李賢注】上音時掌反。

後出爲九江太守,[1]定封陵鄉侯。[2]統在郡亦有治迹，吏人畏愛之。卒於官。子松嗣。

[1]【今注】九江：郡名。治陰陵縣（今安徽定遠縣西北）。

[2]【今注】定封：確定封地、爵位。　陵鄉侯：惠棟《後漢書補注》曰："應劭《地理風俗記》曰東武城西南七十里，有陵鄉故縣也。《水經注》云陵鄉，世謂之梁侯城。棟案，東武城屬清河國。"王先謙《後漢書集解》引洪頤宣曰："《皇后紀》舞陰長公主適延陵鄉侯太僕梁松。此傳陵上脱延字。《明帝紀》亦作陵鄉侯梁松。"

松字伯孫，少爲郎，尚光武女舞陰長公主,[1]再遷虎賁中郎將。[2]松博通經書，明習故事，與諸儒脩明堂、辟廱、郊祀、封禪禮儀,[3]常與論議，寵幸莫比。光武崩，受遺詔輔政。永平元年,[4]遷太僕。[5]

[1]【今注】光武：東漢光武帝劉秀，公元25年至57年在位。紀見本書卷一。　舞陰：周壽昌《後漢書注補正》曰："舞陰，名義王，世祖長女。"

[2]【今注】虎賁中郎將：官名。漢置，爲光禄勳屬官，俸比二千石，掌虎賁宿衛，光武帝、明帝時常以侍中兼領之，其後多以貴戚充任，或領兵出征。

[3]【今注】明堂：古代帝王宣明政教的地方。凡朝會、祭祀、慶賞、選士、養老、教學等大典，均在此舉行。　辟廱：周王朝爲貴族子弟所設的大學。案，廱，大德本、殿本作"雍"。　郊祀：古代祭祀，在郊外祭天或祭地。　封禪：古代帝王祭祀天地的典禮。在泰山上築壇祭天稱爲封，在泰山之南梁父山辟場祭地稱

爲禫。

［4］【今注】永平：東漢明帝劉莊年號（58—75）。

［5］【今注】太僕：官名。秦漢皆置，秩中二千石，位列九卿。掌皇帝專用車馬。

松數爲私書請託郡縣，二年，發覺免官，遂懷怨望。四年冬，乃縣飛書誹謗，下獄死，國除。[1]

［1］【李賢注】飛書者，無根而至，若飛來也，即今匿名書也。【今注】案，王先謙《後漢書集解》引王補曰："案本書《馬援傳》，松於援宿懷不平，因事構陷。帝大怒，追收援新息侯印綬。馬嚴與援妻子草索相連，詣闕請罪。帝乃出松書以示之，方知所坐則松之傾險不勝誅矣。范史備詳《援傳》，而於《松傳》不一及焉，是謂史法。"

子扈，後以恭懷皇后從兄，[1]永元中，[2]擢爲黄門侍郎，[3]歷位卿、校尉。温恭謙讓，亦敦《詩》《書》。永初中，[4]爲長樂少府。[5]松弟竦。

［1］【今注】恭懷皇后：即梁貴人，梁竦之女。東漢和帝之母。謚曰恭懷皇后。紀見本書卷一〇上。

［2］【今注】永元：東漢和帝劉肇年號（89—105）。

［3］【今注】黄門侍郎：官名。秦、西漢爲郎官加"給事黄門"省稱。亦稱"黄門郎"，無員數。爲中朝官員，給事於宫門之内，侍從皇帝、顧問應對，出則陪乘。與皇帝關係密切，多以重臣、外戚子弟、公主婿爲之。東漢與給事黄門合爲一官，遂成爲"給事黄門侍郎"省稱。

［4］【今注】永初：東漢安帝劉祜年號（107—113）。

［5］【今注】長樂少府：官名。西漢平帝元始四年（4）改長信少府置，秩二千石。掌皇太后宫中事務。東漢因之，不常置。長樂，即長樂宫。本秦之興樂宫。西漢高祖五年（前202）重加擴建，改名長樂宫。在今陝西西安市西北十五里、漢長安城東隅。

竦字叔敬，少習《孟氏易》，[1]弱冠能教授。[2]後坐兄松事，與弟恭俱徙九真。[3]既徂南土，[4]歷江、湖，濟沅、湘，[5]感悼子胥、屈原以非辜沈身，乃作《悼騷賦》，繫玄石而沈之。[6]

［1］【李賢注】孟喜字長卿，東海人，見《前書》。【今注】孟氏：即孟喜，字長卿，東海蘭陵（今山東蘭陵縣）人。其父孟卿以《禮經》多，《春秋》煩雜，乃使喜從田王孫受《易》。傳見《漢書》卷八八。

［2］【今注】弱冠：古代男子二十歲行冠禮，故用以指男子二十歲左右的年齡。

［3］【今注】九真：郡名。西漢初南越趙佗置。武帝元鼎六年（前111）歸漢。治胥浦縣（今越南清化省清化市西北）。

［4］【今注】徂：往，到。

［5］【李賢注】湖謂洞庭湖，在今嶽州。《水經》云沅出牂柯且蘭縣（大德本、殿本“沅”後有“水”字，可從），注云入洞庭，會于江。湘水出零陵始安縣陽海山，至巴丘入于江。【今注】江：長江。　湖：洞庭湖。　沅湘：沅水與湘水，均在今湖南境内。

［6］【李賢注】《東觀記》載其文曰：“彼仲尼之佐魯兮，先嚴斷而後弘衍。雖離讒以嗚邑兮，卒暴誅於兩觀。殷伊尹之協德兮（伊尹，大德本誤作‘尹同’），暨太甲而俱寧。豈齊量其幾

微兮，徒信己以榮名。雖吞刀以奉命兮，抉目眦於門閭。吴荒萌其已殖兮，可信顔於王廬？圖往鏡來兮，關北在篇。君名既泯没兮，後辟亦然。屈平濯德兮，絜顯芬香。句踐罪種兮（句，殿本作‘勾’，可從），越嗣不長。重耳忽推兮，六卿卒强。趙殞鳴犢兮（殞，大德本、殿本作‘隕’），秦人入疆。樂毅奔趙兮，燕亦是喪。武安賜命兮，昭以不王。蒙宗不幸兮，長平顛荒。范父乞身兮，楚項不昌。何爾生不先後兮，推洪勳以遐邁（推，殿本作‘惟’）。服荔裳如朱紱兮，騁鸞路於犇瀨（騁，大德本、殿本作‘聘’）。歷蒼梧之崇丘兮，宗虞氏之俊乂（乂，紹興本、大德本、殿本作‘乂’）。臨衆瀆之神林兮，東敕職於蓬碣。祖聖道而垂典兮，褒忠孝以爲珍。既匡救而不得兮，必殞命而後仁（仁，殿本作‘亡’）。惟賈傅其違指兮，何楊生之欺真（欺，殿本作‘敗’）。彼皇麟之高舉兮，熙太清之悠悠。臨岷川以愴恨兮，指丹海以爲期。”【今注】子胥：即伍員，字子胥。春秋末吴國大臣。本爲楚國人。其父伍奢被害後，他逃到吴國。後輔助吴王闔閭一度攻入楚國都城。終因讒言，被迫自殺。傳見《史記》卷六六。　屈原：戰國時楚人。楚懷王時任三閭大夫。後遭讒言，投汨羅江而死。傳見《史記》卷八四。

顯宗後詔聽還本郡。[1]竦閉門自養，以經籍爲娱，著書數篇，名曰《七序》。班固見而稱曰：“孔子著《春秋》而亂臣賊子懼，[2]梁竦作《七序》而竊位素餐者慙。”[3]性好施，不事産業。長嫂舞陰公主贍給諸梁，親踈有序，特重敬竦，雖衣食器物，必有加異。竦悉分與親族，自無所服。[4]

[1]【今注】顯宗：東漢明帝劉莊，公元57年至75年在位。

顯宗爲其廟號。紀見本書卷二。

[2]【李賢注】《左傳》：“書齊豹曰盜，三叛人名，以懲不義。善人勸焉，淫人懼焉。”孟子云：“仲尼成《春秋》，亂臣賊子懼。”【今注】班固：字孟堅，扶風安陵（今陝西咸陽市東北）人。傳見本書卷四〇。

[3]【今注】素餐：不勞而食。

[4]【李賢注】服猶用也。

竦生長京師，不樂本土，自負其才，鬱鬱不得意。嘗登高遠望，歎息言曰：“大丈夫居世，生當封侯，死當廟食。[1]如其不然，閑居可以養志，《詩》《書》足以自娱。州郡之職，徒勞人耳。”後辟命交至，並無所就。有三男三女，[2]肅宗納其二女，[3]皆爲貴人。[4]小貴人生和帝，[5]竇皇后養以爲子，[6]而竦家私相慶。後諸竇聞之，恐梁氏得志，終爲己害。建初八年，遂譖殺二貴人，而陷竦等以惡逆。詔使漢陽太守鄭據傳考竦罪，[7]死獄中，家屬復徙九真。辭語連及舞陰公主，坐徙新城，使者護守。[8]宫省事密，[9]莫有知和帝梁氏生者。

[1]【李賢注】《禮記》曰：“諸侯五廟，卿大夫三廟，士一廟。”【今注】廟食：舊謂死後受人奉祀，在廟中享受祭食。

[2]【今注】案，三男三女，袁宏《後漢紀》卷一四《孝和皇帝紀下》云：“竦生二男三女，長男棠及翟，長女嫕及二貴人。”

[3]【今注】肅宗：東漢章帝劉炟，公元 75 年至 88 年在位。肅宗爲其廟號。紀見本書卷三。

[4]【今注】貴人：妃嬪的稱號。東漢光武帝時置，僅次於

皇后。

[5]【今注】和帝：東漢和帝劉肇，公元88年至105年在位。紀見本書卷四。

[6]【今注】竇皇后：東漢章德竇皇后。章帝建初三年（78）立爲皇后。紀見本書卷一〇上。

[7]【今注】漢陽：郡名。東漢明帝永平十七年（74）改天水郡置，治冀縣（今甘肅甘穀縣東）。

[8]【李賢注】新城，今洛州伊闕縣也。【今注】新城：東漢改新成縣置，治所在今河南伊川縣西南。

[9]【今注】宫省：宫中，宫禁。

永元九年，竇太后崩。松子扈遣從兄禮[1]奏記三府，[2]以爲漢家舊典，崇貴母氏，而梁貴人親育聖躬，不蒙尊號，求得申議。[3]太尉張酺引禮訊問事理，[4]會後召見，[5]因白禮奏記之狀。帝感慟良久，曰："於君意若何？"酺對曰："《春秋》之義，母以子貴。[6]漢興以來，母氏莫不隆顯，臣愚以爲宜上尊號，追慰聖靈，存録諸舅，[7]以明親親。"帝悲泣曰："非君孰爲朕思之！"會貴人姊南陽樊調妻嫕[8]上書自訟曰："妾同産女弟貴人，前充後宫，蒙先帝厚恩，得見寵幸。皇天授命，誕生聖明。而爲竇憲兄弟所見譖訴，使妾父竦冤死牢獄，骸骨不掩。老母孤弟，遠徙萬里。獨妾遺脱，逸伏草野，常恐没命，無由自達。今遭值陛下神聖之運，親統萬機，群物得所。憲兄弟姦惡，既伏辜誅，海内曠然，各獲其宜。妾得蘇息，拭目更視，乃敢昧死自陳所天。[9]妾聞太宗即位，薄氏蒙榮；[10]宣帝繼統，史族復興。[11]妾門雖有薄、史之親，獨無外戚餘恩，誠自悼傷。妾父既冤，不可復生，母氏年殊七十，[12]及弟棠等，遠在絶域，不知死生。願乞收竦朽骨，使母弟得歸本郡，則施過天地，存歿幸賴。”帝覽章感悟，乃下中常侍、掖庭令驗問之，[13]嫕辭證明審，遂得引見，具陳其狀。乃留嫕止宫中，連月乃出，賞賜衣被錢帛弟宅奴婢，[14]旬月之閒，累資千萬。嫕素有行操，帝益愛之，加號梁夫人；[15]擢樊調爲羽林左監。[16]調，光禄大夫宏兄曾孫也。[17]

[1]【李賢注】禮，古“禪”字也。

[2]【今注】三府：漢代太尉、司徒、司空設立的府署，稱“三府”。

[3]【李賢注】求甲理而議之也（甲，殿本作“申”，是）。

[4]【今注】案，太尉，殿本作“大尉”。　張酺：字孟侯，汝南細陽（今安徽太和縣東南）人。傳見本書卷四五。

[5]【今注】案，據袁宏《後漢紀》卷一四《孝和皇帝紀下》：“會以蝗飛過京師，召見對説，因具言擅記。”

[6]【李賢注】解見《光武記》（記，大德本、殿本作“紀”，是）。

[7]【今注】存録：存恤録用。

[8]【李賢注】嫕音於計反。【今注】嫕：音 yì。

[9]【李賢注】臣以君爲天，故云“所天”。【今注】所天：此指君王。

[10]【李賢注】文帝即位，尊薄太后爲皇太后，封弟昭爲軹侯。太后母前死櫟陽，迺追尊太后父爲靈文侯，會稽郡置園邑三百家，櫟陽亦置靈文夫人園（夫，大德本誤作“大”），令如靈

文侯園儀也。【今注】案，事見《漢書》卷九七上《外戚傳上》。

［11］【李賢注】史良娣，宣帝祖母也。宣帝初生，母王夫人死，無所歸，史良娣母貞君養視焉。宣帝即位，以舊恩封史恭王子（王，紹興本、大德本、殿本作“三”，是），高爲樂陵侯，曾爲將陳侯（陳，紹興本、大德本、殿本作“陵”，是），玄爲平臺侯。【今注】案，事見《漢書》卷九七上《外戚傳上》、卷八二《史丹傳》。

［12］【李賢注】殊猶過也。

［13］【今注】中常侍：官名。初稱常侍，西漢元帝以後稱中常侍。凡列侯、將軍、卿大夫、將、都尉、尚書以至郎中，加此得出入禁中，常侍皇帝左右。武帝以後參與朝議，成爲中朝官。無定員。《資治通鑑》卷二八《漢紀》孝元皇帝初元元年胡三省注根據《百官公卿表》，指出侍中、中常侍皆加官，西漢時參用士人，東漢時乃以宦者爲中常侍。　掖庭令：官名。西漢武帝太初元年（前104）由永巷令改名，隸少府。掌後宫宫女及供御雜務，管理宫中詔獄，由宦者充任，侍從皇帝左右，權勢頗重。東漢沿置，秩六百石。

［14］【今注】案，弟，大德本、殿本作“第”，是。

［15］【今注】案，梁夫人，袁宏《後漢紀·孝和皇帝紀下》作“梁貴人”。

［16］【今注】羽林左監：官名。東漢置。隸屬羽林中郎將，主羽林左騎。有丞一人。職掌宿衛宫禁，護從皇帝。秩六百石。

［17］【李賢注】宏，光武舅也。【今注】光禄大夫：官名。西漢武帝時改中大夫置，掌論議。屬光禄勳，秩比二千石。西漢晚期，多作爲貴戚重臣的加官。無員限。東漢時，因權臣不復冠此號，漸成閑散之職，雖仍掌顧問應對，但多用以拜假賵贈之使，及監護諸國嗣喪事。　宏：樊宏，字靡卿，南陽湖陽（今河南唐河縣南）人。光武帝舅。傳見本書卷三二。

於是追尊恭懷皇后。其冬，制詔三公、大鴻臚曰：[1]"夫孝莫大於尊尊親親，其義一也。[2]《詩》云：'父兮生我，母兮鞠我，撫我畜我，長我育我，顧我復我，出入腹我。欲報之德，昊天罔極。'[3]朕不敢興事，覽于前世。太宗、中宗，寔有舊典，[4]追命外祖，以篤親親。其追封謚皇太后父竦爲褒親愍侯，比靈文、順成侯。[5]魂而有靈，嘉斯寵榮，好爵顯服，以慰母心。"遣中謁者與嫕及扈，備禮西迎竦喪，[6]詣京師改殯，賜東園畫棺、玉匣、衣衾，[7]建塋於恭懷皇后陵傍。帝親臨送葬，百官畢會。

[1]【今注】大鴻臚：官名。秦和西漢初稱典客，掌管歸降的少數民族。西漢景帝中元六年（前 144）改稱大行令，武帝太初元年（前 104）又更名大鴻臚。王莽時改稱典樂。東漢又復稱大鴻臚，設卿一人，秩中二千石。掌諸侯和四方歸降的少數民族。本書《百官志二》："大鴻臚，卿一人，中二千石。本注曰：掌諸侯及四方歸義蠻夷。其郊廟行禮，贊導，請行事，既可，以命群司。諸王入朝，當郊迎，典其禮儀。及郡國上計，匡四方來，亦屬焉。皇子拜王，贊授印綬。及拜諸侯、諸侯嗣子及四方夷狄封者，臺下鴻臚召拜之。王薨則使弔之，及拜王嗣。"

[2]【李賢注】《禮記》曰："上正祖禰，尊尊也。下正子孫，親親也。"

[3]【李賢注】《詩·小雅》也。毛萇注云："鞠，養也。腹（腹，大德本、殿本作'撫'），厚也。"鄭玄注云："畜，起也。育，覆育也。顧，旋視也。復，反覆也。腹，懷抱也。極，已也。欲報父母之德，昊天乎，我心無已也。"

[4]【李賢注】太宗，文帝也。中宗，宣帝也。

[5]【李賢注】昭帝母趙婕妤，帝即位，追封婕妤父爲順成侯，宣帝追封母王夫人父迺始爲恩成侯，各置園廟也。【今注】案，大德本、殿本“順成”之後有“恩成”二字。

[6]【李賢注】竦死漢陽獄，故西迎也（大德本“故”後有“自”字）。

[7]【李賢注】東園，署名，主知棺槨。《漢儀注》，王侯葬，腰已下玉爲札，長尺，廣二寸半；爲匣，下至足，綴以黄金鏤爲之（鏤，大德本、殿本作“縷”，可從）。“匣”字或作“柙”也。【今注】案，晝，大德本作“書”。

微還竦妻子，[1]封子棠爲樂平侯，棠弟雍乘氏侯，[2]雍弟翟單父侯，邑各五千户，位皆特進，[3]賞賜第宅奴婢車馬兵弩什物以巨萬計，[4]寵遇光於當世。諸梁内外以親疏並補郎、謁者。

[1]【今注】案，微，紹興本、大德本、殿本作“徵”，是。

[2]【今注】乘氏：侯國名。治所在今山東巨野縣西南。

[3]【今注】特進：官名。西漢置，凡諸侯功德優盛、朝廷敬異者賜特進，位在三公下，得自辟僚屬。東漢爲加官，從本官車服，無吏卒，唯食其禄賜、列其班位。

[4]【今注】什物：日用物品。

棠官至大鴻臚，雍少府。棠卒，子安國嗣，延光中爲侍中，[1]有罪免官，諸梁爲郎吏者皆坐免。

[1]【今注】延光：東漢安帝劉祜年號（122—125）。

商字伯夏，雍之子也。少以外戚拜郎中，遷黄門侍郎。永建元年，[1]襲父封乘氏侯。三年，順帝選商女及妹入掖庭，[2]遷侍中、屯騎校尉。[3]陽嘉元年，[4]女立爲皇后，妹爲貴人，加商位特進，更增國土，[5]賜安車駟馬，[6]其歲拜執金吾。[7]二年，封子冀爲襄邑侯，商讓不受。三年，以商爲大將軍，固稱疾不起。四年，使太常桓焉奉策就第即拜，[8]商乃詣闕受命。明年，夫人陰氏薨，[9]追號開封君，[10]贈印綬。

[1]【今注】永建：東漢順帝劉保年號（126—132）。

[2]【今注】順帝：東漢順帝劉保，公元125年至144年在位。紀見本書卷六。

[3]【今注】屯騎校尉：官名。西漢武帝初置，秩二千石，掌騎士，屬官有丞和司馬。東漢時秩比二千石，領宿衞兵七百人。

[4]【今注】陽嘉：東漢順帝劉保年號（132—135）。

[5]【今注】國土：此指封邑的土地。

[6]【今注】安車：可以坐乘的小車。高官告老，君主往往賜予安車，以示優容。安車多用一馬，禮尊者用四馬，故稱結駟。

[7]【今注】執金吾：官名。西漢武帝太初元年（前104）由中尉改名，秩中二千石。職掌京師治安，督捕盜賊，負責宫廷之外、京城之内的警衞，戒備非常水火之事，管理中央武庫，皇帝出行則掌護衞及儀仗隊。王莽始建國元年（9）更名奮武，東漢復舊。京師治安多委司隸校尉，遂減省屬官，唯領一丞及武庫令、丞，罷其兵，領緹騎二百人，專掌巡察宫外及主中央武庫。

[8]【今注】桓焉：字叔元，沛郡龍亢（今安徽懷遠縣西北）人。傳見本書卷三七。

[9]【今注】案，惠棟《後漢書補注》曰："案，《雜事秘辛》

商夫人陰桂之女。”

[10]【李賢注】開封，縣，故城在今汴州浚儀縣南。【今注】開封：縣名。治所在今河南開封市。

商自以戚屬居大位，每存謙柔，[1]虚己進賢，辟漢陽巨覽、上黨陳龜爲掾屬，[2]李固、周舉爲從事中郎，[3]於是京師翕然，稱爲良輔，帝委重焉。[4]每有飢饉，輒載租穀於城門，賑與貧餧，不宣己惠。[5]檢御門族，未曾以權盛干法。[6]而性慎弱無威斷，頗溺於内豎。[7]以小黄門曹節等用事於中，[8]遂遣子冀、不疑與爲交友，然宦者忌商寵任，反欲陷之。永和四年，[9]中常侍張逵、蘧政，内者令石光，[10]尚方令傅福，[11]冗從僕射杜永連謀，共譖商及中常侍曹騰、孟賁，云欲徵諸王子，圖議廢立，請收商等案罪。帝曰："大將軍父子我所親，騰、賁我所愛，必無是，但汝曹共妒之耳。"逵等知言不用，懼迫，遂出矯詔收縛騰、賁於省中。[12]帝聞震怒，勑宦者李歙急呼騰、賁釋之，收逵等，悉伏誅。辭所連染及在位大臣，商懼多侵枉，乃上疏曰："《春秋》之義，功在元帥，罪止首惡，[13]故賞不僭溢，刑不淫濫，五帝、三王所以同致康乂也。[14]竊聞考中常侍張逵等，辭語多所牽及。大獄一起，無辜者衆，死囚久繫，纖微成大，[15]非所以順迎和氣，平政成化也。[16]宜早訖竟，以止逮捕之煩。"[17]帝乃納之，罪止坐者。

[1]【今注】案，《太平御覽》卷四二三引《東觀漢記》曰：

"梁商朝廷敬憚，其委任自前世外戚見禮過尊顯所未曾有。商門無駐馬請謁之賓，謙虚挹損，九命彌恭，漢興已來，妃后之家亦無商比。"

［2］【今注】上黨：郡名。治長子縣（今山西長子縣西南）。東漢末移治壺關縣（今山西長治市北）。　陳龜：字叔珍，上黨泫氏（今山西高平市）人。傳見本書卷五一。　掾屬：屬官統稱。漢朝泛指公府及郡縣官府屬吏，正曰掾、副曰屬，如各曹掾史及其下屬吏。

［3］【今注】李固：字子堅，漢中南鄭（今陝西漢中市）人。傳見本書卷六三。　周舉：字宣光，汝南汝陽（今河南商水縣西北）人。傳見本書卷六一。　從事中郎：官名。東漢大將軍、車騎將軍屬官。職參謀議、大將軍府所屬員二人。秩六百石。

［4］【李賢注】《東觀漢記》："商少持《韓詩》，兼讀衆書傳記，天資聰敏，昭達萬情。舉措動作，直推雅性，務在誠實，不爲華飾。孝友著於閭閾，明信結於友朋。其在朝廷，儼恪矜嚴，威而不猛。退食私館，接賓待客，寬和肅敬。憂人之憂，樂人之樂，皆若在己。輕財貨，不爲蓄積，故衣裘裁足卒歲，奴婢車馬供用而已。朝廷由是敬憚委任焉。"

［5］【今注】案，《太平御覽》卷五一五引《東觀記》曰："梁商，字伯夏，安定烏氏人。常曰：'多藏厚亡，爲子孫累。'每租奉到及兩宫賞賜，便置中門外，未嘗入藏，悉分與昆弟中外。"《北堂書鈔》卷三九引《東觀記》曰："梁商，饑年穀貴，有餓餒，輒遣蒼頭以車載米鹽菜錢，於四城散乞貧民。"

［6］【今注】案，曾，大德本、殿本作"嘗'，亦通。

［7］【今注】内豎：古代宫中傳達王命的小吏，後用作"宦官"的統稱。

［8］【今注】小黄門：宦官名。東漢始置，名義上屬少府，秩六百石。位次中常侍，高於中黄門。侍從皇帝左右，收受尚書奏

事，傳宣帝命。和帝之後，權勢漸重。　曹節：字漢豐，南陽新野（今河南新野縣）人。傳見本書卷七八。

［9］【今注】永和：東漢順帝劉保年號（136—141）。

［10］【李賢注】内者，署名，令一人，秩六百石，屬少府，見《漢官儀》也。

［11］【今注】尚方：少府的屬官，製辦宫廷器物。

［12］【今注】矯詔：猶言假傳聖旨。　省中：宫禁之中。漢制，王所居曰禁中，諸公所居曰省中。

［13］【李賢注】《春秋經書》"虞師、晉師滅下陽"。《公羊傳》曰："虞，微國也，曷爲序于大國之上？使虞首惡也（使，殿本作'表'，可從）。曷爲序虞首惡？虞受賂，假滅國者道，以取亡焉。"

［14］【李賢注】《左傳》曰："善爲國者，賞不僭而刑不濫。賞僭則懼及淫人，刑濫則懼及善人。若不幸而過，寧僭無濫。"

［15］【李賢注】言久繫，則細微之事引牽而成大也。

［16］【李賢注】《禮記·月令》"孟春之月，天子親帥三公、九卿、諸侯、大夫，以迎春於東郊，命相布德和令，行慶施惠，下及兆人"也（人，殿本作"民"，是）。

［17］【李賢注】逮，及也，辭所連及即追補之也（補，紹興本、大德本、殿本作"捕"，是）。

六年秋，商病篤，敕子冀等曰："吾以不德，享受多福。生無以輔益朝廷，死必耗費帑臧，衣衾飯唅玉匣珠貝之屬，何益朽骨。[1]百僚勞擾，紛華道路，秖增塵垢，雖云禮制，亦有權時。[2]方今邊境不寧，盜賊未息，豈宜重爲國損！氣絶之後，載至冢舍，即時殯斂。斂以時服，皆以故衣，無更裁制。殯已開冢，冢開即葬。祭食如存，無用三牲。孝子善述父志，不宜違我言也。”[3]及薨，[4]帝親臨喪，諸子欲從其誨，朝廷不聽，賜以東園朱壽之器、銀鏤、黄腸、玉匣、什物二十八種，[5]錢二百萬，布三千匹。皇后錢五百萬，布萬匹。及葬，贈輕車介士，[6]賜謚忠侯。中宫親送，[7]帝幸宣陽亭，[8]瞻望車騎。[9]

[1]【李賢注】唅，口實也。《白虎通》曰“大夫飯以玉，唅以貝；士飯以珠，唅以貝”也。

[2]【李賢注】權時謂不依禮也。

[3]【李賢注】《禮記》曰：“孝子善述父之志，善成人之事。”

[4]【今注】案，王先謙《後漢書集解》：“《御覽》五百五十二引《續漢書》云，大將軍梁商，三月上巳日會洛水，倡樂畢極，終以《薤露》歌之，坐中流淚，其年八月而商薨。”

[5]【李賢注】壽器，棺也，以朱飾之，以銀鏤之。《前書音義》曰“以柏木黄心爲槨，曰黄腸”也。

[6]【李賢注】輕車，兵車也。介土（土，紹興本、大德本、殿本作“士”，是），甲士也。

[7]【今注】中宫親送：謂皇后親送父喪也。

[8]【李賢注】每城門皆有亭，即宣陽門之亭也。【今注】宣陽亭：王先謙《後漢書集解》：“《通鑑》胡注：洛陽城十二門，無宣陽門。案，《董卓傳》，孫堅進洛陽宣陽城門，注云：《洛陽記》洛陽城南面有四門，從東第三門。”

[9]【李賢注】《東觀記》云：“初，帝作誄曰‘孰云忠侯，不聞其音。背去國家，都兹玄陰。幽居冥冥，靡所且窮’也（且，殿本作‘宜’）。”

子冀嗣。

冀字伯卓。[1]爲人鳶肩豺目，[2]洞精矘眄，[3]口吟舌言，[4]裁能書計。[5]少爲貴戚，逸游自恣。性嗜酒，能挽滿、彈棋、[6]格五、[7]六博、[8]蹴鞠、[9]意錢之戲，[10]又好臂鷹走狗，騁馬鬬雞。初爲黄門侍郎，轉侍中，虎賁中郎將，越騎、步兵校尉，執金吾。

［1］【今注】案，卓，大德本、殿本作“車”。

［2］【李賢注】鳶，鴟也，鴟肩上竦也。豺目，目竪也。

［3］【李賢注】洞，通也。矘音它蕩反。《説文》：“目精直視。”

［4］【李賢注】謂語吃不能明了。【今注】案，周壽昌《後漢書注補正》曰：“案，非口吃之謂也。口吟，口中喁喁私囈聽之不絶聲，審之不成句。《傷寒論》中所謂鄭聲也。舌言，言出口即斂，不明白宣示，所謂含胡也。皆奸人相也。”

［5］【今注】裁：通“纔”。

［6］【李賢注】挽滿猶引强也。《蓺經》曰：“彈棋，兩人對局，白黑棋各六枚，先列棋相當，更先彈也。其局以石爲之。”【今注】挽滿：引弓之意。能拉强弓。

［7］【李賢注】《前書》吾丘壽王善格五。《音義》云：“簺也，音蘇代反。”《説文》曰：“簺，行棋相塞謂之簺。”鮑宏《簺經》曰：“簺有四采，塞、白、乘、五是也。至五即格，不得行，故謂之格五。”

［8］【李賢注】《楚詞》曰：“琨蔽象棋有六博。”王逸注云：“投六著，行六棋，故云六博。”鮑宏《博經》曰：“用十二棋，六棋白，六棋黑。所擲頭謂之瓊。瓊有五采，刻爲一畫者謂之塞，

刻爲兩畫者謂之白，刻爲三畫者謂之黑，一邊不刻者五塞之間，謂之五塞。”【今注】案，關於六博，參見王煜《四川漢墓畫像中“鉤繩”博局與仙人六博》（《四川文物》2011 年第 2 期）、姜生《六博圖與漢墓之仙境隱喻》（《史學集刊》2015 第 2 期）、桂志恒《戰國秦漢六博資料的整理與研究》（碩士學位論文，吉林大學，2018 年）、唐宇《新莽時期六博圖像探微》（《中國國家博物館館刊》2018 年第 11 期）。

［9］【李賢注】劉向《别録》曰：“蹴鞠者，傳言黄帝所作，或曰起戰國之時。蹋鞠（蹋，殿本作‘蹴’，可從），兵埶也，所以講武知有材也。”

［10］【李賢注】何承天《纂文》曰：“詭億一曰射意，一曰射數，即攤錢也。”

永和元年，拜河南尹。[1]冀居職暴恣，多非法。父商所親客洛陽令吕放，頗與商言及冀之短。商以讓冀，冀即遣人於道刺殺放。而恐商知之，乃推疑於放之怨仇，請以放弟禹爲洛陽令，[2]使捕之，盡滅其宗親、賓客百餘人。

［1］【今注】河南尹：官名。東漢光武帝建武十五年（39）置，爲京都洛陽所在河南郡長官，設一員，二千石；有丞一員，爲其副貳。主掌京都事務。

［2］【李賢注】安慰放家，欲以滅口。

商薨未及葬，順帝乃拜冀爲大將軍，弟侍中不疑爲河南尹。[1]

［1］【今注】案，《資治通鑑》卷五二《漢紀》孝順皇帝永和六年："臣光曰：成帝不能選任賢俊，委政舅家，可謂闇矣。猶知王立之不材，棄而不用。順帝援大柄，授之后族，梁冀頑嚚凶暴，著於平昔，而使之繼父之位，終於悖逆，蕩覆漢室。校於成帝，闇又甚焉。"

及帝崩，沖帝始在繦褓，[1]太后臨朝，詔冀與太傅趙峻、太尉李固參録尚書事。[2]冀雖辭不肯當，而侈暴滋甚。

［1］【今注】沖帝：東漢沖帝劉炳，公元144年至145年在位。紀見本書卷六。

［2］【今注】參録：參與總領。

沖帝又崩，冀立質帝。[1]帝少而聰慧，知冀驕橫，嘗朝群臣，目冀曰："此跋扈將軍也。"[2]冀聞，深惡之，遂令左右進鴆加煑餅，帝即日崩。

［1］【今注】質帝：東漢質帝劉纘，公元145年至146年在位。紀見本書卷六。

［2］【李賢注】跋扈猶强梁也。

復立桓帝，[1]而枉害李固及前太尉杜喬，海内嗟懼，語在《李固傳》。建和元年，[2]益封冀萬三千户，增大將軍府舉高第茂才，官屬陪於三公。[3]又封不疑爲潁陽侯，不疑弟蒙西平侯，冀子胤襄邑侯，各萬户。和平元年，[4]重增封冀萬户，并前所襲合三萬户。

［1］【今注】桓帝：東漢桓帝劉志，公元146年至167年在位。紀見本書卷七。

［2］【今注】建和：東漢桓帝劉志年號（147—149）。

［3］【李賢注】《漢司儀》（司，大德本、殿本作“官”，是），三公府有長史一人，司徒府掾屬三十一人，令史及御屬三十六人也。【今注】案，陪，紹興本、大德本、殿本作“倍”，是。

［4］【今注】和平：東漢桓帝劉志年號（150）。

弘農人宰宣素性佞邪，[1]欲取媚於冀，乃上言大將軍有周公之功，今既封諸子，則其妻宜爲邑君。[2]詔遂封冀妻孫壽爲襄城君，[3]兼食陽翟租，[4]歲入五千萬，加賜赤紱，[5]比長公主。[6]壽色美而善爲妖態，作愁眉，嗁粧，墯馬髻，折腰步，齲齒笑，[7]以爲媚惑。冀亦改易輿服之制，作平上軿車，[8]埤幘，狹冠，[9]折上巾，[10]擁身扇，[11]狐尾單衣。[12]壽性鉗忌，[13]能制御冀，冀甚寵憚之。

［1］【今注】弘農：郡名。治弘農縣（今河南靈寶市北故函谷關城）。

［2］【今注】邑君：古代女子封號。

［3］【今注】襄城：縣名。治所在今河南襄城縣。

［4］【今注】陽翟：縣名。治所在今河南禹州市。

［5］【今注】赤紱：本書卷四二《東平憲王蒼傳》李賢注：“赤紱，大夫之服也。”

［6］【李賢注】長公主儀服同藩王，解見《皇后紀》。

［7］【李賢注】《風俗通》曰：“愁眉者，細而曲折。啼粧者（啼，大德本、殿本作‘嗁’），薄拭目下若啼處。墯馬髻者，側

在一邊。折腰步者，足不在體（在，殿本作‘任’，是）。齲齒笑者，若齒痛不忻忻。始自冀家所爲，京師翕然皆放效之（效，大德本作‘傚’）。”齲音丘禹反。

［8］【李賢注】鄭玄注《周禮》云：“軿猶屏也，所用自蔽隱也。”《蒼頡篇》云：“衣車也，形制上平。”異於常也。【今注】作平上軿車：意指製作頂平帶屏障的衣車。

［9］【李賢注】埤，下也，音頻爾反，一音皮彼反。【今注】埤幘：增加頭巾。　狹冠：狹窄帽子。

［10］【李賢注】蓋折其巾之上角也。

［11］【李賢注】大扇也。

［12］【李賢注】後裾曳地，若狐尾也。

［13］【李賢注】鉗，鑷也。言性忌害，如鉗之鑷物也。輙音女輙反輒。

初，父商獻美人友通期於順帝，[1]通期有微過，帝以歸商，商不敢留而出嫁之，冀即遣客盜還通期。會商薨，冀行服，於城西私與之居。壽伺冀出，多從倉頭，[2]篡取通期歸，截髮刮面，笞掠之，欲上書告其事。冀大恐，頓首請於壽母，壽亦不得已而止。冀猶復與私通，生子伯玉，匿不敢出。壽尋知之，使子胤誅滅友氏。冀慮壽害伯玉，常置複壁中。冀愛監奴秦宮，官至太倉令，得出入壽所。壽見宮，輒屏御者，託以言事，因與私焉。宮内外兼寵，威權大震，刺史、二千石皆謁辭之。

［1］【李賢注】友，姓也。《東觀記》“友”作“支”。

［2］【今注】案，倉，大德本、殿本作“蒼”，可從。

冀用壽言，多斥奪諸梁在位者，外以謙讓，而實崇孫氏宗親。[1]冒名而爲侍中、卿、校尉、郡守、長吏者十餘人，皆貪叨凶淫，各遣私客籍屬縣富人，被以它罪，[2]閉獄掠拷，使出錢自贖，貲物少者至於死徙。扶風人士孫奮居富而性吝，冀因以馬乘遺之，[3]從貸錢五千萬，奮以三千萬與之，[4]冀大怒，乃告郡縣，認奮母爲其守臧婢，云盜白珠十斛、紫金千斤以叛，遂收考奮兄弟，死於獄中，悉没貲財億七千餘萬。

[1]【今注】案，惠棟《後漢書補注》曰："案，壽兄孫禮爲沛相，見《風俗通》。壽從子孫訓，爲汝南太守，見《華陽國志》。又《冀别傳》曰壽姊夫宗昕不知書，因壽氣力起家，拜太倉令。"

[2]【李賢注】籍謂疏録之也。

[3]【李賢注】摯虞《三輔決録》注曰"士孫奮字景卿，少爲郡五官掾起家，得錢貲至一億七千萬，富聞京師"也。

[4]【今注】案，《藝文類聚》卷八四引《續漢書》作"奮以五百萬與之"。《太平御覽》卷八三五引《續漢書》"五千萬"作"二十萬"，"五百萬"作"十萬"。

其四方調發，歲時貢獻，皆先輸上第於冀，[1]乘輿乃其次焉。[2]吏人齎貨求官請罪者，[3]道路相望。冀又遣客出塞，交通外國，廣求異物。因行道路，發取妓女御者，[4]而使人復乘埶横暴，妻略婦女，[5]毆擊吏卒，[6]所在怨毒。[7]

[1]【李賢注】上第，第一也。

［2］【今注】案，惠棟《後漢書補注》曰："《獨斷》曰天子至尊不敢渫瀆言之，故託之于乘輿。乘猶載也，輿猶車也。天子以天下爲家，不以京師宮室爲常處，則當乘車輿以行天下，故群臣託乘輿以言之。"

［3］【今注】案，《資治通鑑》卷五四《漢紀》孝桓皇帝延熹二年胡三省注曰："請罪，謂請求以脱罪也。"

［4］【今注】案，王先謙《後漢書集解》引劉攽曰："案，古無妓字，當作伎。"

［5］【今注】案，《資治通鑑》卷五三《漢紀》孝桓皇帝和平元年胡三省注曰："妻者，私他人之婦女若己妻然。不以道取之曰略。"

［6］【今注】案，王先謙《後漢書集解》："官本毆作歐。"

［7］【今注】案，《資治通鑑》卷五三《漢紀》孝桓皇帝和平元年胡三省注曰："毒，痛也。"

冀乃大起第舍，[1]而壽亦對街爲宅，殫極土木，互相誇競。堂寢皆有陰陽奥室，[2]連房洞户。[3]柱壁雕鏤，加以銅漆；窻牖皆有綺疎青瑣，[4]圖以雲氣仙靈。[5]臺閣周通，更相臨望；飛梁石蹬，陵跨水道。[6]金玉珠璣，異方珍怪，充積臧室。遠致汗血名馬。又廣開園囿，採土築山，十里九坂，以像二崤，[7]深林絶澗，有若自然，奇禽馴獸，飛走其閒。冀、壽共乘輦車，[8]張羽蓋，飾以金銀，游觀第内，多從倡妓，[9]鳴鍾吹管，酣謳竟路。或連繼日夜，以騁娱恣。客到門不得通，皆請謝門者，門者累千金。又多拓林苑，禁同王家，西至弘農，東界滎陽，南極魯陽，北達河、淇，包含山藪，遠帶丘荒，[10]周旋封域，殆將千里。

又起菟苑於河南城西，經亘數十里，發屬縣卒徒，繕修樓觀，數年乃成。移檄所在，調發生菟，刻其毛以爲識，[11]人有犯者，罪至刑死。嘗有西域賈胡，不知禁忌，誤殺一兔，[12]轉相告言，坐死者十餘人。[13]冀二弟嘗私遣人出獵上黨，冀聞而捕其賓客，一時殺三十餘人，無生還者。冀又起別第於城西，以納姦亡。[14]或取良人，悉爲奴婢，至數千人，名曰“自賣人”。

［1］【今注】案，袁宏《後漢紀》卷二〇《孝質皇帝紀》云，梁冀與洛陽城門内起甲第。

［2］【李賢注】奥，深室也。

［3］【李賢注】洞，通也，謂相當也。

［4］【李賢注】牖，小窗也。綺疎謂鏤爲綺文。青瑣謂刻爲瑣文，而以青飾之也。

［5］【今注】案，王先謙《後漢書集解》引汪文臺曰：“《御覽》百八十八引張璠《漢記》云冀起臺殿梁柱椽桷，鏤爲青龍白虎，畫以丹青雲氣。”

［6］【李賢注】架虚爲橋若飛也。

［7］【李賢注】二崤，山，在今洛州永寧縣西北。【今注】案，像，大德本、殿本作“象”。　二崤：即崤山。因崤山分東崤與西崤，故稱二崤。在今河南洛寧縣西北。

［8］【今注】輦車：惠棟《後漢書補注》曰：“毛晃曰：輦車步挽車也。《漢書》注駕人以行曰輦車。”

［9］【今注】案，妓，殿本作“伎”，是。

［10］【今注】案，袁宏《後漢紀》卷二〇《孝質皇帝紀》曰：“諸有山藪丘荒，皆樹旗，大題云‘民不得犯’。”

［11］【今注】案，惠棟《後漢書補注》曰："鄭康成《周禮》注曰兵物皆有刻識，謂刻而識之也。識音式。"

［12］【今注】案，兔，殿本作"菟"，可從。

［13］【今注】案，惠棟《後漢書補注》曰："張璠《漢記》曰死者十三人。"

［14］【今注】案，《資治通鑑》卷五三《漢紀》孝桓皇帝和平元年胡三省注曰："謂姦民及亡命者。"

元嘉元年，[1]帝以冀有援立之功，欲崇殊典，乃大會公卿，共議其禮。於是有司奏冀入朝不趨，劍履上殿，謁讚不名，禮儀比蕭何；[2]悉以定陶、陽成餘户增封爲四縣，比鄧禹；[3]賞賜金錢、奴婢、綵帛、車馬、衣服、甲第，比霍光；[4]以殊元勳。每朝會，與三公絕席。[5]十日一入，平尚書事。[6]宣布天下，爲萬世法。冀猶以所奏禮薄，意不悦。專擅威柄，凶恣日積，機事大小，莫不諮決之。宫衞近侍，並所親樹，[7]禁省起居，纖微必知。[8]百官遷召，皆先到冀門牋檄謝恩，[9]然後敢詣尚書。下邳人吴樹爲宛令，之官辭冀，冀賓客布在縣界，以情託樹。樹對曰："小人姦蠹，比屋可誅。明將軍以椒房之重，處上將之位，宜崇賢善，以補朝闕。[10]宛爲大都，士之淵藪，自侍坐以來，未聞稱一長者，而多託非人，誠非敢聞！"冀嘿然不悦。樹到縣，遂誅殺冀客爲人害者數十人，由是深怨之。樹後爲荆州刺史，臨去辭冀，冀爲設酒，因鴆之，樹出，死車上。又遼東太守侯猛，初拜不謁，冀託以它事，[11]乃腰斬之。

[1]【今注】元嘉：東漢桓帝劉志年號（151—153）。

[2]【李賢注】事見《王莽傳》也。【今注】蕭何：沛（今江蘇沛縣）人。漢初重臣。世家《史記》卷五三、傳見《漢書》卷三九。《資治通鑑》卷五三《漢紀》孝桓皇帝元嘉元年胡注曰："蕭何唯劍履上殿，入朝不趨，何嘗謁贊不名也！君前臣名，禮也。冀何如人，而寵秩之至此乎！"

[3]【李賢注】冀初封襄邑，襲封乘氏，更以定陶、陽成是四縣（是，殿本作"足"）。【今注】案，《資治通鑑》卷五三《漢紀》孝桓皇帝元嘉元年胡注曰："余謂'陽成'當作'成陽'，與定陶、乘氏皆屬濟陰郡。"又王先謙《後漢書集解》："先謙曰：官本注'是'作'足'是。"鄧禹，字仲華，南陽新野（今河南新野縣）人。東漢初大將、名臣。傳見本書卷一六。乘氏，縣名。治所在今山東巨野縣西南。定陶，縣名。治所在今山東菏澤市定陶區西北。成陽，縣名。治所在今山東菏澤市東北。

[4]【今注】霍光：字子孟，河東平陽（今山西臨汾市西南）人。霍去病之弟。西漢武帝死後，他與桑弘羊等受遺詔立昭帝爲嗣。昭帝時爲八歲，霍光以大司馬大將軍輔政。昭帝死，他又立昌邑王劉賀爲帝，不久又廢，迎立武帝曾孫劉詢爲帝。先後執政二十年。傳見《漢書》卷六八。

[5]【李賢注】絶席，别也。

[6]【李賢注】謂平議也。

[7]【李賢注】樹，置也。

[8]【今注】案，袁宏《後漢紀》卷二一《孝桓皇帝紀上》曰："省中咳唾之音，冀必知之。"

[9]【今注】案，《資治通鑑》卷五四《漢紀》孝桓皇帝延熹二年胡三省注曰："《字書》：牋，表也，識也，書也。《左雄傳》，文吏課牋奏。自後世言之，奏者達之天子，牋者用之中宮、東宮、將相大臣，檄者徵召傳令用之，非所以謝恩也。竊意自蔡倫造紙之

後，用紙書者曰牋，用木書者曰檄，故言牋檄謝恩也。”

［10］【今注】補朝闕：補朝政之闕。

［11］【今注】案，它，殿本作“他”。

時郎中汝南袁著，[1]年十九，見冀凶縱，不勝其憤，乃詣闕上書曰：“臣聞仲尼歎鳳鳥不至，河不出圖，自傷卑賤，不能致也。今陛下居得致之位，又有能致之資，[2]而和氣未應，賢愚失序者，埶分權臣，上下壅隔之故也。夫四時之運，功成則退，[3]高爵厚寵，鮮不致災。今大將軍位極功成，可爲至戒，宜遵懸車之禮，高枕頤神。[4]傳曰：‘木實繁者，披枝害心。’若不抑損權盛，將無以全其身矣。左右聞臣言，將側目切齒，臣特以童蒙見拔，故敢忘忌諱。昔舜、禹相戒無若丹朱，[5]周公戒成王無如殷王紂，[6]願除誹謗之罪，以開天下之口。”書得奏御，冀聞而密遣掩捕著。著乃變易姓名，後託病僞死，結蒲爲人，市棺殯送。冀廉問知其詐，[7]陰求得，笞殺之，隱蔽其事。學生桂陽劉常，當世名儒，素善於著，冀召補令史以辱之。[8]時太原郝絜、胡武，[9]皆危言高論，[10]與著友善。先是絜等連名奏記三府，薦海内高士，而不詣冀，冀追怒之，又疑爲著黨，敕中都官移檄捕前奏記者並殺之，[11]遂誅武家，死者六十餘人。絜初逃亡，知不得免，因輿櫬奏書冀門。[12]書入，仰藥而死，家乃得全。及冀誅，有詔以禮祀著等。冀諸忍忌，皆此類也。

［1］【今注】案，惠棟《後漢書補注》曰：“陳群《汝潁士論》

曰：汝南袁公著，爲甲科郎中，上書欲治梁冀。潁川士雖務忠謹，未有能投命直言者也。”

［2］【李賢注】此董仲舒對策之詞，著引而略之也。

［3］【李賢注】《易·繫辭》曰：“寒往則暑來，暑往則寒來，寒暑相推，而歲功成焉（大德本、殿本無‘功’字，可從）。”老子曰：“功成名遂身退，天之道也。”

［4］【李賢注】薛廣德爲御史大夫，乞骸骨，賜安車四馬（四，殿本作“駟”，可從），懸其安車傳子孫。欲令冀遵致仕之禮也。

［5］【李賢注】《尚書》禹謂帝舜曰：“亡若丹朱傲（亡，大德本、殿本作‘無’，可從），惟慢遊是好。”

［6］【李賢注】《尚書》周公戒成王曰：“無若殷王受之迷亂，酗于酒德哉！”

［7］【李賢注】廉，察也。

［8］【今注】案，惠棟《後漢書補注》曰：“《漢舊儀》曰：丞相選二千石書佐試書補令史，令史皆升食遷補御史。《三輔絶録》曰：丁邯舉孝廉爲郎，故侍郎以令史久次補之，世祖始改用孝廉。邯稱病不就。詔問病差爲郎否。對曰：臣不病，恥以孝廉爲令史職耳。”

［9］【今注】太原：郡名。治晉陽縣（今山西太原市西南）。

［10］【李賢注】危亦高，謂峻也。

［11］【今注】中都官：漢代京師諸府官統稱。

［12］【今注】輿櫬：用車載運棺材，自明有死罪或以死自誓。案，櫬，大德本作“襯”。

不疑好經書，善待士，冀陰疾之，因中常侍白帝，轉爲光禄勳。又諷衆人共薦其子胤爲河南尹。[1]胤一名胡狗，時年十六，容貌甚陋，不勝冠帶，道路見者，莫不蚩笑焉。[2]不疑自耻兄弟有隙，遂讓位歸第，與弟蒙閉門自守。冀不欲令與賓客交通，陰使人變服至門，記往來者，南郡太守馬融、江夏太守田明，[3]初除，過謁不疑，冀諷州郡以它事陷之，[4]皆髡笞徙朔方。融自刺不殊，明遂死於路。

［1］【今注】胤：惠棟《後漢書補注》謂《梁冀别傳》“胤”作“嗣”。

［2］【今注】案，蚩，大德本、殿本作“嗤”，是。

［3］【今注】南郡：郡名。治江陵縣（今湖北荆州市荆州城西北）。　馬融：字季長，扶風茂陵（今陝西興平市東北）人。傳見本書卷六〇上。　江夏：郡名。治西陵縣（今湖北武漢市新洲區西）。

［4］【今注】案，惠棟《後漢書補注》曰：“司馬貞曰，謁謂以札書姓名，若今之通刺。胡三省曰，言過其門因而謁之，禮不專。棟案，胡説非也。冀與不疑有隙，融、明不知而謁之，冀因以他事陷之也。”

永興二年，[1]封不疑子馬爲潁陰侯，[2]胤子桃爲城父侯。[3]冀一門前後七封侯，三皇后，六貴人，二大將軍，夫人、女食邑稱君者七人，尚公主者三人，其餘卿、將、尹、校五十七人。在位二十餘年，[4]窮極滿盛，威行内外，百僚側目，莫敢違命，天子恭己而不得有所親豫。

［1］【今注】永興：東漢桓帝劉志年號（153—154）。

［2］【今注】馬：袁宏《後漢紀》卷二一《孝桓皇帝紀上》作“焉”。　潁陰：侯國名。治所在今河南許昌市。

［3］【今注】城父：侯國名。治所在今安徽亳州市東南城父集鎮。

［4］【今注】案，《資治通鑑》卷五四《漢紀》孝桓皇帝延熹二年胡注曰："順帝永和六年，冀爲大將軍，至是歲凡十九年。"

帝既不平之。延熹元年，[1]太史令陳授因小黄門徐璜，陳災異日食之變，咎在大將軍。冀聞之，諷洛陽收考授，[2]死於獄。帝由此發怒。

［1］【今注】延熹：東漢桓帝劉志年號（158—167）。案，元年，大德本、殿本作"二年"。

［2］【今注】案，洛陽，當據殿本作"洛陽令"爲是。

初，掖庭人鄧香妻宣生女猛，[1]香卒，宣更適梁紀。梁紀者，冀妻壽之舅也。壽引進猛入掖庭，見幸，爲貴人，冀因欲認猛爲其女以自固，乃易猛姓爲梁。時猛姊婿邴尊爲議郎，冀恐尊沮敗宣意，[2]乃結刺客於偃城，刺殺尊，[3]而又欲殺宣。宣家在延熹里，與中常侍袁赦相比。[4]冀使刺客登赦屋，欲入宣家。赦覺之，鳴鼓會衆以告宣。宣馳入以白帝，帝大怒，遂與中常侍單超、具瑗、唐衡、左悺、徐璜等五人成謀誅冀。語在《宦者傳》。

［1］【李賢注】香蓋掖庭署人之名也。【今注】掖庭：官署名。秦和漢初稱永巷，西漢武帝太初元年（前104）更名掖廷，屬少府，其長官稱令，另有副長官丞八人，掌後宫宫女及供御雜務，

管理宫中詔獄等，由宦者擔任。

[2]【李賢注】沮，壞也。恐尊壞敗宣意，不從其改梁姓也。

[3]【今注】案，惠棟《後漢書補注》曰："《續漢志》冀使太倉令秦宫刺殺尊。"

[4]【李賢注】相鄰比也。

冀心疑超等，乃使中黄門張惲入省宿，以防其變。具瑗敕吏收惲，以輒從外入，欲圖不軌。帝因是御前殿，召諸尚書入，發其事，使尚書令尹勳持節勒丞郎以下皆操兵守省閤，斂諸符節送省中。使黄門令具瑗將左右廄騶、[1]虎賁、羽林、都候劍戟士，[2]合千餘人，與司隸校尉張彪共圍冀第。[3]使光禄勳袁盱[4]持節收冀大將軍印綬，徙封比景都鄉侯。冀及妻壽即日皆自殺。[5]悉收子河南尹胤、叔父屯騎校尉讓，及親從衛尉淑、越騎校尉忠、長水校尉戟等，[6]諸梁及孫氏中外宗親送詔獄，無長少皆棄市。不疑、蒙先卒。其它所連及公卿列校刺史二千石死者數十人，故吏賓客免黜者三百餘人，朝廷爲空，唯尹勳、袁盱及廷尉邯鄲義在焉。是時事卒從中發，[7]使者交馳，公卿失其度，官府市里鼎沸，數日乃定，百姓莫不稱慶。

[1]【李賢注】騶，騎士也。

[2]【李賢注】《續漢志》曰"左右都候各一人，秩六百石，主劍戟士，徼循宫中及天子有所收考"也。

[3]【今注】司隸校尉：官名。西漢武帝征和四年（前89）始置，秩二千石。初掌管理在中央諸官府服役的徒隸，後職掌京都百

官及三輔等地區的犯法者，職權威重。成帝元延四年（前9）省，哀帝即位後復置，隸大司空，位比司直。

［4］【李賢注】音吁。

［5］【今注】案，王先謙《後漢書集解》引汪文臺曰："《御覽》八百八十五引張璠《漢記》云：梁冀池中船無故自覆後被誅。"

［6］【今注】忠：惠棟《後漢書補注》曰："忠，冀之叔父。見《華陽國志》。"

［7］【李賢注】卒音七訥反。

收冀財貨，縣官斥賣，[1]合三十餘萬萬，以充王府，用減天下税租之半。散其苑囿，以業窮民。録誅冀功者，封尚書令尹勳以下數十人。

［1］【今注】縣官：指官府或朝廷，或指天子、國家。參見楊振紅《"縣官"之由來與戰國秦漢時期的"天下"觀》（《中國史研究》2019年第1期）。　斥賣：惠棟《後漢書補注》："《周禮》太府幣餘之賦。鄭康成曰，占賣國之斥幣。賈公彦曰，謂之斥幣者，謂指斥與人也。"

論曰：順帝之世，梁商稱爲賢輔，豈以其地居亢滿，而能以愿謹自終者乎？[1]夫宰相運動樞極，感會天人，[2]中於道則易以興政，乖於務則難乎御物。商協回天之埶，屬彫弱之期，而匡朝卹患，未聞上術，憔悴之音，載謠人口。雖輿粟盈門，何救阻飢之戹；[3]永言終制，未解尸官之尤。[4]況乃傾側孽臣，[5]傳寵凶嗣，以至破家傷國，而豈徒然哉！

[1]【李賢注】亢，上極之名也。愿，慤也。

[2]【李賢注】樞謂斗樞也，極，北極也。

[3]【李賢注】阻，難也。《書》曰“黎人阻飢”也。

[4]【李賢注】尸官猶尸禄。終制謂薄葬也。

[5]【李賢注】商遣冀、不疑與曹節等爲交友也。

贊曰：河西佐漢，統亦定筭。[1]褒親幽憤，升高累歎。商恨善柔，冀遂貪亂。[2]

[1]【李賢注】謂統初與竇融定計歸光武。

[2]【李賢注】善柔，失刑斷之道也。

後漢書　卷三五

列傳第二十五

張純 子奮　曹褒　鄭玄

張純字伯仁，京兆杜陵人也。[1]高祖父安世，[2]宣帝時爲大司馬衛將軍，封富平侯。[3]父放，[4]爲成帝侍中。[5]純少襲爵土，[6]哀平閒爲侍中，[7]王莽時至列卿。[8]遭值篡僞，多亡爵土，純以敦謹守約，保全前封。[9]

［1］【今注】京兆：西漢三輔之一，轄區相當於一郡。治所在長安城（今陝西西安市西北）。　杜陵：西漢宣帝元康元年（前65）改杜縣置，治所在今陝西西安市東南。因宣帝築陵（杜陵）於東原上，故名。

［2］【今注】安世：張安世，字子孺，西漢杜陵人。張湯之子。傳見《漢書》卷五九。關於張安世研究，參見譚慧存《從張湯—張安世家族看漢代官僚政治》（《史學月刊》2016年第6期）、丁岩《西漢富平侯張安世繫年述略》（《咸陽師範學院學報》2012年第3期）、申超《漢代張安世家族興盛考》（《南都學壇》2013年

第6期）、劉漢興《西安張安世家族墓地芻議》（《北方民族考古》第7輯，2019年）、徐衛民《劉賀墓與張安世墓的比較研究》（《秦漢研究》第12輯，西北大學出版社2018年版）。

［3］【李賢注】臣賢案：張安世昭帝元鳳六年以右將軍宿衛忠謹封富平侯，今此言宣帝封，誤也。宣帝即位，但益封萬户耳。【今注】宣帝：西漢宣帝劉詢，公元前74年至前49年在位。紀見《漢書》卷八。　大司馬：官名。《周禮》中所載的夏官之長，掌武事。漢初承秦制，以太尉爲武官之長，且亦不常置，更不設大司馬一職。西漢武帝於元狩四年（前119）漠北大捷後，設大司馬爲加官，分别封衛青、霍去病。自霍光封大司馬大將軍之後，此職乃成爲常置固定之職，内朝官之領袖。成帝時改官制，又以此職比附漢初之太尉，成爲三公之一。　衛將軍：將軍名號。與大將軍、驃騎將軍、車騎將軍皆位比公，凡將軍皆主兵，掌征伐，而衛將軍平時掌宿衛。案，《漢書》卷五九本傳載："久之，天子下詔曰：'右將軍光禄勳安世輔政宿衛，肅敬不怠，十有三年，咸以康寧。夫親親任賢，唐虞之道也，其封安世爲富平侯。'明年，昭帝崩。"《漢書》卷七《昭帝紀》載，元鳳六年"右將軍張安世宿衛忠謹，封富平侯"。宣帝時，"益封萬六百户，功次大將軍光"，後"拜爲大司馬車騎將軍，領尚書事。數月，罷車騎將軍屯兵，更爲衛將軍，兩宫衛尉，城門、北軍兵屬焉"。

［4］【今注】放：即張放。西漢成帝時寵臣。事見《漢書》卷五九《張湯傳》。

［5］【今注】成帝：西漢成帝劉驁。公元前33至前7年在位。紀見《漢書》卷一〇。　侍中：官名。秦朝始置，西漢爲加官。侍從皇帝左右。王莽秉政，復令與宦官同止禁中。東漢置爲正式職官，秩比二千石。

［6］【今注】案，惠棟《後漢書補注》曰："《前書》表云，建平元年嗣，王莽建國四年更爲張鄉侯也。"

［7］【今注】哀：西漢哀帝劉欣，公元前 7 年至前 1 年在位。紀見《漢書》卷一一。　平：西漢平帝劉衎，公元前 1 年至 5 年在位。紀見《漢書》卷一二。

［8］【今注】王莽：字巨君。孝元皇后之弟子。平帝即位，年僅九歲，元后以太皇太后臨朝稱制，以王莽爲大司馬，委政於莽，號安漢公。平帝死，以孺子嬰爲帝，王莽自稱攝皇帝。三年後自稱皇帝，改國號爲新。公元 9 年至 23 年在位。傳見《漢書》卷九九。

［9］【今注】案，王先謙《後漢書集解》引王鳴盛曰："純六世祖湯，酷吏也；父放，佞倖也。純哀平間爲侍中，列侯九百。二人爲莽求九錫，純列名於首。王莽時至列卿，則又仕異姓者也。既以敦謹保全前封，又以禮爲中興名臣。異哉！"

建武初，[1]先來詣闕，故得復國。五年，拜太中大夫，[2]使將潁川突騎安集荊、徐、楊部，[3]督委輸，[4]監諸將營。後又將兵屯田南陽，[5]遷五官中郎將。[6]有司奏，列侯非宗室不宜復國。光武曰："張純宿衛十有餘年，其勿廢，更封武始侯，食富平之半。"[7]

［1］【今注】建武：東漢光武帝劉秀年號（25—56）。

［2］【今注】太中大夫：官名。亦作大中大夫。秦、西漢初位居諸大夫之首。武帝太初元年（前 104）以後次於光禄大夫，秩比千石。掌顧問應對。東漢秩千石，後期權任漸輕。

［3］【今注】潁川：郡名。治陽翟縣（今河南禹州市）。　荊：荊州。西漢武帝時所置十三刺史部之一，轄有南陽、江夏、長沙、武陵、零陵、桂陽等郡國。東漢時刺史治索縣（今湖南常德市東北）。　徐：徐州。西漢武帝時所置十三刺史部之一，轄有東海郡、琅邪郡、臨淮郡、廣陵國（郡）、楚國（彭城郡）、魯國（薛郡）等郡國。東漢時刺史治彭城縣（今江蘇徐州市）。　楊：揚州。西

漢武帝時所置十三刺史部之一，轄有會稽、丹陽、九江、豫章、廬江等郡。東漢時刺史治歷陽縣（今安徽和縣）。楊，殿本作“揚”。

［4］【李賢注】督，促也。委輸，轉運也。（此二句底本漫漶不清，今據諸本補）

［5］【今注】南陽：郡名。治宛縣（今河南南陽市卧龍區）。

［6］【今注】五官中郎將：官名。秦置。西漢隸光禄勳，主中郎，秩比二千石。東漢時，部分侍郎、郎中亦歸其統率。職掌宿衛殿門，出充車騎。

［7］【李賢注】武始，縣，屬魏郡。富平，縣，屬平原郡也。【今注】武始：縣名。治所在今河北邯鄲市西南。　富平：縣名。西漢改厭次縣置，屬平原郡。治所在今山東惠民縣東桑落墅鎮。東漢明帝永平二年（59）復改厭次縣。

純在朝歷世，明習故事。建武初，舊章多闕，每有疑議，輒以訪純，自郊廟婚冠喪紀禮儀，多所正定。帝甚重之，以純兼虎賁中郎將，[1]數被引見，一日或至數四。[2]純以宗廟未定，昭穆失序，[3]十九年，乃與太僕朱浮共奏言：[4]“陛下興於匹庶，蕩滌天下，誅鉏暴亂，興繼祖宗。竊以經義所紀，人事衆心，雖實同創革，而名爲中興，宜奉先帝，恭承祭祀者也。元年以來，[5]宗廟奉祠高皇帝爲受命祖，[6]孝文皇帝爲太宗，[7]孝武皇帝爲世宗，[8]皆如舊制。又立親廟四世，[9]推南頓君以上盡於舂陵節侯。[10]禮，爲人後者則爲之子，既事大宗，則降其私親。[11]今禘、祫高廟，[12]陳序昭穆，而舂陵四世，君臣並列，以卑厠尊，不合禮意。設不遭王莽，而國嗣無寄，[13]推求宗室，以陛下繼統者，安得復顧私親，違禮制乎？昔高帝以自受命，不由太上，[14]宣帝以孫後祖，[15]不敢私親，故爲父立廟，獨群臣侍祠。臣愚謂宜除今親廟，以則二帝舊典，願下有司博採其議。”詔下公卿，大司徒戴涉、大司空竇融議：[16]“宜以宣、元、成、哀、平五帝四世代今親廟，宣、元皇帝尊爲祖、父，可親奉祠，成帝以下，有司行事，别爲南頓君立皇考廟。其祭上至舂陵節侯，群臣奉祠，以明尊尊之敬，親親之恩。”帝從之。是時宗廟未備，自元帝以上，祭於洛陽高廟，成帝以下，祠於長安高廟，其南頓四世，隨所在而祭焉。

[1]【今注】虎賁中郎將：官名。漢置，爲光禄勳屬官，秩比二千石，掌虎賁宿衛，光武帝、明帝時常以侍中兼領之，其後多以貴戚充任，或領兵出征。大德本無“將”字。

[2]【李賢注】過三以至於四也。【今注】一日或至數四：惠棟《後漢書補注》曰：“純《别傳》云一日數見。《東觀記》云純素重慎周密，時上封事，輒削去草。《續漢書》亦云。”

[3]【今注】昭穆：古代宗法制度，宗廟次序，始祖廟居中，以下父子（祖父）遞爲昭穆，左爲昭，右爲穆。祭祀時，子孫也按照此排列行禮。也泛稱一般宗族的輩分。

[4]【今注】太僕：官名。秦漢皆置，秩中二千石，位列九卿。掌皇帝專用車馬。　朱浮：字叔元，沛國蕭（今安徽蕭縣西北）人。東漢光武帝建武七年（31）爲太僕。傳見本書卷三三。

[5]【今注】元年：大德本、殿本均作“元帝”，中華本校勘記以此改正。而曹金華《後漢書稽疑》認爲“元年”不誤（第473頁）。從“皆如舊制”來看，似乎作“元年”爲是。

[6]【今注】高皇帝：西漢高祖劉邦，公元前206年至前195

年在位。紀見《史記》卷八、《漢書》卷一。

［7］【今注】孝文皇帝：西漢文帝劉恒，公元前 180 年至前 157 年在位。廟號太宗，謚號孝文。紀見《史記》卷一〇、《漢書》卷四。

［8］【今注】孝武皇帝：西漢武帝劉徹，公元前 141 年至前 87 年在位。廟號世宗。紀見《史記》卷一二、《漢書》卷六。

［9］【今注】親廟：古稱皇帝的高、曾、祖、禰四廟爲親廟。

［10］【李賢注】南頓令欽即光武之父。舂陵侯買，光武高祖也。

［11］【李賢注】太宗謂元帝也（太，殿本作“大”，是，本注下同）。據代相承，高祖至元帝八代（代，大德本誤作“伐”），光武即高帝九代孫，以代數相推，故繼體元帝，故曰“既事太宗”。下又云“宣、元皇帝尊爲祖、父”，又曰“自元帝以上祭於洛陽，成帝以下祭於長安”，其義明矣。降其私親，謂舂陵已下不别序昭穆（已，大德本、殿本作“以”）。【今注】降其私親：降低自己親屬的地位。

［12］【今注】禘祫：祭祀名。帝王祭祀祖先之大禮。或説禘祫分稱而别義，合稱則義同。其實，就文字而言，禘之本意爲祭祀始祖，祫之本意是合祭。禘祫即帝王把遠近的祖先的神主集合於太廟的合祭大禮。合高祖之父以上的神主祭於太祖廟，高祖以下分祭於本廟。三年喪畢之次年一禘，此後三年祫，五年禘，禘祫各自相距五年。參見《禮記·大傳》、唐史玄燦《禘祫議》、清錢大昕《廿二史考異·魏書三·禮志二》。

［13］【今注】無寄：没有着落，無所寄托。

［14］【今注】太上：太上皇，漢高祖劉邦之父。

［15］【今注】宣帝以孫後祖：從漢昭帝而言，宣帝屬於孫輩。

［16］【今注】大司徒：官名。三公之一。助天子掌管行政事務。東漢光武帝建武二十七年，改名“司徒”。　戴涉：冀州清河

(今河北清河縣東南)人。建武十五年,關内侯戴涉爲大司徒。大司空:官名。三公之一。西漢成帝綏和元年(前8)由御史大夫改名,秩萬石。哀帝建平二年(前5)復名御史大夫,元壽二年(前1)又名大司空,遂成定制。東漢初年因之,光武帝建武二十七年去“大”字,改名“司空”。 竇融:字周公,扶風平陵(今陝西咸陽市西北)人。傳見本書卷二三。

明年,純代朱浮爲太僕。二十三年,代杜林爲大司空。[1]在位慕曹參之迹,務於無爲,[2]選辟掾史,[3]皆知名大儒。明年,上穿陽渠,引洛水爲漕,[4]百姓得其利。

[1]【今注】杜林:字伯山,扶風茂陵(今陝西興平市東北)人。傳見本書卷二七。

[2]【李賢注】曹參,惠帝時代蕭何爲相國,遵蕭何法,無所變更。【今注】曹參:佐劉邦滅項羽,封平陽侯。西漢惠帝時,爲丞相,奉行無爲而治之策。世家見《史記》卷五四,傳見《漢書》卷三九。

[3]【今注】掾史:在三公府和將軍府,掌管一曹事務的長官長稱“掾”,有時也稱“掾史。

[4]【李賢注】上音時丈反。陽渠在洛陽城南。【今注】陽渠:又名九曲瀆。相傳周公所開。本環繞洛陽城(今河南洛陽市白馬寺東)四周。東漢初,王梁、張純又自今洛陽市附近引谷、洛水東流,過洛陽城,東至今偃師市東南入雒水(今洛河),以便漕運。其後屢經修治。參見酈道元《水經注》、陸機《洛陽記》。

二十六年,詔純曰:“禘、祫之祭,不行已久矣。

‘三年不爲禮，禮必壞；三年不爲樂，樂必崩’。[1]宜據經典，詳爲其制。”純奏曰：“《禮》，三年一祫，五年一禘。《春秋傳》曰：‘大祫者何？合祭也。’毀廟及未毀廟之主皆登，[2]合食乎太祖，五年而再殷。[3]漢舊制三年一祫，毀廟主合食高廟，存廟主未嘗合祭。元始五年，諸王公列侯廟會，始爲禘祭。[4]又前十八年親幸長安，亦行此禮。[5]禮説三年一閏，天氣小備；五年再閏，天氣大備。故三年一祫，五年一禘。禘之爲言諦，諦定昭穆尊卑之義也。禘祭以夏四月，夏者陽氣在上，陰氣在下，[6]故正尊卑之義也。祫祭以冬十月，冬者五穀成孰，[7]物備禮成，故合聚飲食也。斯典之廢，於兹八年，[8]謂可如禮施行，以時定議。”帝從之，自是禘、祫遂定。

[1]【李賢注】《論語》載宰我之言也。【今注】案，出自《論語·陽貨》。

[2]【今注】毀廟：按宗法，親過高祖者，自移神主於太廟中，稱毀廟。　案，登，大德本作“祭”，是。

[3]【李賢注】《周禮》三年一祫，五年一禘。又《公羊傳》曰：“大祫者何？合祭也。合祭奈何？毀廟主陳于太祖，未毀主皆升，合食于太祖，五年而再殷祭。”注云：“殷，盛也。謂三年祫，五年禘也。”【今注】殷：即殷祭。盛大的祭禮。每五年舉行的一次祖廟大祭（禘）和諸祖神主的大合祭（祫）。案，王先謙《後漢書集解》引惠士奇曰：“三年五年之説，《周禮》無文，《説文》以爲出于《周禮》，殊不可解。”又引周壽昌曰：“許氏哉漢時，《周禮》古文本尚存，不能以今時所傳概之。”

[4]【李賢注】臣賢案：平帝元始五年春（五年，大德本誤

作“三年”），祫祭明堂，諸侯王列侯宗室助祭，賜爵金帛。今純及《司馬彪書》並云“禘祭”，蓋禘、祫俱是大祭，名可通也。【今注】元始：西漢平帝劉衎年號（1—5）。

［5］【李賢注】《續漢書》曰：“十八年上幸長安，詔太常行禘禮於高廟，序昭穆。父爲昭，南向，子爲穆，北向。”

［6］【李賢注】四月乾卦用事，故言陽氣在上也。

［7］【今注】案，孰，大德本、殿本作“熟”，是。

［8］【李賢注】自十八年至此。

時南單于及烏桓來降，邊境無事，百姓新去兵革，歲仍有年，家給人足。［1］純以聖王之建辟雍，［2］所以崇尊禮義，既富而教者也。［3］乃案七經讖、明堂圖、［4］河間《古辟雍記》、孝武太山明堂制度，［5］及平帝時議，［6］欲具奏之。未及上，會博士桓榮上言宜立辟雍、明堂，［7］章下三公、太常，而純議同榮，帝乃許之。

［1］【李賢注】仍，頻也。【今注】仍：連續。　有年：好收成。

［2］【今注】案，王，大德本誤作“立”。　辟雍：周代爲貴族子弟所設的大學。漢代人常將“辟雍”“太學”“明堂”混稱（參見范正娥《論兩漢時期太學與辟雍、明堂的關係》，《文史博覽》2007年第6期）。

［3］【李賢注】《論語》曰“子適衞，冉子僕（子，大德本、殿本作‘有’，是。本注下同）。子曰：‘庶矣哉！’冉子曰：‘既庶矣，又何加焉？’曰：‘富之。’‘既富矣，又何加焉？’曰：‘教之’”也。

［4］【李賢注】讖，驗也。解見《光武紀》。七經謂《詩》

《書》《禮》《樂》《易》《春秋》及《論語》也。【今注】明堂：古代帝王宣明政教的地方。凡朝會、祭祀、慶賞、選士、養老、教學等大典，均在此舉行。

［5］【李賢注】武帝時，河間獻王德獻雅樂，對三雍宮，有其書記也。又武帝封太山，濟南人公王帶上黄帝時明堂圖（王，大德本、殿本作“玉”，是），明堂中有一殿，四面無壁，以茅蓋，水環宫垣，爲複道，上有樓也（殿本無“也”字）。【今注】案，《漢書·藝文志》有“河間獻王《對上下三雍宫》三篇”。《漢書》卷五三《河間獻王德傳》載：“武帝時，獻王來朝，獻雅樂，對三雍宫及詔策所問三十餘事。其對推道術而言，得事之中，文約指明。”對於“三雍宫”，應劭注曰：“辟雍、明堂、靈臺也。雍，和也，言天地君臣人民皆和也。”《漢書·郊祀志下》載：“初，天子封泰山，泰山東北阯古時有明堂處，處險不敞。上欲治明堂奉高旁，未曉其制度。濟南人公玉帶上黄帝時明堂圖。明堂中有一殿，四面無壁，以茅蓋，通水，水圜宫垣，爲復道，上有樓，從西南入，名曰昆侖，天子從之入，以拜祀上帝焉。於是上令奉高作明堂汶上，如帶圖。”

［6］【李賢注】平帝時起明堂，徵天下通一蓺以上皆議於公車也。【今注】案，此指王莽奏事。《漢書》卷九九上《王莽傳上》載：“（元始四年）莽奏起明堂、辟雍、靈臺，爲學者築舍萬區，作市、常滿倉，制度甚盛。立《樂經》，益博士員，經各五人。徵天下通一藝教授十一人以上，及有逸《禮》、古《書》、《毛詩》、《周官》、《爾雅》、天文、圖讖、鍾律、月令、兵法、《史篇》文字，通知其意者，皆詣公車。”

［7］【今注】桓榮：字春卿，沛郡龍亢（今安徽懷遠縣西北）人。傳見本書卷三七。

三十年，純奏上宜封禪，[1]曰：“自古受命而帝，治世之隆，必有封禪，以告成功焉。[2]《樂動聲儀》曰：‘以《雅》治人，《風》成於《頌》。’[3]有周之盛，成康之間，[4]郊配封禪，皆可見也。《書》曰‘歲二月，東巡狩，至于岱宗’，[5]則封禪之義也。臣伏見陛下受中興之命，平海内之亂，修復祖宗，撫存萬姓，天下曠然，咸蒙更生，恩德雲行，惠澤雨施，[6]黎元安寧，夷狄慕義。《詩》云：‘受天之祜，四方來賀。’[7]今攝提之歲，倉龍甲寅，[8]德在東宫。[9]宜及嘉時，遵唐帝之典，繼孝武之業，以二月東巡狩，封于岱宗，明中興，勒功勳，復祖統，報天神，禪梁父，祀地祇，[10]傳祚子孫，萬世之基也。”中元元年，[11]帝乃東巡岱宗，以純視御史大夫從，[12]并上元封舊儀及刻石文。[13]三月，薨，謚曰節侯。

［1］【今注】封禪：古代帝王祭祀天地的典禮。在泰山上築壇祭天稱爲封，在泰山之南梁父山辟場祭地稱爲禪。

［2］【李賢注】《禮記》曰：“因名山，升中于天。”鄭玄注曰：“謂巡守至於方嶽（守，殿本作‘狩’，可從），燔柴祭天，告以諸侯之成功也。”

［3］【李賢注】《動聲儀》，《樂緯》篇名也。

［4］【今注】成康：指西周的周成王、周康王。

［5］【今注】岱宗：泰山。古人認爲泰山爲四岳所宗，泰山又古稱岱，故稱泰山爲岱宗。案，大德本、殿本“岱宗”後有“柴”字。中華本校勘記認爲“柴”應作“祡”。祡之本意爲燒柴祭天。

［6］【李賢注】《易》曰：“雲行雨施，品物流形。”

［7］【李賢注】《下武》之詩也。鄭玄注云：“言武王受此萬年之壽，輔佐之臣亦宜蒙餘福也。”

［8］【今注】案，倉，大德本、殿本作“蒼”，是。

［9］【李賢注】《爾雅》曰：“太歲在寅曰攝提格。”建武三十年太歲在甲寅，時歲德在東宫。《前書音義》曰：“蒼龍，太歲也。”

［10］【今注】地祇：地神。

［11］【今注】中元：亦稱建武中元，東漢光武帝劉秀年號（56—57）。

［12］【李賢注】視，比也。【今注】視：比照。　御史大夫：即大司空。

［13］【李賢注】武帝元封元年封禪儀，令侍中皮弁搢紳，射牛行事。封廣丈二，高九尺，有玉牒書，書祕，其事皆禁。禪肅然，天子親拜，衣上黄。江淮間一茅三脊爲神籍，五色土雜封。縱遠方奇獸飛禽之屬也。【今注】元封：西漢武帝劉徹年號（前110—前105）。

子奮嗣。

奮字穉通。[1]父純，臨終敕家丞曰：“司空無功於時，猥蒙爵土，身死之物，勿議傳國。”[2]奮兄根，少被病，光武詔奮嗣爵，奮稱純遺敕，固不肯受。[3]帝以奮違詔，敕收下獄，奮惶怖，乃襲封。永平四年，[4]隨例歸國。

［1］【今注】案，穉，大德本作“稚”。

［2］【李賢注】《東觀記》曰家丞名歙。

［3］【今注】案，《東觀漢記》卷一五《張純傳》曰：“純薨，大行移書問嗣，翕上書奮。中元二年，詔書封奮。奮上書曰：‘根

不病，哀臣小稱病，令翕立後。臣時在河南冢廬，臣見純前告翕語，自以兄弟不當蒙爵土之恩，願下有司。’”

[4]【今注】永平：東漢明帝劉莊年號（58—75）。

奮少好學，節儉行義，常分損租奉，[1]贍卹宗親，雖至傾匱，而施與不怠。十年，[2]儋耳降附，[3]奮來朝上壽，引見宣平殿，應對合旨，顯宗異其才，[4]以爲侍祠侯。[5]建初元年，[6]拜左中郎將，[7]轉五官中郎將，遷長水校尉。[8]七年，爲將作大匠，[9]章和元年，[10]免。永元元年，[11]復拜城門校尉。[12]四年，遷長樂衛尉。[13]明年，代桓郁爲太常。[14]六年，代劉方爲司空。[15]

[1]【李賢注】奉音扶用反。

[2]【今注】案，王先謙《後漢書集解》引錢大昭曰：“按本紀，儋耳諸國貢獻，公卿奉觴上壽，在永平十七年，此脱‘七’字。”

[3]【李賢注】儋耳，郡，武帝置，故城即今儋州義倫縣也。【今注】儋耳：郡名。西漢武帝元鼎六年（前111）定南越，置南海、儋耳等九郡，治儋耳縣（今海南儋州市西北南灘）。後昭帝始元五年（前82）罷儋耳郡。故有明帝時儋耳降附一事。

[4]【今注】顯宗：東漢明帝劉莊，公元57年至75年在位。顯宗爲其廟號。紀見本書卷二。

[5]【李賢注】名臣子孫侍祠封侯，解見《鄧禹傳》。【今注】案，本書卷一六《鄧禹傳》李賢注引《漢官儀》曰：“諸侯功德優盛，朝廷所敬者，位特進，在三公下；其次朝侯，在九卿下；其次侍祠侯；其次下土小國侯，以肺腑親公主子孫，奉墳墓於京師，亦隨時朝見，是爲隈諸侯也。”

［6］【今注】建初：東漢章帝劉炟年號（76—84）。

［7］【今注】左中郎將：官名。漢時宫廷宿衛諸郎之一。

［8］【今注】長水校尉：官名。西漢武帝初置，爲北軍八校尉之一，秩二千石，位次列卿。領長水宣曲胡騎，屯戍京師，兼任征伐。東漢光武帝建武七年（31）省，十五年復置，爲北軍五校尉之一，秩比二千石，隸北軍中候。掌宿衛禁兵，下設司馬、胡騎司馬各一員。地位親要，官顯職閑，多以宗室外戚近臣充任。

［9］【今注】將作大匠：官名。秦稱將作少府，掌治宫室。西漢景帝中元六年（前144）改稱將作大匠。東漢沿置，秩二千石，掌修作宗廟、路寢、宫室、陵園土木工程等。

［10］【今注】章和：東漢章帝劉炟年號（87—88）。

［11］【今注】永元：東漢和帝劉肇年號（89—105）。

［12］【今注】城門校尉：官名。西漢武帝征和二年（前91）始置，秩二千石。掌京城長安諸城門警衛，領城門屯兵。新莽時更名爲城門將軍，諸城門各置校尉。東漢復舊名，秩比二千石。當時洛陽十二城門，惟北宫門屬衛尉，其餘十一門各設門候，隸城門校尉。位在北軍五校尉之上，多以外戚重臣領之。

［13］【今注】長樂衛尉：長樂，即長樂宫。本秦之興樂宫。西漢高祖五年（前202）重加擴建，改名長樂宫。在今陝西西安市西北、漢長安城東隅。長樂衛尉，負責長樂宫的宿衛。

［14］【今注】桓郁：字仲恩，沛郡龍亢（今安徽懷遠縣西北）人。傳見本書卷三七。

［15］【今注】劉方：東漢和帝永元四年（92）冬十月己亥，宗正劉方爲司空。永元六年二月丁未，司空劉方爲司徒，太常張奮爲司空。永元九年九月庚申，司徒劉方策免，自殺。

時歲災旱，祈雨不應，乃上表曰：“比年不登，人用飢匱，今復久旱，秋稼未立，[1]陽氣垂盡，歲月迫促。夫國以民爲本，民以穀爲命，政之急務，憂之重者也。臣蒙恩尤深，受職過任，夙夜憂懼，章奏不能敘心，願對中常侍疏奏。”[2]即時引見，復口陳時政之宜。明日，和帝召太尉、司徒幸洛陽獄，[3]録囚徒，[4]收洛陽令陳歆，即大雨三日。

[1]【李賢注】立，成也。【今注】立：成熟。

[2]【李賢注】疏猶條録也（猶，大德本誤作“田”）。

[3]【今注】和帝：東漢和帝劉肇，公元88年至105年在位。紀見本書卷四。

[4]【今注】録囚徒：又作録囚、慮囚。古指君主或上級官吏查閲囚犯卷宗或訊問決獄，是一種平反冤獄或督辦久繫未決案的制度。

奮在位清白，無它異績。九年，以病罷。在家上疏曰：“聖人所美，政道至要，本在禮樂。《五經》同歸，而禮樂之用尤急。孔子曰：‘安上治民，莫善於禮；移風易俗，莫善於樂。’又曰：‘揖讓而化天下者，禮樂之謂也。’[1]先王之道，禮樂可謂盛矣。孔子謂子夏曰：‘禮以修外，樂以制内，丘已矣夫！’[2]又曰：‘禮樂不興，則刑罰不中；刑罰不中，則民無所厝其手足。’[3]臣以爲漢當制作禮樂，是以先帝聖德，數下詔書，愍傷崩缺，而衆儒不達，議多駮異。臣累世台輔，[4]而大典未定，私竊惟憂，不忘寢食。臣犬馬齒盡，誠冀先死見禮樂之定。”[5]十三年，更召拜太常。復上疏曰：“漢當改作禮樂，圖書著明。[6]王者化定制禮，功成作樂。[7]謹條禮樂異議三事，願下有司，以時考定。昔者孝武皇帝、光武皇帝封禪告成，而禮樂不定，事不相副。先帝已詔曹褒，[8]今陛下但奉而成之，[9]猶周公斟酌文武之道，非自爲制，誠無所疑。[10]久執謙謙，令大漢之業不以時成，非所以章顯祖宗功德，建太平之基，爲後世法。"[11]帝雖善之，猶未施行。其冬，復以病罷。明年，卒於家。

[1]【李賢注】《禮記·樂記》孔子之辭也。

[2]【李賢注】《禮稽命徵》之辭也。宋均注云："修外，飾容貌也。修内，蕩滌心性也。已矣夫，恨不制作禮樂也。"

[3]【今注】案，出自《論語·子路》。

[4]【李賢注】奮七代祖湯，武帝時爲御史大夫；六代祖子孺，宣帝時爲衛將軍，領尚書；父純，光武時爲司空。【今注】累世台輔：台輔，舊指宰相，言其位列三台，職居宰相。張奮的第七代祖先張湯，西漢武帝時爲御史大夫，六代祖先張子儒宣帝時爲衛將軍，領尚書，其父張純東漢光武帝時爲司空，故曰累世台輔。

[5]【李賢注】先死謂未死之前也。

[6]【李賢注】見《曹褒傳》。

[7]【李賢注】《禮·樂記》之文也（禮，大德本、殿本作"禮記"；大德本、殿本無"也"字。可從）。功成化定同耳，功謂王業，化謂教人也。

[8]【李賢注】章帝勑曹褒於東觀次序禮事（勑，大德本、殿本作"初"），依準舊典，凡百五十篇奏之也。

[9]【今注】案，成，大德本、殿本作"承"。

[10]【李賢注】周公制禮，皆斟酌文武之美德，爲之節制（節，大德本、殿本作"等"，是），不自述也。今先帝已詔曹褒，

非陛下出意，何所疑而不爲也。《詩頌》曰："於乎不顯，文王之德之純，假以溢我，我其收之，駿惠我文王。"又曰"執競武王，無競維烈"也。

［11］【今注】案，法，大德本誤作"洪"。

子甫嗣，官至津城門候。[1]甫卒，子吉嗣。永初三年，[2]吉卒，無子，國除。自昭帝封安世，至吉，傳國八世，[3]經歷篡亂，二百年閒[4]未嘗譴黜，封者莫與爲比。

［1］【李賢注】津城門，洛陽南面西門也，當洛水浮橋。《漢官儀》曰"候一人，秩六百石"也。【今注】案，王先謙《後漢書集解》引王會汾曰："舊本皆作建城門。案《百官志》洛陽十二門，其一津門，每門候一人，秩六百石，屬城門校尉。以其當洛水浮橋，故稱津城門也。宜從監本作津。"

［2］【今注】永初：東漢安帝劉祜年號（107—113）。

［3］【李賢注】張安世字子孺，昭帝時爲右將軍，始封富平侯。卒，子延壽嗣。卒，子勃嗣。卒，子臨嗣。卒，子放嗣。卒，子純嗣，建武初，改封武始侯。卒，子奮嗣。卒，子甫嗣。卒，子吉嗣，無子，國除。此言八代者（言，大德本誤作"名"），除安世始封也。【今注】國：指封地。

［4］【李賢注】篡亂謂王莽也。張子孺昭帝元鳳六年封，至永初三年合一百八十二年，故曰"閒"也。

曹褒字叔通，魯國薛人也。[1]父充，持《慶氏禮》，[2]建武中爲博士，從巡狩岱宗，定封禪禮，還，受詔議立七郊、三雍、大射、養老禮儀。[3]顯宗即位，充上言："漢再受命，仍有封禪之事，而禮樂崩闕，不可爲後嗣法。五帝不相沿樂，三王不相襲禮，[4]大漢自制禮，[5]以示百世。"帝問："制禮樂云何?"充對曰："《河圖括地象》曰：'有漢世禮樂文雅出。'《尚書琁機鈐》曰：'有帝漢出，德洽作樂，名予。'"帝善之，下詔曰："今且改太樂官曰太予樂，歌詩曲操，以俟君子。"[6]拜充侍中。作章句辯難，於是遂有慶氏學。

[1]【今注】魯國：西漢高后元年（前187）改薛郡置，治魯縣（今山東曲阜市東北古城村）。　薛：縣名。秦置，屬薛郡。治所在今山東滕州市南皇殿崗故城址。西漢屬魯國。

[2]【李賢注】《前書》，沛人慶普字孝公，爲東平太傅，受《禮》於后蒼（蒼，大德本、殿本作"倉"），號《慶氏禮》也。【今注】案，見《漢書》卷八八《儒林傳》。"持"應爲"治"字，是章懷太子避諱而改。

[3]【李賢注】五帝及天地爲七郊。三雍以下解見《明帝紀》。【今注】七郊：古代在郊外祀所謂五方天地（東方青帝、南方赤帝、西方白帝、北方黑帝、中央黄帝）與天地的祭禮。　三雍：辟雍、明堂、靈臺，爲封建帝王舉行祭祀、典禮的地方。　大射：爲祭祀擇士而舉行的射禮。大射是帝王在祭祀前選參加祭祀人而舉行的儀式，借此觀德行，擇良士。大，大德本作"太"。

[4]【李賢注】《禮記》正文也，言損益不同也。

[5]【今注】案，王先謙《後漢書集解》："《官本考證》曰：監本脱去當字，從宋本增。"

[6]【李賢注】操猶曲也。劉向《别録》曰："君子因雅琴之適，故從容以致思焉。其道閉塞悲愁而作者名其曲曰操，言遇災

害不失其操也。"【今注】操：曲譜。

褒少篤志，有大度，結髮傳充業，[1]博雅疏通，尤好禮事。[2]常感朝廷制度未備，[3]慕叔孫通爲漢禮儀，[4]晝夜研精，沈吟專思，寢則懷抱筆札，行則誦習文書，當其念至，忘所之適。

[1]【今注】結髮：猶束髮，指年輕時候。

[2]【今注】禮事：殿本作"禮士"。王先謙《後漢書集解》引汪文臺説，謂《太平御覽》卷六一一引《謝承書》云"褒尤好禮事，常感朝廷制度未備"，明此作"禮事"爲是。

[3]【今注】案，感，殿本誤作"憾"。

[4]【今注】叔孫通：曾爲秦博士。劉邦稱帝，叔孫通采擇古禮，結合秦制，製定禮儀。傳見《漢書》卷四三。

初舉孝廉，[1]再遷圉令，[2]以禮理人，以德化俗。時它郡盜徒五人來入圉界，吏捕得之，陳留太守馬嚴聞而疾惡，[3]風縣殺之。褒敕吏曰："夫絶人命者，天亦絶之。皋陶不爲盜制死刑，管仲遇盜而升諸公。[4]今承旨而殺之，是逆天心，順府意也，其罰重矣。如得全此人命而身坐之，吾所願也。"遂不爲殺。嚴奏褒耎弱，[5]免官歸郡，爲功曹。[6]

[1]【今注】孝廉：漢代推舉人才的一種科目。孝，指孝順。廉，指廉潔。每年由郡推舉孝廉各一人，東漢時舉孝廉爲求仕進的必由之路。

[2]【李賢注】圉，縣，屬陳留，故城在今汴州雍丘縣南也。

【今注】案，據《東觀漢記》，曹褒先拜車府令，故云再遷也。圉：縣名。西漢置，屬淮陽國。治所在今河南杞縣西南圉鎮。東漢屬陳留郡。

［3］【今注】陳留：郡名。治陳留縣（今河南開封市東南陳留鎮）。

［4］【李賢注】《禮雜記》云孔子曰："管仲遇盗，取二人焉，上以爲公臣。"注云："此人但居惡人之中，使犯法耳。"

［5］【今注】耎（ruǎn）弱：軟弱。耎，古同"軟"。

［6］【今注】功曹：漢制，郡守屬吏有功曹，爲郡守自選之屬吏中地位較高者，主選署功勞，議論賞罰，爲郡守的左右手。秩百石。

徵拜博士。會肅宗欲制定禮樂，[1]元和二年下詔曰：[2]"《河圖》稱'赤九會昌，十世以光，十一以興'。[3]《尚書琁機鈐》曰：'述堯理世，平制禮樂，放唐之文。'[4]予末小子，[5]託于數終，曷以纘興，[6]崇弘祖宗，仁濟元元？《帝命驗》曰：'順堯考德，題期立象。'[7]且三五步驟，優劣殊軌，[8]況于頑陋，無以克堪，雖欲從之，末由也已。[9]每見圖書，[10]中心恧焉。"[11]褒知帝旨欲有興作，乃上疏曰："昔者聖人受命而王，莫不制禮作樂，以著功德。功成作樂，化定制禮，所以救世俗，致禎祥，爲萬姓獲福於皇天者也。今皇天降祉，嘉瑞並臻，制作之符，甚於言語。[12]宜定文制，著成漢禮，丕顯祖宗盛德之美。"章下太常，太常巢堪以爲一世大典，非褒所定，不可許。帝知群僚拘攣，難與圖始，[13]朝廷禮憲，宜時刊立，明年復下詔曰："朕以不德，膺祖宗弘烈。乃者鸞鳳仍集，麟龍並臻，甘露宵降，嘉穀滋生，赤草之類，紀于史官。[14]朕夙夜祗畏，[15]上無以彰于先功，下無以克稱靈物。漢遭秦餘，禮壞樂崩，且因循故事，未可觀省，有知其説者，各盡所能。”褒省詔，乃歎息謂諸生曰：“昔奚斯頌魯，[16]考甫詠殷。[17]夫人臣依義顯君，竭忠彰主，行之美也。當仁不讓，吾何辭哉！”遂復上疏，具陳禮樂之本，制改之意。拜褒侍中，從駕南巡，既還，以事下三公，未及奏，詔召玄武司馬班固，[18]問改定禮制之宜。固曰：“京師諸儒，多能説禮，宜廣招集，共議得失。”帝曰：“諺言‘作舍道邊，三年不成’。會禮之家，名爲聚訟，[19]互生疑異，筆不得下。昔堯作《大章》，一夔足矣。”[20]章和元年正月，乃召褒詣嘉德門，[21]令小黄門持班固所上叔孫通《漢儀》十二篇，[22]敕褒曰：“此制散略，多不合經，[23]今宜依禮條正，使可施行。於南宫、東觀盡心集作。”[24]褒既受命，乃次序禮事，依準舊典，雜以《五經》讖記之文，撰次天子至於庶人冠婚吉凶終始制度，以爲百五十篇，寫以二尺四寸簡。[25]其年十二月奏上。帝以衆論難一，故但納之，不復令有司平奏。會帝崩，和帝即位，褒乃爲作章句，帝遂以《新禮》二篇冠。[26]擢褒監羽林左騎。[27]永元四年，遷射聲校尉。[28]後太尉張酺、尚書張敏等奏褒擅制漢禮，[29]破亂聖術，宜加刑誅。帝雖寢其奏，而漢禮遂不行。

［1］【今注】肅宗：東漢章帝劉炟，公元75年至88年在位。紀見本書卷三。

［2］【今注】元和：東漢章帝劉炟年號（84—87）。

［3］【李賢注】九謂光武，十謂明帝，十一謂章帝也。

［4］【李賢注】緯本文云："使帝王受命，用吾道述堯理代，平制禮放唐之文，化洽作樂名斯在。"宋均注云："述，脩也。"【今注】放：依。　唐：指陶唐氏。

［5］【今注】予末小子：古代帝王的自稱，相對於"先王"而言。未，紹興本、大德本、殿本作"末"，是。

［6］【今注】纘：繼承。

［7］【李賢注】宋均注曰："堯巡省於河、洛，得龜龍之圖書。舜受禪後習堯禮，得之演以爲《考河命》，題五德之期，立將起之象，凡三篇，在《中候》也。"

［8］【李賢注】《孝經鉤命決》曰："三皇步，五帝驟，三王馳。"宋均注云："步謂德隆道用，日月爲步。時事彌順，日月亦驟。勤思不已，日月乃馳。"是優劣也。

［9］【今注】雖欲從之末由也已：出自《論語·子罕》。末由，無法。

［10］【今注】圖書：此指《河圖》《洛書》。

［11］【今注】恧（nǜ）：慚愧。

［12］【李賢注】言明白也。

［13］【李賢注】拘攣猶拘束也。《前書》鄒陽曰"能越拘攣之語"也。

［14］【李賢注】赤草即朱草也。《大戴禮》曰"朱草日生一葉，至十五日，十六日落一葉，周而復始"也。

［15］【今注】祗畏：敬畏。

［16］【李賢注】《韓詩》曰："新廟弈弈（弈弈，殿本作"奕奕"），奚斯所作。"薛君《傳》云："是詩公子奚斯所作也。"【今注】奚斯：春秋魯國公子魚的字。《詩·魯頌·閟宫》："新廟奕奕，奚斯所作。"

[17]【李賢注】正考甫，孔子之先也，作《商頌》十二篇。

[18]【李賢注】玄武司馬主玄武門。《續漢志》云“宫掖門，每門司馬一人，秩比千石”也。【今注】班固：字孟堅，扶風安陵（今陝西咸陽市東北）人。傳見本書卷四〇。

[19]【李賢注】言相争不定也。

[20]【李賢注】夔，堯樂官也。《吕氏春秋》曰，魯哀公問於孔子曰，樂正夔一足矣。【今注】案，堯樂曰《大章》。惠棟《後漢書補注》曰：“《韓非子·外儲説》曰：魯哀公問于孔子曰：吾聞夔一足，信乎？曰：夔，人也，何故一足，彼其無他，而獨通于聲。堯曰夔一而足矣，使爲樂正。”

[21]【今注】案，惠棟《後漢書補注》曰：“嘉德殿之門也。《東京賦》云九龍之内實曰嘉德。”

[22]【今注】小黄門：宦官名。東漢始置，名義上隸屬少府，秩六百石。位次中常侍，高於中黄門。侍從皇帝左右，收受尚書奏事，傳宣帝命，掌宫廷内外、皇帝與後宫之間的聯絡。明帝、章帝之世，員額十人，和帝後增至二十人。以後權勢漸重，用事於中，甚至總典禁兵。諸中常侍多由此遷任。

[23]【李賢注】散略猶疏略也。

[24]【今注】東觀：官署名。漢置，設於洛陽南宫，掌著書和藏書。

[25]【今注】案，惠棟《後漢書補注》曰：“《孝經》《緯鉤命訣》云《春秋》二尺四寸書之，故六經之策，皆稱長二尺四寸。”

[26]【今注】案，惠棟《後漢書補注》曰：“《漢名臣奏》云詔褒先序禮樂，以帝新一篇冠首。”

[27]【李賢注】《漢官儀》曰“羽林左騎秩六百石，領羽林，屬光禄勳”也。【今注】案，羽林左騎，本書《百官志二》作“羽林左監”。

[28]【今注】射聲校尉：官名。西漢武帝置，爲北軍八校尉

之一，秩二千石，掌待詔射聲士。所謂待詔射聲士，須詔而射。此士皆善射者，能於冥冥中聞聲而射中，故名。東漢射聲校尉俸比二千石，掌宿衛兵，有司馬一人，秩千石。

［29］【今注】案，《東觀漢記》卷一六《張酺傳》載："張酺拜太尉，章帝詔射聲校尉曹褒案漢舊儀制漢禮，酺以爲褒制禮非禎祥之特達，有似異端之術，上疏曰：'褒不被刑誅，無以絶毁實亂道之路。"袁宏《後漢紀》亦載："初，賈逵明古學，曹褒制漢禮。酺嘗非之。及爲太尉，上疏陳其不可，書五奏。上知酺守學不通，寢其奏也。"張酺，字孟侯，汝南細陽（今安徽太和縣東南）人。傳見本書卷四五。張敏，字伯達，河間鄚（今河北任丘市）人。傳見本書卷四四。

褒在射聲，營舍有停棺不葬者百餘所，褒親自履行，問其意故。吏對曰："此等多是建武以來絶無後者，不得埋掩。"褒乃愴然，爲買空地，悉葬其無主者，設祭以祀之。[1]遷城門校尉、將作大匠。時有疾疫，褒巡行病徒，爲致醫藥，經理饘粥，多蒙濟活。七年，出爲河内太守。[2]時春夏大旱，糧穀踊貴。褒到，乃省吏并職，退去姦殘，澍雨數降。其秋大孰，[3]百姓給足，流冗皆還。[4]後坐上災害不實免。有頃徵，再遷，復爲侍中。

［1］【今注】案，《太平御覽》卷二四二引《續漢書》云："吏士咸稱其仁。"

［2］【今注】河内：郡名。治懷縣（今河南武陟縣西南）。案，《北堂書鈔》卷五四引《續漢書》河内作河南，《太平御覽》卷二三六引同。

[3]【今注】案，孰，殿本作“熟”，是。

[4]【今注】案，《東觀漢記》卷一五《曹褒傳》云：“曹褒爲河内太守，時旱，春至六月無雨，穀貴，百姓頗流離。褒到，省吏職，退去貪殘，屢得澍雨。其秋大熟，百姓給足，流民皆還。”流冗，流離失所。

褒博物識古，爲儒者宗。十四年，卒官。作《通義》十二篇，演經雜論百二十篇，又傳《禮記》四十九篇，教授諸生千餘人，慶氏學遂行於世。

論曰：漢初天下創定，朝制無文，叔孫通頗採經禮，參酌秦法，雖適物觀時，有救崩敝，然先王之容典蓋多闕矣，[1]是以賈誼、仲舒、王吉、劉向之徒，懷憤歎息所不能已也。[2]資文、宣之遠圖明懿美，而終莫或用，[3]故知自燕而觀，有不盡矣。[4]孝章永言前王，[5]明發興作，[6]專命禮臣，撰定國憲，洋洋乎盛德之事焉。[7]而業絶天筭，議黜異端，斯道竟復墜矣。[8]夫三王不相襲禮，五帝不相沿樂，所以《咸》《莖》異調，中都殊絶。[9]況物運遷回，情數萬化，制則不能隨其流變，品度未足定其滋章，[10]斯固世主所當損益者也。且樂非夔、襄，而新音代起；律謝皋、蘇，而制令亟易，[11]修補舊文，獨何猜焉？[12]禮云禮云，曷其然哉！[13]

[1]【李賢注】容，禮容也，典，法則也，謂行禮威儀俯仰之容貌也。文帝時，魯徐生以容爲禮官，孫襄亦善爲容。“容”或

作“宏”，義亦通也。

［2］【李賢注】賈誼等以叔孫通禮制疏略，並上書對策，請更改作，皆不從，所以歎息也。班固曰：“今大漢久曠大義，此賈誼、仲舒、王吉、劉向之徒所爲發憤而增歎也。”見《前書》。【今注】賈誼：洛陽（今河南洛陽市）人。西漢大臣、政論家。傳見《漢書》卷四八。　仲舒：董仲舒，廣川（今河北棗强縣東）人。西漢大儒，著有《春秋繁露》等書。傳見《史記》卷一二一、《漢書》卷五六。　王吉：字子陽，琅邪皋虞（今山東即墨市東北）人。好學明經。傳見《漢書》卷七二。　劉向：字子政，沛（今江蘇沛縣）人。傳見《漢書》卷三六。案，賈誼等爲不能完成漢代禮樂制度而發憤增嘆一事，見《漢書·禮樂志》。

［3］【李賢注】資，用也。言用文帝、宣帝美略遠謀，而終不能用賈誼等言。誼，文帝時人。王吉，宣帝時人。【今注】案，王先謙《後漢書集解》引劉攽曰：“遠圖明懿美，案文‘遠圖’下多一‘明’字。”又引何焯曰：“‘美’字衍。”

［4］【李賢注】《禮記》曰：“孔子之喪，有自燕來觀者，舍於子夏氏。子夏曰：‘聖人之葬人與人之葬聖人也，子何觀焉？’”有不盡矣言未備也。

［5］【今注】案，永，大德本作“未”。

［6］【李賢注】明發謂發夕至明也。《詩》曰：“明發不寐。”

［7］【李賢注】洋洋，美也。

［8］【李賢注】業絶天筭謂章帝晏駕也。議黜異端謂張酺等奏褒擅制禮，遂不行也。

［9］【李賢注】《咸》，《咸池》，黄帝樂也。《莖》，《六莖》，顓頊樂也。見《前書》。異調言古今不同也（調，大德本作‘端’；也，紹興本、大德本作‘處’）。中都，魯邑名也。《家語》曰：“孔子爲中都宰，制爲養生送死之節。”殊絶猶斷絶也。言古樂不同，舊禮亦絶也。

［10］【李賢注】言時代遷移，繁省不定也。

［11］【李賢注】夔，舜樂官。襄，魯樂官也。皋繇（繇，大德本作“陶”），虞士官。蘇忿生，周武王之司寇也。

［12］【李賢注】言刑樂數改，而修禮則疑之。

［13］【李賢注】歎其不能定也。

鄭玄字康成，北海高密人也。[1]八世祖崇，[2]哀帝時尚書僕射。[3]玄少爲鄉嗇夫，[4]得休歸，常詣學官，不樂爲吏，父數怒之，不能禁。[5]遂造太學受業，師事京兆弟五元先，[6]始通《京氏易》《公羊春秋》《三統歷》《九章筭術》。[7]又從東郡張恭祖受《周官》《禮記》《左氏春秋》《韓詩》《古文尚書》。[8]以山東無足問者，乃西入關，因涿郡盧植，[9]事扶風馬融。[10]

［1］【今注】北海：郡國名。治營陵縣（今山東昌樂縣東南）。高密：縣名。治所在今山東高密市西南。

［2］【今注】崇：鄭崇，字子游，平陵（今陝西咸陽市西北）人。傳見《漢書》卷七七。

［3］【今注】哀帝：西漢哀帝劉欣，公元前7年至前1年在位。紀見《漢書》卷一一。　尚書僕射：官名。秦置，屬少府。西漢因之，爲尚書令副職，主文書啓封。秩六百石。

［4］【李賢注】《前書》曰“鄉有嗇夫，掌聽訟收賦税”也。【今注】鄉嗇夫：秦漢鄉官，不足五千户之小鄉置嗇夫。掌賦税徭役，兼聽辭訟，由縣府委派。參見王彦輝、徐傑令《論東周秦漢時代的鄉官》（《史學集刊》2001年第3期）。

［5］【李賢注】《鄭玄别傳》曰“玄年十一二，隨母還家，正臘會同列十數人，皆美服盛飾，語言閑通，玄獨漠然如不及，母

私督數之，乃曰‘此非我志，不在所願’”也。

［6］【今注】案，弟，大德本、殿本作“第”，是。

［7］【李賢注】《三統曆》，劉歆所撰也。《九章筭術》，周公作也，凡有九篇，方田一，粟米二，差分三，少廣四，均輸五，方程六，傍要七，盈不足八，鉤股九。【今注】京氏易：西漢京房所著《易傳》，共三卷。《京氏易》以陰陽五行説，來解釋自然界的災變現象和人事的禍福變化，是漢代易學的一大流派。參見《漢書》卷八八《儒林傳》。

［8］【今注】東郡：治濮陽縣（今河南濮陽市華龍區西南）。韓詩：燕人韓嬰所著。見《漢書·儒林傳》。

［9］【今注】涿郡：治涿縣（今河北涿州市）。　盧植：字子幹，涿郡涿（今河北涿州市）人。傳見本書卷六四。

［10］【今注】扶風：政區名。即右扶風。相對於郡級。因地屬西漢長安京畿地區，故不稱郡。　馬融：字季長，扶風茂陵（今陝西興平市東北）人。傳見本書卷六〇上。

融門徒四百餘人，升堂進者五十餘生。[1]融素驕貴，玄在門下，三年不得見，乃使高業弟子傳授於玄。[2]玄日夜尋誦，未嘗怠倦。會融集諸生考論圖緯，聞玄善筭，乃召見於樓上，玄因從質諸疑義，問畢辭歸。融喟然謂門人曰：“鄭生今去，吾道東矣。”[3]

［1］【今注】升堂進者：登堂入室聽講者。

［2］【今注】案，惠棟《後漢書補注》曰：“《别傳》云時涿郡盧子幹爲門人冠首。按《鄭志答炅模》云：爲記注時就盧君耳，先師亦然。盧君即子幹也，先師謂張恭祖輩。鄭先通《韓詩》故也。”授，大德本作“受”。

［3］【李賢注】《前書》曰：“田何授《易》於丁寬（授，大

德本誤作‘受’），學成，寬東歸，何謂門人曰：‘《易》東矣。’”

玄自游學，十餘年乃歸鄉里。家貧，客耕東萊，[1]學徒相隨已數百千人。及黨事起，[2]乃與同郡孫嵩等四十餘人俱被禁錮，[3]遂隱修經業，杜門不出。時任城何休好公羊學，[4]遂著《公羊墨守》[5]《左氏膏肓》[6]《穀梁廢疾》；[7]玄乃發《墨守》，鍼《膏肓》，起《廢疾》。休見而歎曰："康成入吾室，操吾矛，以伐我乎！"初，中興之後，范升、陳元、李育、賈逵之徒争論古今學，[8]後馬融答北地太守劉瓌及玄答何休，[9]義據通深，由是古學遂明。

［1］【今注】東萊：郡名。治掖縣（今山東萊州市）。案，王先謙《後漢書集解》引惠棟曰："《三齊略記》云：鄭司農常居南成城南山中教授。黄巾亂，乃遣生徒崔琰諸賢于此，揮涕而散。"

［2］【今注】黨事：指黨錮之禍。

［3］【李賢注】嵩字賓石（石，大德本、殿本作"實"，是），見《趙歧傳》（歧，大德本、殿本作"岐"，是）。

［4］【今注】任城：郡國名。治任城縣（今山東濟寧市東南）。何休：字邵公，任城樊（今山東濟寧市兖州區西南）人。東漢著名經學家。傳見本書七九下。

［5］【李賢注】言《公羊》義理深遠，不可駁難，如墨翟之守城也。

［6］【李賢注】《説文》曰："肓，隔也。"心下爲膏，喻左氏之疾不可爲也。

［7］【今注】案，這是説《公羊》譬如大匠，有法可守；而

《左氏》則病入膏肓，不可救藥；《穀梁》也是有了殘疾，不能和《公羊》相比。

［8］【今注】案，王先謙《後漢書集解》引錢大昕云：“古學謂《左氏春秋》，今學則《公》《穀》二家也。范升、李育主公羊説，陳元、賈逵主左氏説。”范升，字辯卿，代郡（今河北蔚縣東北）人。傳見本書卷三六。陳元，字長孫，蒼梧廣信（今廣西梧州市）人。傳見本書卷三六。李育，字元春，扶風漆（今陝西彬州市）人。傳見本書卷七九下。賈逵，字景伯，扶風平陵（今陝西咸陽市）人。傳見本書卷三六。

［9］【今注】北地：郡名。戰國秦置，治義渠縣（今甘肅西峰市東）。西漢移治馬領縣（今甘肅慶陽市西北）。東漢又移治富平縣（今寧夏吴忠市西南）。

靈帝末，[1]黨禁解，大將軍何進聞而辟之。[2]州郡以進權戚，不敢違意，遂迫脅玄，不得已而詣之。進爲設几杖，[3]禮待甚優。玄不受朝服，而以幅巾見。[4]一宿逃去。時年六十，弟子河内趙商等自遠方至者數千。[5]後將軍袁隗表爲侍中，[6]以父喪不行。國相孔融深敬於玄，[7]屣履造門。[8]告高密縣爲玄特立一鄉，曰：“昔齊置‘士鄉’，[9]越有‘君子軍’，皆異賢之意也。[10]鄭君好學，實懷明德。昔太史公、廷尉吴公、謁者僕射鄧公，皆漢之名臣。又南山四皓有園公、夏黄公，潛光隱耀，世嘉其高，皆悉稱公。[11]然則公者仁德之正號，不必三事大夫也。[12]今鄭君鄉宜曰‘鄭公鄉’。昔東海于公僅有一節，猶或戒鄉人侈其門閭，[13]矧乃鄭公之德，而無駟牡之路！可廣開門衢，令容高車，號爲‘通德門’。”

［1］【今注】靈帝：東漢靈帝劉宏，公元168年至189年在位。紀見本書卷八。

［2］【今注】何進：字遂高，南陽宛（今河南南陽市卧龍區）人。妹妹爲靈帝皇后。歷官郎中、潁川太守、河南尹、大將軍等職。靈帝去世，他立少帝，掌握朝政。後與袁紹謀誅宦官，事泄被殺。傳見本書卷六九。

［3］【今注】几杖：几案和手杖，以供老人坐時依靠或行時扶持。古代設几杖爲敬老之禮。

［4］【今注】幅巾：不戴冠，衹戴頭巾，表示自己不願意做官。

［5］【今注】案，惠棟《後漢書補注》曰："元自序云，趙商字子聲，河内温人，博學有秀才，能講難而吃不能劇談。"

［6］【今注】袁隗：東漢靈帝時爲司徒、太常、後將軍等職。靈帝去世，後將軍袁隗爲太傅，與大將軍何進參録尚書事。後被董卓所誅殺。

［7］【今注】國相：北海國的相，相當於郡守。　孔融：字文舉，魯國（今山東曲阜市）人。傳見本書卷七〇。

［8］【李賢注】屣謂納履未正，曳之而行，言趨賢急也。【今注】屣履：拖着鞋子走路，表示求見之心情十分急迫。

［9］【李賢注】管仲相桓公，制國爲二十一鄉，工商鄉六，士鄉十五，以居工商士也。事見《國語》也。

［10］【李賢注】吴越相攻，越王句踐乃中分其師爲左右軍（句，大德本、殿本作"勾"，可從），以其私卒君子六千人爲中軍。注云："君子，王所親近有志行者（志，大德本、大殿本作'至'，可從）。"見《國語》。

［11］【李賢注】吴公，文帝時爲河南守。鄧公，景帝時爲謁者僕射。大史公司馬談（大，紹興本、大德本、殿本作"太"，是），武帝時。四皓，高帝時也，有園公、夏黄公、角里先生、綺

里季也。須眉皓白，故言皓。秦末隱於商雒南山（末，大德本、殿本作“時”，可從），以待天下之定，漢興，迎而致之也。【今注】太史公：司馬談，司馬遷之父。傳見《漢書》卷六二。　案，嘉，大德本、殿本誤作“加”。

［12］【今注】三事大夫：漢代把太尉、司徒、司空稱爲三公。

［13］【李賢注】一節謂決獄也。昭帝時，東海于公爲縣獄吏，決獄平，郡爲生立祠，號曰于公祠。先是于公閭門壞，父老方共修之。于公曰“少高大其門，令容駟馬車。我決獄多陰德，子孫必有興者”也。【今注】案，事見《漢書》卷七一《于定國傳》。

董卓遷都長安，[1]公卿舉玄爲趙相，道斷不至。[2]會黄巾寇青部，[3]乃避地徐州，徐州牧陶謙接以師友之禮。[4]建安元年，[5]自徐州還高密，道遇黄巾賊數萬人，見玄皆拜，相約不敢入縣境。玄後嘗疾篤，自慮，以書戒子益恩曰：“吾家舊貧，爲父母群弟所容，[6]去厮役之吏，[7]游學周、秦之都，往來幽、并、兖、豫之域，[8]獲覲乎在位通人，處逸大儒，得意咸從捧手，[9]有所受焉。[10]遂博稽六蓺，粗覽傳記，時覩祕書緯術之奥。年過四十，乃歸供養，假田播殖，以娱朝夕。遇閹尹擅埶，[11]坐黨禁錮，十有四年，而蒙赦令，舉賢良方正有道，[12]辟大將軍三司府。公車再召，[13]比牒併名，早爲宰相。[14]惟彼數公，懿德大雅，克堪王臣，故宜式序。[15]吾自忖度，無任於此，但念述先聖之元意，思整百家之不齊，亦庶幾以竭吾才，故聞命罔從。而黄巾爲害，萍浮南北，復歸邦鄉。[16]入此歲來，已七十矣。宿素衰落，[17]仍有失誤，案之禮典，便合傳家。[18]今我告爾以老，歸爾以事，將閑居以安性，覃思以終業。[19]自非拜國君之命，問族親之憂，展敬墳墓，觀省野物，胡嘗扶杖出門乎！家事大小，汝一承之。咨爾煢煢一夫，[20]曾無同生相依。其勗求君子之道，[21]研讚勿替，[22]敬慎威儀，以近有德。[23]顯譽成於僚友，德行立於己志。若致聲稱，亦有榮於所生，可不深念邪！可不深念邪！吾雖無紱冕之緒，[24]頗有讓爵之高。[25]自樂以論贊之功，庶不遺後人之羞。末所憤憤者，徒以亡親墳壟未成，所好群書率皆腐敝，不得於禮堂寫定，傳與其人。[26]日西方暮，其可圖乎！家今差多於昔，勤力務時，無恤飢寒。菲飲食，薄衣服，節夫二者，尚令吾寡恨。若忽忘不識，亦已焉哉！”

[1]【今注】董卓：字仲穎，隴西臨洮（今甘肅岷縣）人。傳見本書卷七二。

[2]【李賢注】趙王乾之相也（乾，大德本、殿本作“虔”。曹金華《後漢書稽疑》謂“‘乾’‘虔’皆誤矣”，“乾嗣、薨時與紀正合，乾當薨於延熹七年。而本傳載卓遷都長安舉玄爲趙相，卓之遷都在初平元年，鄭玄何能爲乾之相？又《獻帝紀》載建安十六年‘趙王赦薨’，玄當爲豫或赦之相，而趙王無稱‘虔’者。故云‘乾’‘虔’皆誤也”）。

[3]【今注】黄巾：東漢末太平道首領張角等於靈帝中平元年（184）發動農民起義，皆以黄巾裹頭，故稱黄巾。

[4]【今注】陶謙：字恭祖，丹陽（今安徽宣城市）人。傳見本書卷七三、《三國志》卷八。

［5］【今注】建安：東漢獻帝劉協年號（196—220）。

［6］【今注】爲父母群弟所容：王先謙《後漢書集解》引周壽昌説，謂“不爲父母群弟所容”一語不應出自康成。又引錢泰吉《曝書雜記》云陳仲魚元刻《後漢書》《康成傳》無“不”字，與唐史承節所撰《鄭康成祠碑》云“吾家舊貧，爲父母群弟所容”之語相合。王先謙認爲，“今本作‘不爲父母群弟所容’，乃刻之誤。此一字關係先賢不小，此善本之所以可貴，而善讀者必須善校也。又《金石萃編》七十六所載史氏碑文及阮元《山左金石志》跋語云‘爲父母群弟所容者，言徒學不能爲吏，以益生産，爲父母群弟所含容，始得去廝役之吏，遊學周秦’。故《傳》曰‘少爲鄉嗇夫，得休歸，常詣學舍，父怒之’而已。云爲所容，儒者之言也。范史因爲父怒而加‘不’字，與司農本意相反。然有元刻可證，則亦非范史妄加，是誤刻者誣康成，而並誣蔚宗也。”案，大德本、殿本“爲”前有“不”字。群，殿本作“昆”。

［7］【李賢注】廝，賤也。

［8］【今注】幽：幽州。西漢武帝時所置十三刺史部之一。東漢時刺史治薊縣（今北京市西南）。　并：并州。西漢武帝時所置十三刺史部之一。東漢時刺史治晉陽縣（今山西太原市西南）。　兖：兖州。西漢武帝時所置十三刺史部之一。東漢時刺史治昌邑縣（今山東巨野縣東南）。　豫：豫州。西漢武帝時所置十三刺史部之一。東漢時刺史治譙縣（今安徽亳州市）。

［9］【今注】案，得意，大德本、殿本作“得意者”。　捧手：古代見長者之禮。此處指所敬仰的人都獲得提攜。

［10］【李賢注】處逸謂處士隱逸之大儒。【今注】案，受，殿本作“授”。

［11］【今注】閹尹擅執：指宦官專權。

［12］【今注】賢良方正：中國古代選拔人才的科目之一。漢文帝時，由郡國推舉文學之士充選。亦稱“賢良文學”。賢良，指

品德高尚；方正，指品行端正。

［13］【今注】公車：本爲漢代官署名。設公車令，掌管宫殿中車馬警衞等事。漢代常用公家車馬接送應舉的人。

［14］【李賢注】比牒猶連牒也，併名謂齊名也，言連牒齊名被召者並爲宰相也。併音步鼎反。

［15］【李賢注】式，用也。序，列也。【今注】式序：任用。

［16］【今注】邦鄉：中華本校勘記云，李慈銘謂碑作"鄉邦"，是也，此誤倒。

［17］【今注】宿素衰落：舊時的學業素養已經荒疏。

［18］【李賢注】傳家謂家事任子孫也（任，大德本、殿本作"傳"）。《曲禮》曰："七十老而傳。"

［19］【今注】覃思：深思。

［20］【今注】煢煢：孤獨無依的樣子。

［21］【今注】勗：勉勵。

［22］【今注】案，讚，紹興本作"鑽"。

［23］【李賢注】《詩·大雅·人勞篇》之言也（人，大德本、殿本作"民"）。

［24］【今注】紱冕：指高官顯位。

［25］【李賢注】謂頻被辟不就也。【今注】案，惠棟《後漢書補注》曰："《抱朴子》云獻帝時鄭康成州辟舉賢良方正茂才公府十四辟皆不就，公車徵右中郎博士趙相侍中大司農皆不起。"

［26］【李賢注】其人謂好學者也。《前書》司馬遷曰"僕誠已著此書（著，大德本作'箸'），傳之其人"也。

時大將軍袁紹總兵冀州，[1]遣使要玄，大會賓客，玄最後至，乃延升上坐。身長八尺，飲酒一斛，秀眉明目，容儀温偉。紹客多豪俊，並有才説，見玄儒者，未以通人許之，競設異端，百家互起。玄依方辯對，[2]

咸出問表，皆得所未聞，莫不嗟服。時汝南應劭亦歸於紹，[3]因自贊曰："故太山太守應中遠，[4]北面稱弟子何如？"玄笑曰："仲尼之門考以四科，[5]回、賜之徒不稱官閥。"[6]劭有慚色。紹乃舉玄茂才，[7]表爲左中郎將，皆不就。公車徵爲大司農，[8]給安車一乘，[9]所過長吏送迎。玄乃以病自乞還家。

［1］【今注】袁紹：字本初，汝南汝陽（今河南商水縣西北）人。司徒袁湯之孫。東漢末稱霸一方。傳見本書卷七四上。　冀州：西漢武帝時所置十三刺史部之一。東漢時刺史治高邑縣（今河北柏鄉縣北）。後移治鄴縣（今河北臨漳縣西南）。

［2］【今注】方：法。指儒家正統學説。

［3］【今注】汝南：郡名。西漢高祖四年（前203）置，治上蔡縣（今河南上蔡縣西南）。東漢徙治平輿縣（今河南平輿縣北）。　應劭：字仲遠，汝南南頓（今河南項城市西）人。東漢靈帝時舉孝廉，後爲太山太守。黄巾起，他投奔冀州牧袁紹。所撰《風俗通義》流傳至今。傳見本書卷四八。

［4］【今注】案，惠棟《後漢書補注》曰："遠當作瑗，具本傳注。"

［5］【李賢注】四科謂德行、言語、政事、文學，顔淵、閔子騫及子游、子夏，並見《論語》也。

［6］【今注】回：顔淵。　賜：子貢。　官閥：指官銜門第。

［7］【今注】茂才：即秀才。漢代選拔人才的科目之一。每年由郡國推舉一人。東漢時避光武帝劉秀諱而稱茂才。

［8］【今注】大司農：西漢武帝太初元年（前104）改大農令置。秩中二千石，位列九卿。掌管全國租賦收入和國家財政開支。新莽先後改名羲和、納言。東漢復故，機構減省，置丞、部丞各一員。屬官有太倉、平準、導官三令丞，餘皆罷省。

［9］【今注】安車：可以坐乘的小車。高官告老，君主往往賜予安車，以示優容。安車多用一馬，禮尊者用四馬，故稱結駟。

五年春，夢孔子告之曰："起，起，今年歲在辰，來年歲在巳。"［1］既寤，以讖合之，知命當終，有頃寢疾。時袁紹與曹操相拒於官度，［2］令其子譚遣使逼玄隨軍。不得已，載病到元城縣，［3］疾篤不進，其年六月卒，年七十四。遺令薄葬。自郡守以下嘗受業者，縗絰赴會千餘人。［4］

［1］【李賢注】北齊劉晝《高才不遇傳》論玄曰（晝，大德本、殿本作"畫"）"辰爲龍，巳爲蛇，歲至龍蛇賢人嗟，玄以讖合之"，蓋謂此也。

［2］【李賢注】官度，津名也，在今鄭州中牟縣北。《前書音義》曰："於滎陽下引河東南爲洪溝，以通宋（以，大德本、殿本作'北'）、鄭、淮、泗，即今官度。"【今注】官度：又作官渡。在今河南中牟縣東北。

［3］【今注】元城縣：治所在今河北大名縣東。

［4］【今注】縗絰：喪服中最重的一種。本爲臣爲君、子爲父所服，自漢代起弟子亦可爲老師服。

門人相與撰玄答諸弟子問《五經》，［1］依《論語》作《鄭志》八篇。凡玄所注《周易》《尚書》《毛詩》《儀禮》《禮記》《論語》《孝經》《尚書大傳》《中候》《乾象歷》，又著《天文七政論》《魯禮禘祫義》《六藝論》《毛詩譜》《駁許慎五經異義》《答臨孝存周禮難》，凡百餘萬言。［2］

［1］【今注】案，門人，大德本、殿本作“門生”。

［2］【李賢注】案：《謝承書》載玄所注與此略同，不言注《孝經》，唯此書獨有也。

玄質於辭訓，通人頗譏其繁。至於經傳洽孰，[1]稱爲純儒，齊魯間宗之。其門人山陽郗慮至御史大夫，東萊王基、清河崔琰著名於世。又樂安國淵、任嘏，[2]時並童幼，玄稱淵爲國器，嘏有道德，其餘亦多所鑒拔，皆如其言。玄唯有一子益恩，孔融在北海，舉爲孝廉；及融爲黄巾所圍，益恩赴難隕身。有遺腹子，玄以其手文似己，名之曰小同。[3]

［1］【今注】洽孰：廣博熟悉。

［2］【李賢注】慮字鴻豫。基字伯輿（輿，大德本、殿本作“興”），魏鎮南將軍安樂鄉侯。琰字季珪，魏東西曹掾，遷中尉。淵字子尼，魏司空掾，遷大僕（大，大德本、殿本作“太”）。嘏字昭光，魏黄門侍郎也。【今注】郗慮：本書卷七〇《孔融傳》李賢注曰：“《續漢書》曰：‘慮字鴻豫，山陽高平人也。少受學於鄭玄。’”　王基：字伯輿，東萊曲城（今山東萊州市東北）人。曾任尚書、荆州刺史、鎮南將軍等職。傳見《三國志》卷二七。　崔琰：字季珪，清河東武城（今河北故城縣南）人。先後歸袁紹、曹操。曹魏時，拜尚書。後被賜自殺。傳見《三國志》卷一二。　國淵：字子尼，樂安蓋（今山東沂源縣東南）人。師事鄭玄。後與邴原、管寧等避亂遼東。既還舊土，太祖辟爲司空掾屬，每於公朝論議，常直言正色，退無私焉。傳見《三國志》卷一一。裴松之注引《鄭玄别傳》曰：“淵始未知名，玄稱之曰：‘國子尼，美才也，吾觀其人，必爲國器。’”　任嘏：字昭光。事見

《三國志》卷二七《魏書·王昶傳》裴松之注引《（任嘏）别傳》。

［3］【李賢注】《魏氏春秋》曰：“小同，高貴鄉公時爲侍中。嘗詣司馬文王，文王有密疏，未之屏也，如廁還，問之曰：‘卿見吾疏乎？’答曰：‘不（不，大德本、殿本作“我不見”）。’文王曰：‘寧我負卿，無卿負我。’遂酖之。”【今注】案，王先謙《後漢書集解》引王鳴盛曰：“傳次張純、曹褒之後，此有深意，正是極盡尊崇。蓋純、褒皆漢名臣，手定典禮。康成終身處士，未嘗一日登朝，乃躋之使與並列。自康成外，何休、服虔、許慎皆但入儒林，不升列傳，此與司馬子長進孔子於世家義同。”

論曰：自秦焚六經，聖文埃滅。[1]漢興，諸儒頗修蓺文；及東京，[2]學者亦各名家。而守文之徒，滯固所稟，[3]異端紛紜，互相詭激，[4]遂令經有數家，家有數説，章句多者或乃百餘萬言，[5]學徒勞而少功，後生疑而莫正。鄭玄括囊大典，網羅衆家，[6]删裁繁誣，[7]刊改漏失，自是學者略知所歸。王父豫章君每考先儒經訓，而長於玄，[8]常以爲仲尼之門不能過也。及傳授生徒，並專以鄭氏家法云。[9]

［1］【李賢注】埃，塵也。

［2］【今注】東京：東漢建都洛陽，在長安之東，故稱東京。此處代指東漢。

［3］【李賢注】稟，受；滯固猶固執也。言學者各守所見，不疏通也。【今注】稟：承受，此指所受的師説。

［4］【今注】詭激：背離常理。

［5］【今注】章句：漢代儒生以分章析句來解釋經義的一種著作之體，引申爲句讀訓詁之學。

[6]【李賢注】括，結也。《易·坤卦》曰“括囊無咎”也。

[7]【今注】案，誣，大德本、殿本作“蕪”。

[8]【李賢注】王父，祖父也。《爾雅》曰“父之父爲王父”也。范曄祖父甯，字武子，晉武帝時爲豫章太守（中華本“晉武帝”作“晉孝武帝”），經義每以玄爲長也。【今注】王父：指范曄祖父范甯。傳見《晉書》卷七五。

[9]【李賢注】言甯教授專崇鄭學也。【今注】家法：漢儒經學傳授，五經博士及其所傳弟子以師法説經，而各自名家，叫“家法”。

贊曰：富平之緒，[1]承家載世。[2]伯仁先歸，釐我國祭。[3]玄定義乖，褒修禮缺。孔書遂明，漢章中輟。[4]

[1]【今注】富平：指富平侯張安世。

[2]【李賢注】載，重也。《易·師卦》曰“大君有命，開國承家”也。

[3]【李賢注】釐，理也。言純釐理禘祫之祭也。

[4]【李賢注】孔書謂《六經》也（書，大德本誤作“者”）。輟，止也。中輟謂曹褒禮不行也。